2018

ZHONGGUO VR CHANYE

FAZHAN HE

XIAOFEIZHE DIAOCHA BAOGAO

2018
中国VR产业发展和消费者调查报告

刘茜 张洪忠 祁雪晶 l 编著

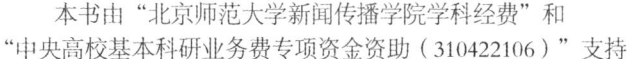

本书由"北京师范大学新闻传播学院学科经费"和"中央高校基本科研业务费专项资金资助（310422106）"支持

新华出版社

图书在版编目（CIP）数据

2018中国VR产业发展和消费者调查报告 / 刘茜，张洪忠，祁雪晶编著. —北京：新华出版社，2019.3

ISBN 978-7-5166-4447-8

Ⅰ.①2…　Ⅱ.①刘…　②张…　③祁…　Ⅲ.①虚拟现实—产业发展—研究报告—中国—2018　Ⅳ.①F492

中国版本图书馆CIP数据核字（2019）第007783号

2018中国VR产业发展和消费者调查报告

编　著：刘　茜　张洪忠　祁雪晶	
责任编辑：蒋小云	封面设计：李尘工作室

出版发行：新华出版社
地　　址：北京市石景山区京原路8号　　邮　编：100040
网　　址：http://www.xinhuapub.com
经　　销：新华书店
　　　　　新华出版社天猫旗舰店、京东旗舰店及各大网店
购书热线：010-63077122　　中国新闻书店购书热线：010-63072012
照　　排：李尘工作室
印　　刷：北京文林印务有限公司
成品尺寸：160mm×230mm
印　　张：17.25　　字　数：239千字
版　　次：2019年7月第一版　　印　次：2019年7月第一次印刷
书　　号：ISBN 978-7-5166-4447-8
定　　价：42.00元

版权专有，侵权必究。如有质量问题，请与出版社联系调换：010-63077101

课题组成员

课题组组长： 刘 茜　张洪忠　祁雪晶

课题组成员：（排名不分先后）

　　　　　　　孟思彤　刘玉娟　周孟博　杨晓林

　　　　　　　孟安娜　梁家楠　丁　磊　蒋启明

　　　　　　　金绍农　张菁阳　胡世明　刘　鹏

序

张洪忠

2015年的冬天，云堆创始人张国鸿来北京约我和暴风总编辑王刚一起到西直门外的海底捞吃火锅。席间聊到VR时，王刚总说他新成立了一家奇幻科技公司，专门开展VR方面的工作。刚好我对VR技术也很关注，还在之前网信办向我约写的一份新媒体技术发展报告中专门谈了VR技术。我们两人就穿过火锅散发的阵阵热气，商量联合开展VR方面的探索活动。在火锅热气的催化作用下，我们很快就商定从举办VR大赛活动开始，先帮助我们的学生有机会直接接触到这个新技术的前沿应用。奇幻公司提供一笔经费和设备帮助我们把VR创作实验室建立起来，并先期组织相关师资培训我们师生。2016年3月喻国明教授调入北师大新闻传播学院任执行院长后也积极支持VR创作大赛，学院书记郑伟等院班子成员和学院同事们都很支持。就这样，第一届中国VR创作大赛在2016年3月就正式启动了，姜申和祁雪晶等年轻老师们付出很多自己的时间来操持大赛期间的各项具体工作。

VR创作大赛一方面是开展和推动VR创作实践，另外一方面是开展学术研究活动。大赛启动后，我们马上举办了两场VR方面的业界沙龙，邀请了当时活跃的VR企业一起来探讨VR的发展，也帮助我们师生更多掌握业界发展动态。北师大新闻传播学院有多位老师也开始在该领域开展研究并发表论文。在此基础上，连续举办了三期全国高校教师VR工作坊，每期有20位左右的高校教师参加，一周时间的工作坊包含了从VR基本理念到动手拍摄的内容。到目前为止，我们已经举办了五期高校教师VR工作坊，包括香港中文大学、浸会大学等香港和内地近百所国内高校老师参与。第二年的VR大赛增加了AR内容，2018年举办的第三届大赛又增加了MR的内容。

在举办大赛的三年中，我们体验了VR产业的冰火两重天。在2016年的年中由高热度突然进入"寒冬"。那么，今天我们如何认识VR产业的发展呢？VR会是未来传媒业技术发展方向之一吗？VR技术能够从工业应用走进大众生活之中吗？

对于VR产业发展，要从技术逻辑上理解，过热或者过冷都是不客观的。

首先，从创新扩散理论看来，一项新技术的应用要经历创新者、早期采用者、早期众多跟进者、后期众多跟进者、滞后者五个发展阶段。从这个角度或许可以帮助我们看清VR产业的发展现状。目前的VR技术还处于创新者使用的第一阶段，但社会是从众多跟进者的第三、四阶段来期待的，似乎已经进入大众使用层面。这就造成实际发展和社会认知之间的错位。

其次，什么时间VR可以走进大众生活中呢？这个问题是受很多变量影响的，但一个基础的变量是通路问题。目前的3G、4G通信技术还不能正常支持VR内容的传输，会出现卡顿等问题，直接影响到VR内容的用户体验。通路问题无法解决，VR要从第一阶段的创新者扩散到第三阶段的大众使用者就受到制约，相应的资本进入也就有限，技术创新进展就很缓慢，内容也无法满足需求，商业模式也无法建立起来。但2019年我国5G技术将开始商用试点，VR的通路问题在可见时间里将会克服。进入大众使用层面的可能性极大提升，相应的市场价值也将吸引资本进入并推动技术升级。

第三，可以想象的是，以VR为代表的新传播技术将在5G商用化背景下改变当前的传媒生态。游戏将是VR技术应用的一个敏感领域，目前也开始获得一定成效，如像在Steam平台上就有多款有一定热度的VR游戏，游戏形态由"人机交互"变为"人机交融"。更重要一点，游戏是很多互联网公司的一个重要收入来源，那些跟不上VR游戏形态变化的互联网公司的收入将会受到很大挑战。换句话说，VR游戏形态的改变可能带来互联网生态的变化。还有一个值得我们关注的领域是社交媒体，VR社交的出现也将改变目前的社交媒体生态。当前以微信微博为代表的社交平台在一定意义上还只是信息的传递平台，而不是真正可以让用户一起闹、一起笑、一起游戏、一起打发时间的真正共时性社交平台，而VR社交将满足这些真正社交的功能。我们还可以更进一步地发问：VR社交什么时间会取代微信的社交功能？目前似乎这还不是一个值得讨论的话题，但在4G刚开通的2012年，直播、短视频等网站也没有进入讨论的视野，但在短短的四五年间就成长为现象级的产品形态。

面临这样一个将由技术进步带来的传媒生态大变革，我们密切关注VR/AR/MR技术的发展变化以及对传媒业产生的影响。除专门的研究论文外，计划每年出版一本年度发展报告，我们组建了以年轻的刘茜博士牵头的小组开展这方面的工作，从学界、业界、使用者等角度记录新技术应用的变迁轨迹，希望能够为学界和业界提供一定的参考。

目 录

第一部分 2018中国VR产业发展报告

第一章 中国VR产业综述 / 002

 第一节 研究目标和研究方法 / 002

  1. 研究目标 / 002

  2. 研究方法和数据来源 / 002

 第二节 中国VR产业市场规模 / 003

  1. VR市场规模及预测 / 003

  2. 投融资现状与预测 / 005

  3. VR用户基本分析 / 010

  4. VR产业链全景图 / 011

 第三节 中外VR产业对比研究 / 014

  1. 中外大众对VR的关注度 / 014

  2. 中外VR投资者对VR产业的态度 / 016

  3. 中外VR的产业规模 / 019

  4. 中外VR产业的未来趋势 / 022

第二章 2018年中国VR产业发展未来趋势研究报告 / 025

 第一节 研究方法 / 025

 第二节 研究结果 / 027

 第三节 研究结论 / 033

第三章　中国VR体验店地域发展比较研究报告 / 037

第一节　研究目的 / 037

1. VR体验店发展是衡量VR技术"到达"消费者的重要指标 / 037

2. 中国网民对VR关注的地域差异 / 039

第二节　研究方法 / 040

1. 数据选择 / 040

2. 数据采集 / 040

第三节　研究结果 / 041

1. 整体区域和城市发展分析 / 041

2. 各地域VR产业发展比较 / 043

第四节　研究结论 / 050

第四章　中国VR产业支持政策分析报告 / 052

第一节　有关VR的政策发展的历程 / 052

1. 我国有关VR产业的早期政策 / 052

2. 2016年—2018年有关VR产业的政策分析 / 053

第二节　VR产业的政策发展阶段和趋势 / 056

1. VR发展的三个阶段 / 056

2. 政策趋势 / 056

第三节　VR产业发展支持政策一览（2016-2018） / 057

1. 中央篇 / 057

2. 地方篇 / 064

第二部分 2018中国VR消费者调查报告

精彩预览 / 076

第一章 研究目的和研究方法 / 080

    1. 中国消费者对VR的认知、态度和使用 / 080

    2. 研究目标 / 082

    3. 研究方法 / 082

    4. 调查结果 / 083

第二章 样本人口统计学指标分析 / 084

第三章 消费者对VR产品的认知情况分析 / 092

    1. 超过五成的人通过"手机VR APP"了解VR / 092

    2. 人们对国内的产品了解多于国外产品 / 093

    3. VR在休闲娱乐领域更受消费者欢迎 / 094

第四章 消费者使用VR产品统计分析 / 096

    1. 半数以上的消费者认为消费者体验感和VR沉浸感不错 / 096

    2. 影响VR体验感的因素内容和设备重要程度相似 / 098

    3. 大多数用户选择线下VR体验店来体验VR / 099

    4. 大多数消费者没有使用过手机VR App / 100

    5. 五成以上的消费者看好VR交互发展,但近四成人认为VR交互发展无法代替面对面交流 / 101

第五章　消费者VR设备购买分析 / 102

1. 截至目前五成以上消费者没有购买过VR设备，但其中半数以上有购买计划 / 102
2. 价格成为影响消费者购买VR设备意愿的重要因素，最受消费者青睐的价格区间是1000-2000元 / 103
3. 消费者最满意线下体验店，其次是一体机，外接设备和手机App的满意度相似 / 105

第六章　消费者关于VR未来发展的相关态度及看法 / 108

1. 七成左右的被调查者对VR可以取代电视、投影、显示器表示认同 / 108
2. 大多数人认为内容兼容性在VR普及中最为重要，且对于VR产业市场前景持乐观态度 / 109
3. 更多的被调查者认为VR技术未来将往群众化方向发展 / 110
4. 消费者对未来VR主要传播方式的期待值无较大差距 / 111

附录　调查问卷 / 112

第三部分　2018中国VR产业现状和未来趋势专家访谈

第一章　VR学界专家采访——喻国明 / 125

第二章　VR学界专家采访——刘跃军 / 130

第三章　VR业界高管采访——李晓波（七维科技）/ 133

第四章　VR业界高管采访——方淦（Janut中国）/ 139

第五章　VR业界高管采访——侯亚楠（虚拟世界）/ 143

第六章　VR业界高管访谈——张航（爱奇艺）/ 150

第七章　VR业界高管访谈——王刚（奇幻科技）/ 157

第八章　业界VR高管访谈——陈婧姝（VeeR VR）/ 165

第九章　VR业界高管访谈——祖昆仑（Pico）/ 173

第十章　VR业界高管访谈——赵旭鹏、尚磊（强氧科技）/ 181

第四部分　VR：具有巨大发展价值空间的未来媒体

VR：具有巨大发展价值空间的未来媒体 / 188

5G时代的VR社交会取代微信吗？ / 194

肉身的逃逸——VR数字实践的技术现象学分析 / 201

谁才是风险的"放大镜"？——一项关于不同视觉媒介可视化方式对受众风险感知影响的实验研究 / 212

虚拟技术的在场效应认知：基于隐喻抽取法（ZMET）的研究 / 233

引用文献 / 257

第一部分

2018中国VR产业发展报告

第一章 中国VR产业综述

第一节 研究目标和研究方法

1. 研究目标

近年，VR产业的发展成为人们关注的焦点。2016年，VR吸引大量投资，形成发展热潮，被业界称为"VR发展元年"，此后VR产业不断发展，吸引大量投资，VR在迎来发展机遇的同时也面临着一些问题。

为了整体把握2018中国VR产业的发展状况，本调查组从中国VR的市场规模、VR用户现状、VR产业细分、VR产业中外发展比较等方面，梳理中国VR产业的发展脉络，探讨VR的未来发展形态，希望帮助读者了解2018中国VR产业的发展状况。

2. 研究方法和数据来源

中国VR产业综述部分对中国VR产业的发展情况进行梳理，涵盖中国VR产业发展情况、VR中外对比两方面。由于目前VR产业没有相关一手数据，在本章节，本课题组通过收集二手数据的方法对中国VR产业现状及预测进行描述和分析。本章数据来源于赛迪智库、中商产业研究院、映维网、百度等平台，多为国家部门管理下的智库、商业化研究院及专业研究VR的平台。

第二节 中国VR产业市场规模

中国的VR产业经历了发展的热潮，目前正处于初期发展阶段。VR市场规模在一定程度上能反映VR产业在中国的整体发展趋势。调查组选取了智库、研究院、新闻报道等多方面数据，对VR市场规模、投资规模、产业细分等方面做出描述和预测。

1. VR市场规模及预测

（1）我国VR市场规模及预测

根据赛迪智库数据显示（见图1），2015年以来，我国VR市场规模呈逐年增长趋势。在市场规模方面，2017年我国VR产业市场规模总额高达160亿元，预计2018年达到343亿，同比增长114%。预计2020年将达到918亿元。在增长幅度方面，VR产业在2015年—2016年增幅较大，2016年同比增长284%。2017年及以后市场规模有所增长，但增速放缓。

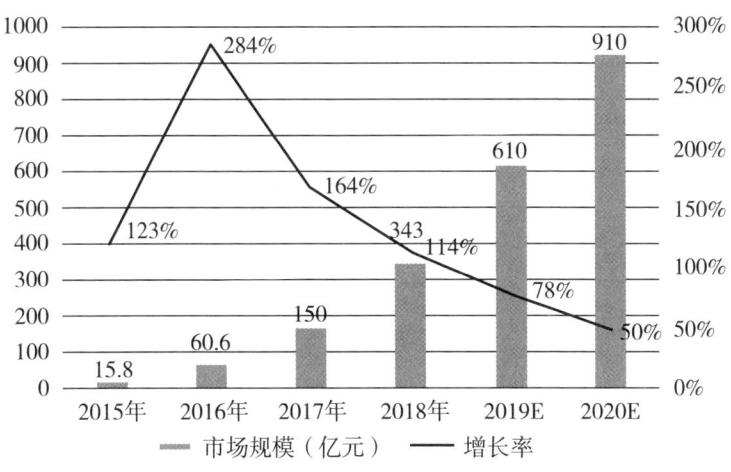

图1 我国虚拟现实市场规模情况

（数据来源：赛迪智库整理）①

---

① 赛迪智库，《2018年虚拟现实产业地图》，http://www.100ec.cn/detail--6478756.html。

中商产业研究院的数据（见图2）与前瞻产业研究院的数据（见图3）较为一致。从整体市场规模来看，2016年以后，我国VR产业规模逐年增长，2017年同比增长52.6%，达到52.8亿，预计2018年市场规模达到105.8亿元，2020年达到300.9亿元。从增长幅度来看，2016年–2019年

图2　我国虚拟现实市场规模情况

（数据来源：中商产业研究院整理）[1]

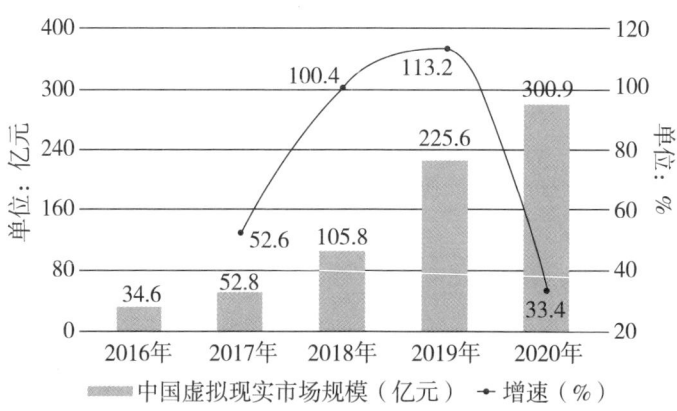

图3　我国虚拟现实市场规模情况

（数据来源：前瞻产业研究院整理）[2]

---

[1] 中商产业研究院，《2018-2023年中国虚拟现实市场前景及投资分析研究报告》，http://s.askci.com/news/chanxiao/20180818/1008451129271.shtml.

[2] 前瞻产业研究院，《虚拟现实（VR）行业发展前景预测与投资战略规划分析报告》，https://bg.qianzhan.com/report/detail/458/180711-58ba2898.html.

市场规模增长幅度最大,2019年增长率达到113.2%,2019年以后增速放缓。随着VR技术的不断成熟,中国VR市场规模会进一步扩大。

此外,据新华网消息,2018年8月,中国电子信息产业发展研究院副院长王鹏曾在公开发言中表示2017年我国虚拟现实产业市场规模已达160亿元,同比增长164%,预计2020年市场规模将超900亿元。①据人民日报海外版消息,2018年5月,工业和信息化部副部长罗文透露,2017年我国虚拟现实产业市场规模达到160亿元,同比增长164%。②由此可见,官方一致较为认可2017年我国虚拟现实产业市场规模已达160亿元的数据。

(2)VR市场规模总结

综合以上数据可以看出,业界普遍认为在总体上,我国VR市场规模呈逐年增长趋势,我国VR发展总体走向良好,市场规模不断增长,将在2020年达到较大规模。相关机构的数据在具体市场规模、增长率方面存在一些差异。赛迪智库认为,我国VR市场规模在2016年的增长率达到最高值,2017年及以后,增长速度会放缓。而中商产业研究院等认为,我国VR市场规模在2019年的增长率达到最高值,2019年以后增长速度会放缓。其中关于2017年的市场规模差异较大,官方较为认可VR市场规模已达160亿元的数据。

2. 投融资现状与预测

VR的投融资情况反映了资本对VR的认可程度和信心,VR投融资侧重点的不同体现了我国VR的发展结构、侧重点。

(1)投融资总规模

据中国通信院等数据预测,我国的VR投资规模以中小规模为主,

---

① 新华网.《2020年我国虚拟现实产业市场规模将超900亿元》, http://www.xinhuanet.com/2018-08/20/c_1123298522.htm.

② 中华人民共和国中央人民政府官网.《中国虚拟现实产业增长164%市场规模达160亿元》, http://www.gov.cn/xinwen/2018-05/22/content_5292551.htm.

多集中在内容应用、开发工具等领域。内容应用中投资热点正在由单一的游戏、社交等领域扩展到工业、医疗等领域。[①] 根据赛迪智库整理数据显示（图4），2015-2017年我国VR投融资规模、轮次有所变化，其中2016年投融资总额为49.8亿元，轮次为178次，较上年有所增长，这与2016年VR元年的投资热有一定关系。而2017年较2016年投资轮次有所下降，降为71轮次，投资回归理性。据映维网和Greenlight联合发表的数据显示（图5），2017年我国投资者在VR/AR创业公司投资了2.75亿美元，在VR领域的投资超过2亿美元。

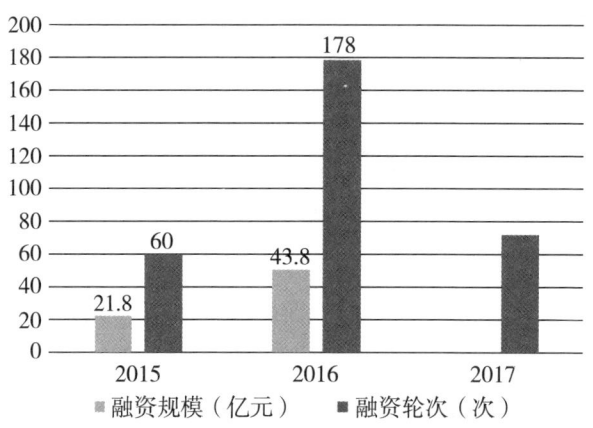

图4　2015-2017年我国虚拟现实投融资与轮次
（数据来源：赛迪智库整理）[②]

（2）投资结构

从我国VR的投融资结构（图6）中可以看出，我国的VR投资热点多集中在硬件和应用方面，在技术和服务方面的投融资较少。其中在应用方面的投融资增长最为明显，由2015年的35%增长到2017年的61.7%，应用方面吸引了大量资本。2017年，在技术方面的投融资有所增长，由2015年的7%增长到2017年的13.9%，技术吸引了更多的资本，

---

① 《中国虚拟现实应用状况白皮书（2018）》，中国通信院、华为等，2018.
② 赛迪智库，《2018年虚拟现实产业地图》，http://www.100ec.cn/detail--6478756.html.

技术逐步受到重视。从整体上看,我国VR的投资正在向多元化层次方向发展,投资重点正在从硬件转向应用、技术方面。

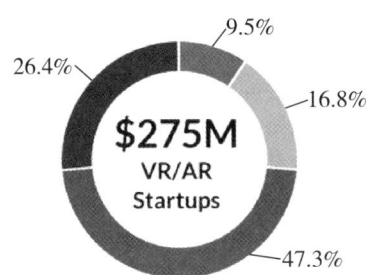

图5　2017年中国VR/AR投资情况
（数据来源：映维网）[1]

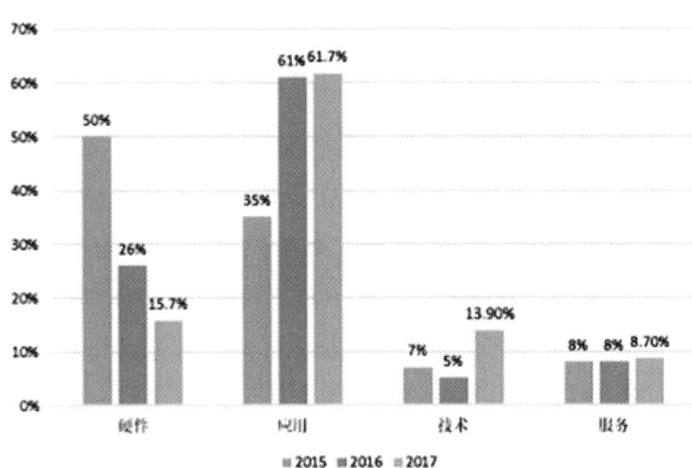

图6　2015-2017年我国虚拟现实投融资结构
（数据来源：赛迪智库整理）[2]

---

[1] Greenlight，映维网，《2018年中国AR/VR市场报告》，2018年5月，https://yivian.com/resource/report/2018_China_AR-VR_Report_by_Greenlight_&_Yivian.pdf.

[2] 赛迪智库，《2018年虚拟现实产业地图》，http://www.100ec.cn/detail--6478756.html.

从2016-2017年我国VR/AR的应用融资（图7）中可以看出，2016-2017年我国VR应用方面的融资集中在游戏、视频和教育等领域，其中游戏在2016年和2017年都是占比最高的项目，分别为44.1%和25.6%，说明VR与游戏的结合被看好。2017年视频方面的融资较2016年增幅较大，从13.6%增长到21.4%，VR与视频的结合越来越得到重视。从总体上看，2017年较2016年的投资更为多元化，VR在房产、媒体、社交、医疗等领域的发展受到关注。

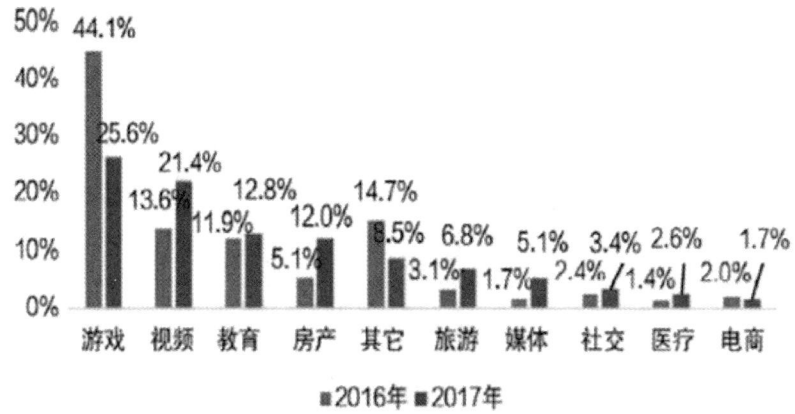

图7　2016-2017年我国VR/AR应用融资结构对比图
（数据来源：赛迪顾问，2018年3月）[①]

（3）投资轮次

从2017年我国VR的投融资状况（图8）中可以看出，2017年我国VR的融资集中在天使论，其次是Pre-A轮和A轮，这与VR仍在前期发展阶段有关。根据映维网和Greenlight联合发表数据显示（图9），2017年我国VR/AR领域的融资25%为天使轮，23.7%为Pre-A轮，23.7%为A轮，83%投融资集中在A轮及早期投资，VR发展在中国处于初期阶段。

---

① 《2018中国VR/AR产业投融资特点及趋势》，http://m.eepw.com.cn/article/201806/382288.html。

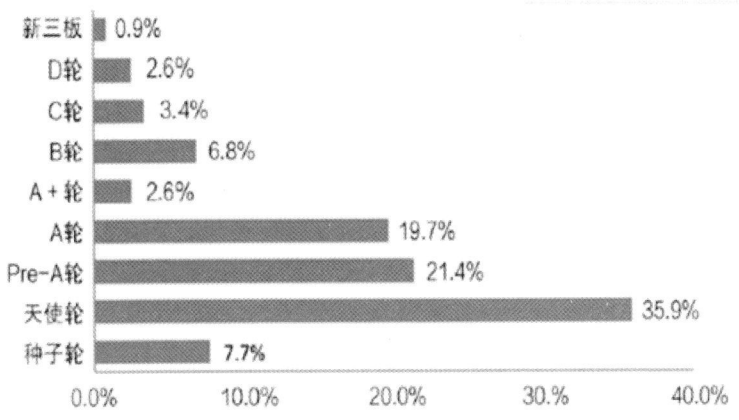

图8 2017年我国VR/AR融资项目轮次结构图
（数据来源：赛迪顾问，2018年3月）①

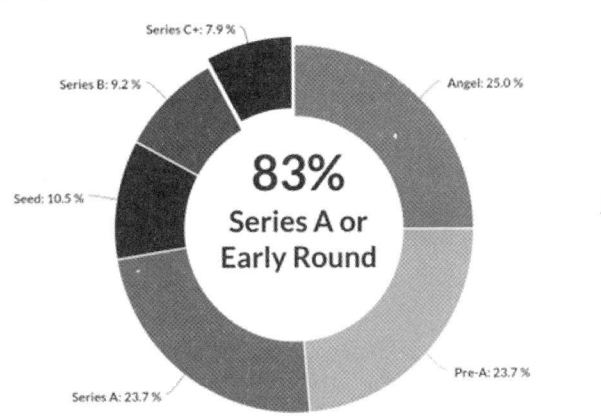

图9 2017年我国VR/AR融资轮次结构图
（数据来源：映维网）②

---

① 《2018中国VR/AR产业投融资特点及趋势》，http://m.eepw.com.cn/article/201806/382288.html.

② Greenlight，映维网，《2018年中国AR/VR市场报告》，https://yivian.com/resource/report/2018_China_AR-VR_Report_by_Greenlight_&_Yivian.pdf.

（4）投融资总结

综合以上数据可以看出，我国在VR方面的投融资会随着VR发展热度的变化而变化，VR的投融资正在向多元化层次方向发展，技术和应用逐步得到重视。在应用方面的投融资呈现多元化趋势，除传统的游戏、视频行业外，房产、媒体、社交、医疗等行业逐步得到资本的重视。投融资集中在A轮及早期投资，VR在中国的发展仍在早期阶段。

3. VR用户基本分析

用户是促进VR产业发展的重要部分，本调查的重要目的之一是充分了解人们对VR的关注和使用情况，调查组通过百度搜索指数，分析用户的基本情况。

（1）我国VR用户现状

从2011年–2018年VR的百度搜索指数图（图10）可以看出，2015年之前，人们对VR的关注度较低。2015年和2016年，人们对VR的关注达到顶峰。2017年至今，人们对VR的关注有下降趋势。这体现了VR在2016"VR发展元年"获得较大关注，2017年以来，人们对VR的关注有所下降，趋于平稳。

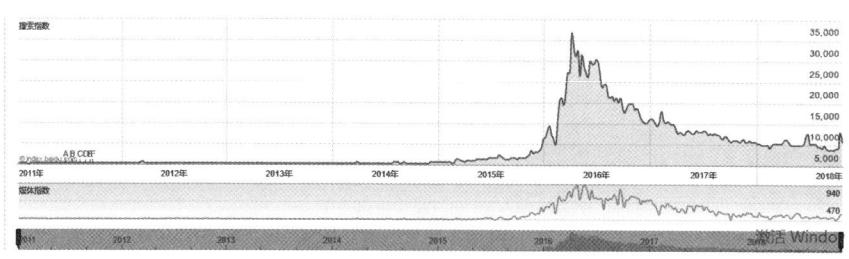

图10　2011年–2018年VR百度搜索指数
（数据来源：百度搜索指数）

从VR搜索指数地域分布图（图11）中可以看出，南方以及东部沿海地区的VR关注指数较高，如广东省、北京市、江苏省、浙江省等较发达的省市，其他地区对VR的关注度相对较低，关注VR的用户地域分部不平衡。

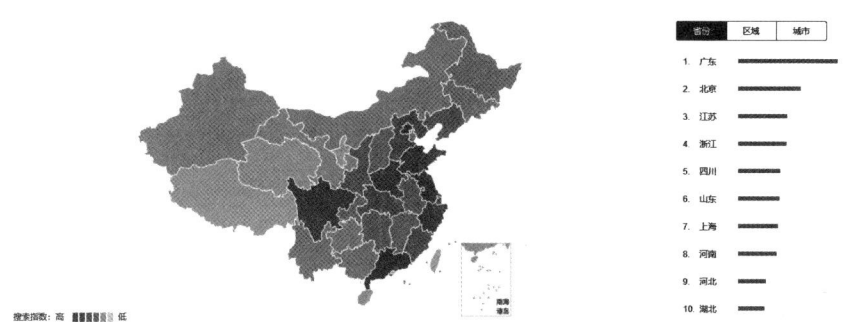

图11 2013年9月–2018年10月VR搜索指数地域分布
（数据来源：百度搜索指数）

媒体对VR的关注能在一定程度上反映社会对VR的关注。从VR媒体指数（图12）可以看出，媒体对VR的关注在2015年和2016年达到顶峰，2017年关注度有所下降，趋于稳定。

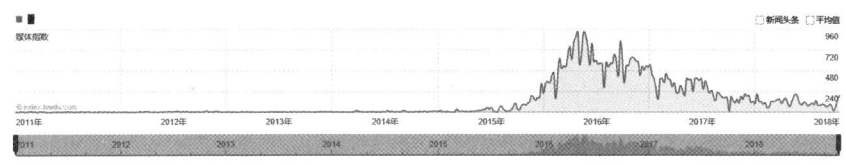

图12 2011年–2018年VR媒体指数
（数据来源：百度搜索指数）

（2）VR用户总结

综上可见，用户对VR的关注随着VR产业发展的变化而变化，产业发展较快、较为火热的时期，人们对VR的关注度随着提高。目前VR产品的用户规模仍然小，用户地域分布不均衡，局限在部分群体中，用户普及率相对较低。关于VR消费者详情请见本报告第二部分。

4. VR产业链全景图

VR产业链共分为四个部分：硬件、软件、内容制作与分发、应用与服务。有研究学者认为，我国VR产业正在形成终端先行，行业应用初步兴起的发展态势。VR领域已经取得较好发展，得到了相对良好的推广和应用，取得了一定的市场规模，吸引众多投资。①

产业链全景图

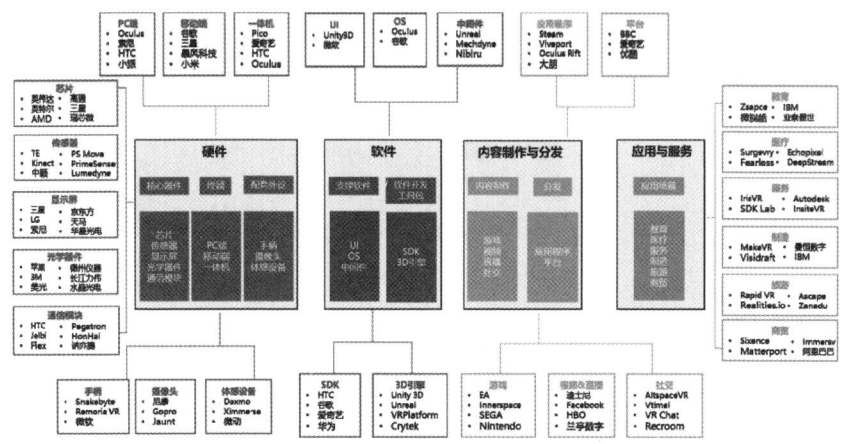

图13　VR产业链全景图
（数据来源：赛迪智库）②

不同产业链环节的消费情况有所不同。由映维网数据（见图14）可以预测，2018年我国企业及消费者在VR头戴设备上的消费为8.861亿美元，2018年之后呈持续增长趋势，预计到2022年达到58.269亿美元。

据映维网数据（图15）可以看出，中国消费者在内容方面的消费在2018年为1.722亿美元，预计在2022年超过8亿美元。其中，游戏方面的消费预计超过55%。由此可以看出，我国VR在内容方面的消费逐年增长，得到市场重视。

---

①　张晋华，《关于我国虚拟现实(VR)产业发展问题探讨》，科技视界，pp194-195.

②　赛迪智库，《2018年虚拟现实产业地图》，http://www.100ec.cn/detail--6478756.html.

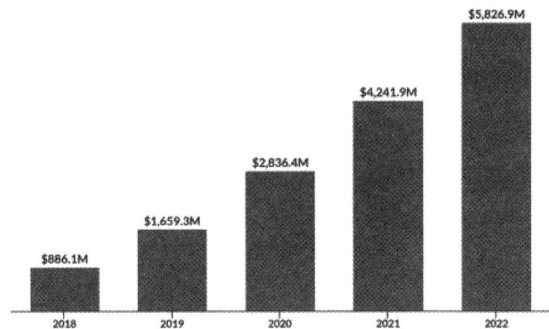

图14 中国消费者在VR头戴设备上的消费
（数据：映维网）[1]

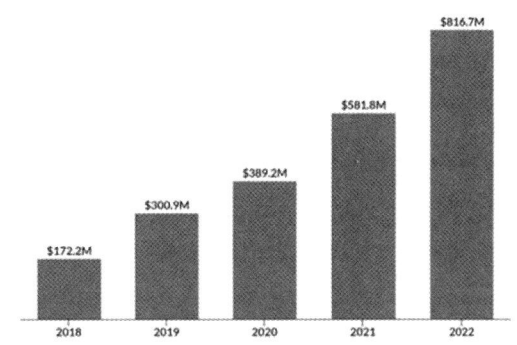

图15 中国消费者在内容方面的消费
（数据：映维网）[2]

---

[1] Greenlight，映维网，《2018年中国AR/VR市场报告》，https://yivian.com/resource/report/2018_China_AR-VR_Report_by_Greenlight_&_Yivian.pdf.

[2] Greenlight，映维网，《2018年中国AR/VR市场报告》，https://yivian.com/resource/report/2018_China_AR-VR_Report_by_Greenlight_&_Yivian.pdf.

第三节　中外VR产业对比研究

为了更好地比较中国VR产业与全球VR产业的发展态势，本章节从大众对VR的关注度、VR投资者对VR的态度以及VR的产业规模三个维度来考察中国VR产业的整体发展。其中，大众对VR的关注度主要通过2013年至2018年近五年来百度指数、谷歌趋势中VR的搜索热度来体现，VR投资者对VR的态度由投资者对VR行业的投资金额和投资趋势展现，VR的产业规模通过市场对VR行业规模的统计与预测显示。

1. 中外大众对VR的关注度

鉴于百度和谷歌分别是中国和全球普遍使用的搜索引擎，因此，本研究通过百度指数和谷歌趋势中VR的搜索趋势来展示大众对VR的关注度。其中，为了更全面考察中国的搜索趋势，分别用中国在谷歌趋势、百度指数的VR搜索来描述中国总体的VR趋势，而全球的趋势则由谷歌趋势来描述。以下将从中国VR的搜索趋势、美国及全球VR的搜索趋势两方面展开。

（1）中国VR的搜索趋势

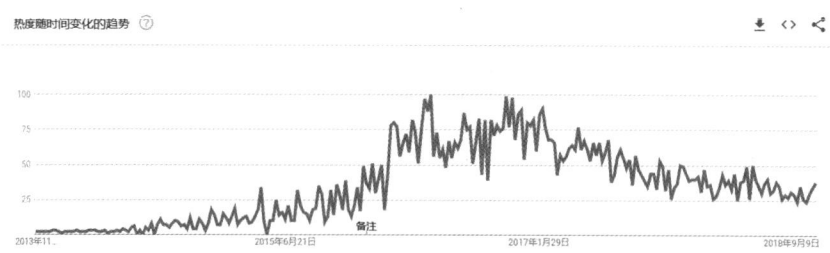

图16　2013-2018中国"VR"谷歌趋势
（数据来源：谷歌搜索）

以"VR"为关键词，在谷歌趋势进行搜索，发现中国大众对VR的关注大致在2014年下半年开始，随后在2016年5月底、2016年12月底分别达到最高峰,但该热度在几天后迅速下降然后回升。2017年4月之后,VR的热度整体呈下降趋势,最终处于一个较低的水平,逐渐稳定。

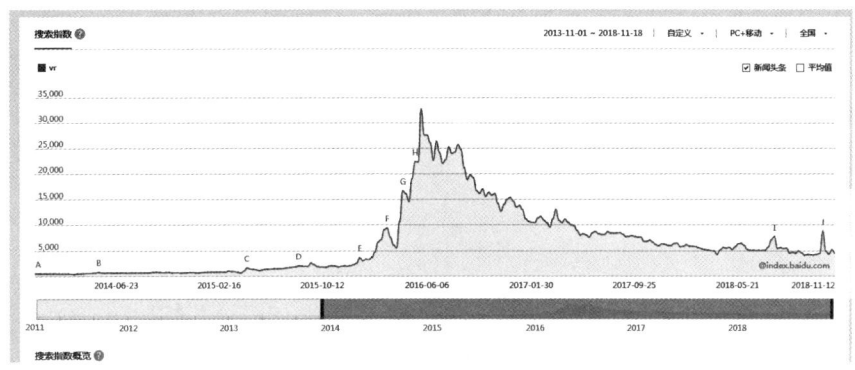

图17　2013-2018中国"VR"百度指数
（数据来源：百度搜索指数）

同样,以"VR"为关键词,在百度指数进行搜索,得到的整体趋势和谷歌趋势相似,呈现先上升然后下降的态势。它们共同反映了中国对于VR的关注度在2016年5月底6月初达到最高峰,但是该热度只持续了6个月左右,在2017年上半年就下降到一个相对较低的水平。2016年被称为中国的"VR元年",但该趋势表明,2016年中国对于VR行业的关注大多为追风式的,一旦风口过去,关注度便急剧下降。实际情形也印证了这个趋势,此后AR、AI也陆续站在风口。

（2）美国及全球的VR搜索趋势

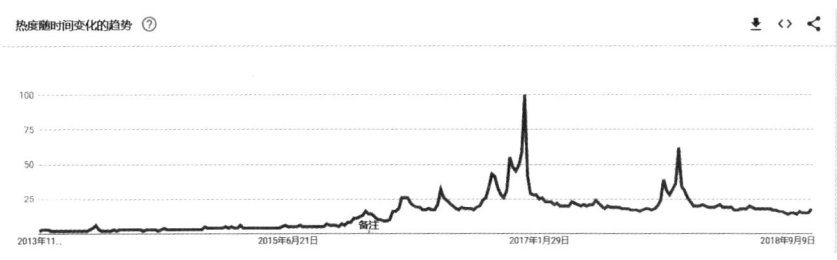

图18　2013-2018美国"VR"谷歌趋势
（数据来源：谷歌搜索）

美国作为VR技术的发源地,也是目前VR产业的领军者。其整体趋势相对中国来说,曲线比较平滑,短期波动不大。美国对VR的关注热度在2014年上半年起步,相对于中国来说是比较早的。它在2016年12月底达到最高值,随后热度急剧下降,趋于平稳后,在2017年12月再次出现峰值,对VR的关注度再次提高,呈现复苏趋势。2018年以来,美国对VR的关注度整体比较平稳,处于稳定发展的情形。

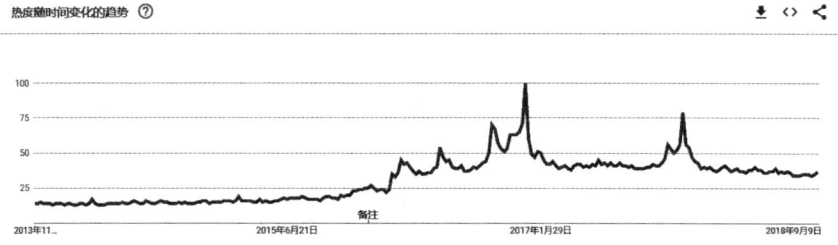

图19　2013-2018全球"VR"的谷歌趋势
（数据来源：谷歌搜索）

与美国的整体趋势相似,全球VR搜索的谷歌趋势于2016年12月达到最高峰,在此之前,2016年3月、6月、10月分别出现了三个次高峰。在2016年12月之后,全球的VR趋势也在下降,但在2017年12月底到达另一个峰值,随后,热度下降并处于一个相对高水平的稳定状态。截至目前,全球对于VR的关注相对较高。

2. 中外VR投资者对VR产业的态度

不同于大众对于新风向的感知与判断,投资者对于一个行业的发展及预测往往更加敏锐、全面,他们的投资决策在一定程度上影响着整个行业的发展方向。该部分由中国虚拟现实投融资状况和全球虚拟现实产业投融资状况这两个方面展开。

（1）中国虚拟现实产业投融资状况

中国电子信息产业发展研究院发布报告《虚拟现实产业地图》显示,2016年我国虚拟现实行业的融资规模为49.8亿元,投融资案例为

178例。2017年，投融资案例下降为71例，同比下降60%。

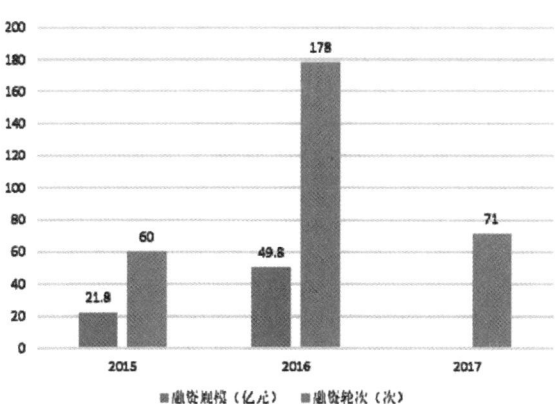

图20　2015-2017中国虚拟现实投融资与轮次
（数据来源：赛迪智库）①

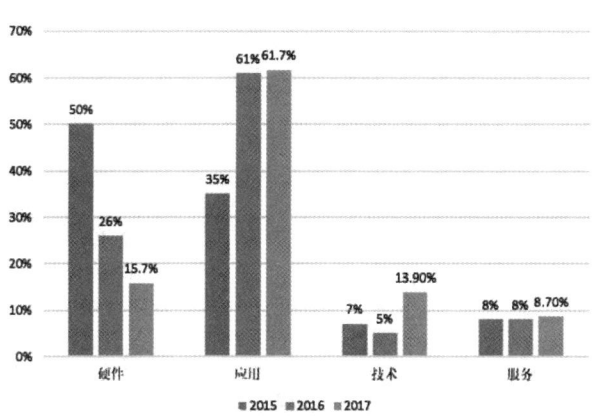

图21　2015-2017中国虚拟现实投融资结构（按轮次）②

此外，在投融资的结构上，近几年的投资也有显著变化。2015年，投融资主要集中在硬件和应用上；2016年硬件的投资下降，应用的投

---

①　赛迪智库，《2018年虚拟现实产业地图》，http://www.100ec.cn/detail--6478756.html.

②　赛迪智库，《2018年虚拟现实产业地图》，http://www.100ec.cn/detail--6478756.html.

资比例显著提高，达到61%；2017年，资本对于应用的投资依然热度不减，但硬件的投融资下降，而技术的投融资相对增多。整体来看，整个中国资本行业，目前大家比较看好的是应用的发展，都纷纷布局VR应用。

（2）全球虚拟现实产业投融资状况

数据显示，2013年至2017年全球VR产业的投资整体呈上升趋势，但2016年至2017年投融资速度减缓。其中，2016年投融资金额为26亿美元，2017年这一金额上升至29亿美元。交易次数由2016年的421次上升为475次，上升幅度较小。由各个季度的数据来看，2017年全球VR产业的投资是由2017年第二季度和第四季度独角兽企业的融资拉动的，主要是Magic Leap、Improbable、Unity、Niantic等独角兽企业获得巨额融资而带动整个行业的投融资水平。

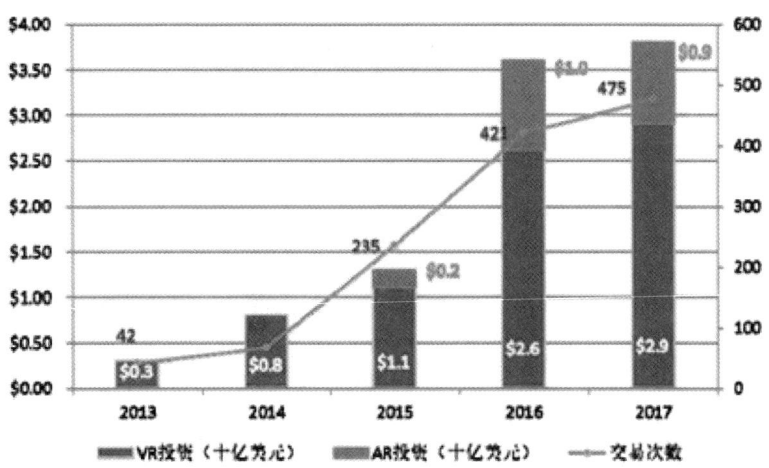

图22　2013-2017全球虚拟现实投融资总额[①]

---

① 赛迪智库，《2018年虚拟现实产业地图》，http://www.100ec.cn/detail--6478756.html。

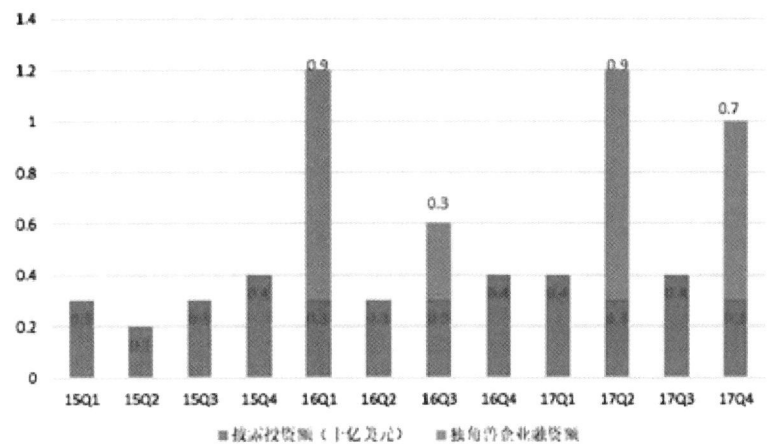

图23 2015-2017年全球虚拟现实投资额（按季度）①

整体来说，无论是全球还是中国，2017年对VR行业来说都是寒冬，投资金额和案例都不太乐观，但同时也显示了资本市场对于VR的投资更加理性、谨慎，VR行业已经度过了盲目跟风投资的阶段。而几个独角兽企业获得巨额融资则使得行业开始呈现复苏之势。

3. 中外VR的产业规模

全球虚拟现实产业自萌芽发展到渐渐成熟，虽然还未完全发展为一个成熟产业，但已经初具雏形，VR的产业规模也渐渐强大起来。这一部分将从产业规模的角度来对中国VR产业在全球产业的位置进行分析、定位。

（1）中国VR产业规模

2015年，中国虚拟现实市场规模还相对较小，仅有15.8亿元。但2016年随着虚拟现实技术的发展和对该行业的关注度的提升，市场规模急剧增长，达到60.6亿元，增长了284%。2017年，VR市场发展速度放

---

① 赛迪智库，《2018年虚拟现实产业地图》，http://www.100ec.cn/detail--6478756.html.

缓，相对于上年市场规模增长了164%，达到160亿元。预计2018年VR市场规模将达到343亿元，到2020年，将达到900亿元。

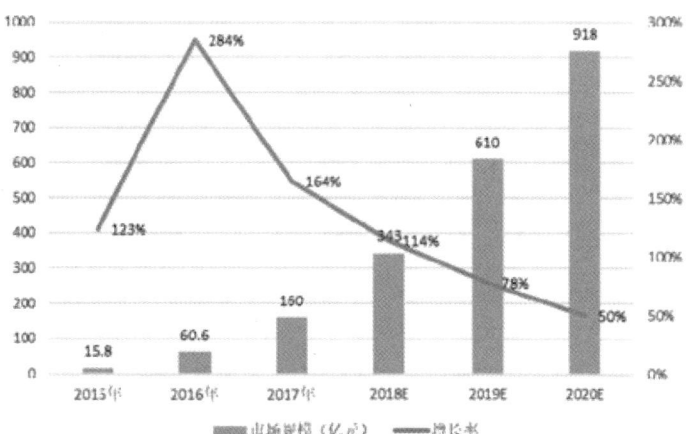

图24 中国虚拟现实市场规模
（数据来源：赛迪智库）①

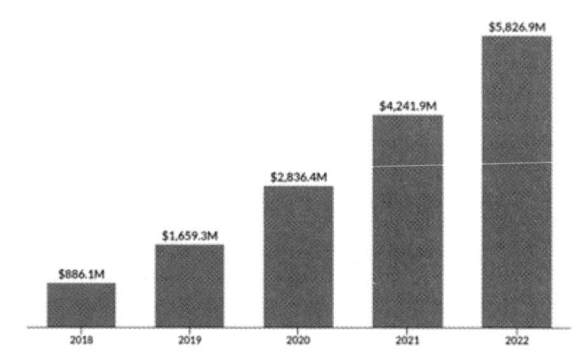

图25 中国VR头显市场预测
（数据来源：映维网）②

---

① 赛迪智库，《2018年虚拟现实产业地图》，http://www.100ec.cn/detail--6478756.html.
② Greenlight，映维网，《2018年中国AR/VR市场报告》，https://yivian.com/resource/report/2018_China_AR-VR_Report_by_Greenlight_&_Yivian.pdf.

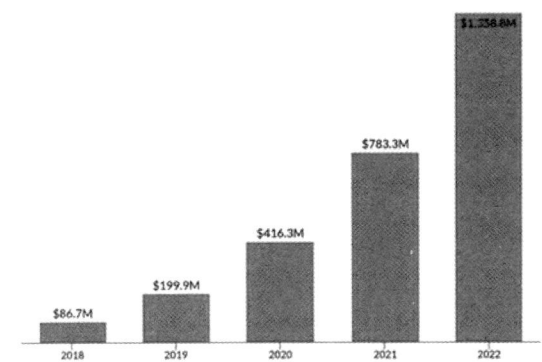

图26　中国VR硬件配件市场预测
（数据来源：映维网）①

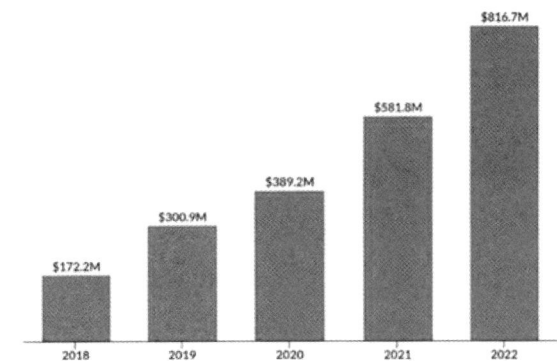

图27　中国VR内容产业市场预测
（数据来源：映维网）②

---

① Greenlight，映维网，《2018年中国AR/VR市场报告》，https://yivian.com/resource/report/2018_China_AR-VR_Report_by_Greenlight_&_Yivian.pdf.

② Greenlight，映维网，《2018年中国AR/VR市场报告》，https://yivian.com/resource/report/2018_China_AR-VR_Report_by_Greenlight_&_Yivian.pdf.

此外，映维网联合Greenlight Insights发布的《2018年中国VR市场报告》中预测，到2022年，中国VR头显硬件市场规模将达到58亿美元，相对于2018年增长650%，VR线下市场将达到18亿美元，VR内容消费市场将达到8.167亿美元。

（2）全球VR产业规模

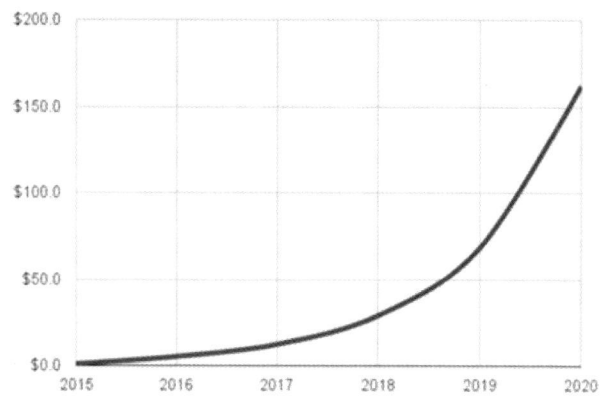

图28　全球虚拟现实市场规模

中国的产业规模相对来说比较小，美国仍然是全球VR产业的领军者，而欧洲在部分VR领域处于领先地位。2017年全球虚拟现实市场规模持续增长超过150%，这一趋势会继续保持下去，并在2018年之后，特别是2019年处于一个高速增长的阶段。

此外，ABI ReseARch预计，在未来几年VR的普及率会越来越高，到2020年，VR用户将达到2.56亿，而VR的市场规模也会显著扩大至600亿美金。

4. 中外VR产业的未来趋势

由中国电子信息产业发展研究院发布报告《虚拟现实产业地图》可以发现，目前国外虚拟现实技术已经度过低谷期，转向复苏期，并且态势良好，行业正在慢慢成熟。而中国的虚拟现实技术处于由2016年关注度较高的热烈期,渐渐遇冷,转向低谷期,目前行业整体态势低迷。总体来说,中国的VR技术发展相对国外一些国家发展有滞后,未能达到国外行业的发展规模和速度,但不可否认的是,在过去几年中国的虚拟现实技术的发展是十分迅速的。

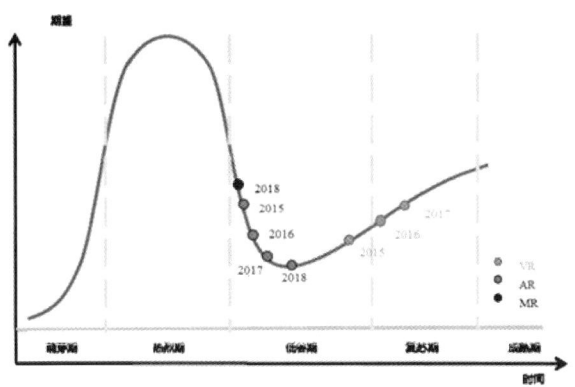

图29 国外虚拟现实技术成熟度趋势①

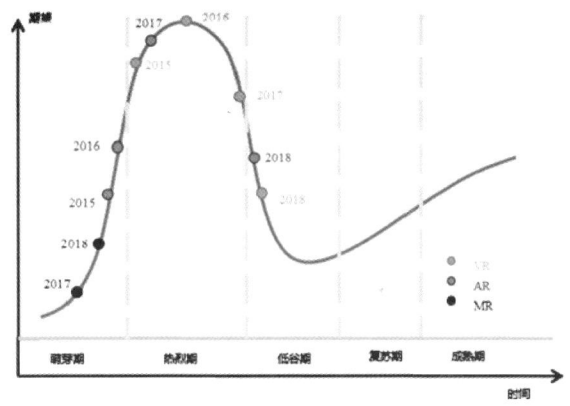

图30 国内虚拟现实技术成熟度趋势②

① 赛迪智库,《2018年虚拟现实产业地图》,http://www.100ec.cn/detail--6478756.html.

② 赛迪智库,《2018年虚拟现实产业地图》,http://www.100ec.cn/detail--6478756.html.

通过以上的分析，研究者认为，中国的VR技术将在2019年左右到达低谷期的最低点，VR行业融资减少，投资者纷纷离场，市场变得更加冷静，此刻是专注VR技术的企业打磨自我的好时机。最低点之后，大概在2020年，VR技术会焕发新的生机，迎来行业的复苏期。对全球行业而言，2019年下半年将进入虚拟现实技术发展的成熟期，届时，虚拟现实的各种硬件、软件将比较完备，而当前存在的眩晕、沉浸感不足等问题也会得到很好的解决。

此外，随着5G时代的到来，信息的传输量和传输速度都将得到质的飞跃，这使得VR的渲染速度显著提升，眩晕感也会得到很大的解决。此前有消息报道称，中国移动提出5G发展路线图，其计划在2020年实现5G全网商用。因此，2020年也将成为VR行业发展的拐点所在，有了5G的助力，VR硬件发展已经成熟，那么VR行业的内容生产也将开启新的时代。

第二章 2018年中国VR产业发展未来趋势研究报告

第一节 研究方法

本课题组对11位来自高校和业界的VR领域的专家学者和高管进行了深入访谈。课题组前期对中国VR产业的发展作了大量的调研,包括收集行业数据、走访企业调研、阅读相关文献等,经过焦点小组讨论后拟定深入访谈采访提纲,从市场、内容、技术、资本这四个方面去探究中国VR产业的发展状况和未来趋势。在VR市场方面,主要涉及VR技术的普及度、VR的市场潜力以及5G时代对VR产业在未来发展的影响等采访问题;在VR内容方面,主要涉及VR内容生产的大众化、技术和内容发展的不平衡问题、VR拍摄的"方法论"等;在技术方面,主要涉及VR的技术短板、眩晕问题、未来设备形态等;在资本方面,主要涉及VR资本市场的变动以及2018年VR产业的投资重点等问题。详细访谈内容请见第三部分。

受访专家介绍

专家	职业	研究领域/成就
喻国明	北京师范大学新闻传播学院执行院长	主要研究方向——新闻传播理论、舆论调查原理与方法、传媒经济与社会发展、传播学研究方法。出版的学术著作有《中国新闻业透视：中国新闻改革的现实动因和未来走向》《解析传媒变局：来自中国传媒业第一现场的报告》等。
刘跃军	北京电影学院专业课程教师	主要研究方向——游戏设计、三维动画创作，发表《2005北京高校动画片受众调查分析报告》《立体动画电影空间研究》《数字三维艺术个性研究》等论文。
李晓波	北京七维视觉科技有限公司VP	在众多高校中担任虚拟现实项目实践导师，目前担任《新媒体系列丛书》顾问，图像图形学学会虚拟现实专业委员会委员等。
方淦	Janut中国首席执行官	在娱乐、体育及科技行业拥有累计超过20年的领导及管理经验；全面开发了亚马逊中国的第三方卖家和广告平台，引导千万中国电商卖家走向亚马逊全球电商平台。
侯亚楠	虚拟世界高级市场总监	有12年消费类电子产品市场、品牌从业经历，曾操盘中国移动、微软、华为等五百强企业品牌、新品上市等整合营销项目，荣获国际整合营销金奖。
张航	爱奇艺高级总监	历任多家世界500强、A股上市公司、创业公司视频产品与运营高级管理岗位，现负责爱奇艺VR产品、内容、运营及商务相关工作。
王刚	暴风科技副总裁、奇幻科技创始人、CEO	2016年创办奇幻科技，把VR和人工智能技术结合起来，把前沿科技与创意内容相融合，研发虚拟人核心技术，成为国内虚拟人的代表公司，为行业和消费者提供智能虚拟人解决方案。
陈婧姝	VeeR VR联合创始人兼CPO	曾就职于硅谷大数据创业公司Trifacta，担任高级交互设计师。同时参与创立健康解决方案公司OhMyGreen，负责公司产品、服务、品牌设计，为美国多家包括Apple、Lyft、Twitch等的大公司及创业公司提供健康饮食服务。2016年回国联合创立了虚拟现实内容社区VeeR VR。陈婧姝及其他两位联合创始人叶瀚中、陈悦入选为2018年福布斯亚洲"30位30岁以下精英"。
祖昆仑	Pico市场VP	有10年以上市场、管理咨询经验，2008-2015年任IBM高级咨询经理，服务OPPO、传音等客户，曾任职于MOTO移动，拥有乔治敦大学MBA学位。
赵旭鹏	强氧科技产品总监	具有超过15年图形图像应用领域从业经验。主导设计强氧科技第一、二代360度全景摄影机，并和国内众多企业成功合作。在VR影视内容制作生产工艺流程领域也有独到见解。

续表

专家	职业	研究领域/成就
尚磊	强氧科技方案中心总监	设计并主导开发的《产品合规供应链管理系统RSEC》、指导研发的Cgangs Cloud平台将强氧科技的法规技术服务朝着互联网+方向进行了推进和演化。

第二节 研究结果

（一）市场方面

1. 关于VR产业发展的市场潜力问题

关键词：积极乐观；革命性；市场广阔

从研究的结果来看，大多数专家对VR产业发展的市场前景持一种积极乐观的态度。刘跃军认为由于产品的完成度和终端数量的局限使得VR尚处于产业的雏形阶段，但是根据当前尚未发育完全的技术去评判其未来的市场空间显然是极不科学的。未来日渐成熟的VR对于当前传统媒介形态是一种革命性的颠覆，它将成为下一个计算平台、下一代信息获取与交流平台。陈婧姝认为VR技术能够让人与计算机的交互更自然，开启很多以前隔着一块屏幕做不到的可能性。有的专家也对VR产业在未来的发展进行了构想。李晓波提到他对于VR产业在未来的构想是希望构建一个平行于现实的数字世界，这时所有行业都会寻找一个属于自己的数字世界。未来的虚拟现实会像互联网一样渗透在各个领域，包括电子商务、社交、游戏、教育等。

2. 关于VR在现阶段不普及的影响因素

关键词：硬件技术；内容体感；市场需求

从研究的结果来看，专家们认为VR不普及主要受到技术、内容和需求三个方面的影响。第一是技术方面。喻国明认为就目前来看，VR技术的普及仍然面临着"鸡和蛋"的窘境。一方面如果VR设备的保有量不高,开发者对开发VR内容和应用也会持谨慎态度。另一方面VR设备在舒适度、安全性、清晰度以及美观性等方面都存在问题,导致用户体验不能达到一个最好的状态。第二是内容方面,现有的内容没法得到大众的青睐,人们戴上VR设备之后虽然有沉浸感,但是不能交互,导致用户没办法持续投入,所以如何用VR的方式让内容更完整是每个创作者需要探索的。第三是需求方面。赵旭鹏认为VR在现阶段不能普及化的主要原因在于使用门槛过高,造成使用人群很少。VR的伪需求导致大众对于VR的认知存在着巨大偏差,虽然很多用户表示愿意使用VR,但用户的心理价格以及热情的持续程度都有待考察。

3. 关于VR技术在专业领域和大众消费市场的发展问题

关键词:双向发展;制约因素

从研究的结果来看,大多数专家认为在未来VR技术在专业行业领域和大众消费市场都会得到较为广泛的应用。但是就现阶段来看,VR技术在专业领域例如医疗、新闻传播、教育等方面的应用较为普遍,赵旭鹏认为VR技术初期在专业领域能解决很多以前不能解决的问题,比如跨国企业或者建筑行业的培训问题,因为构建培训环境是非常昂贵的。而大众市场由于存在很多的制约因素,例如供应链、成本的控制、用户的教育、内容的生态建设等问题,使得VR技术在大众消费市场还不能得到较快的发展。

4. 关于VR游戏和VR电影/影视的发展问题

关键词:积极乐观;制作技术;制作成本;用户需求

从研究结果来看,在现阶段VR游戏比VR影视的发展较为迅速,但是大多数专家对VR在游戏领域和影视领域的发展都持一种积极看好的态度。为什么VR技术在游戏领域得到较快的发展呢?喻国明认为首先在技术层面上,VR游戏制作的技术门槛不高;其次在需求层面上,游戏的产业生态成熟,用户群体庞大,付费意愿高;最后在应用场景上,VR游戏特有的第一人称视角操作体验,更接近人的日常行为习惯,容易给使用者带来身临其境的感受。而VR在影视领域的发展较为缓慢的原因在于虚拟现实影视内容制作较传统内容更为复杂，虚拟现实视频内容的捕捉、摄制素材的剪辑等问题带来了VR影视作品制作成本的居高不下，所以VR影视的发展仍然需要一段较长的时间。

5. 关于5G时代对VR产业发展的影响问题

关键词：变革性；技术升级；应用普及；高体验感

从研究的结果来看，大多数专家认为5G通信时代的到来，对VR产业的发展及普及将具有变革性的意义和作用。这种变革性的意义主要体现在VR技术的升级、高端应用普及、高体验感等方面。在技术层面，5G能够提供一个很好的高带宽低延时和高稳定性的网络，让移动端的VR内容播放更流畅，或能够支持更大的精度。在应用普及层面，VR、AR、MR、自动驾驶、物联网等更高级的应用将在5G的支持下逐步得以广泛应用。在用户方面，高清分辨率、流畅的播放速度以及精细内容的呈现将会给消费者带来空前的感官体验，增加消费者对VR产品的兴趣和购买意愿，因此推动VR产业的大众市场化。

（二）内容方面

1. 关于VR内容制作的便捷化和开放度问题

关键词：制作门槛；优质内容；传播平台

从研究的结果来看，对于VR内容的制作会不会越来越便捷开放这个问题，有的专家认为VR制作的门槛将会越来越低，每个人都有可能成为VR内容的创作者，陈婧姝提到随着技术的发展，任何媒体的创作和分发会越来越去中心化、分布到每个人身上。但是也有专家认为好的内容是有较高的设备门槛和制作难度的，祖昆仑认为VR也会像短视频一样出现大众狂欢的平台，但是VR优质内容的呈现需要一个行业的先驱者或引领者，需要有内容的引领者、专业的内容制作者来做。赵旭鹏认为VR拍摄的难度导致个人使用很难拍出很好的效果，VR的分享比较复杂导致很多平台不支持VR，人们就会失去乐趣。终端体验如果不提升,这些主流平台不兼容,就很难发展。

2. 关于VR硬件和优质内容发展不平衡的问题

关键词:市场生态;分发平台;利润趋向

从研究结果来看,VR技术发展和优质内容的创作呈现不平衡的发展趋势主要是受到中国VR市场生态问题、分发平台的建设以及商家盈利的选择等因素的影响。有的专家认为VR技术和内容发展不平衡主要受到中国VR市场生态问题的影响,张航提出中国目前缺少真正的硬件公司,或者说硬件公司不够硬。中国现在大部分的硬件公司都没有办法对内容进行扶持,这也是中国现在整个内容生态发展相对缓慢的原因。有的专家认为不平衡的原因在于分发平台的建设。在分发平台方面,很少有平台对VR内容进行扶持,好的VR内容很难得到广泛的传播,所以需要提供更多的内容平台去帮创作者解决分发问题。还有的专家认为商家盈利的选择也会影响VR技术和内容的发展。尚磊提到到目前为止,VR产业的90%的利润都是来自硬件和平台,内容基本都处于一个逐渐发展的趋势,无法盈利,这也是前期VR优质内容发展滞后的原因。

3. 关于未来VR是否会出现独特的拍摄"方法论"问题

关键词:独特方法论;打破范畴;虚拟现实思维

从研究的结果来看,专家们对VR在未来是否会出现自身的拍摄"方法论"该问题有不同的看法和见解。方淦认为现在的VR作品越来越多地加入自由度、交互、动态捕捉、实时渲染等技术,这是传统拍摄无法实现的。单纯的VR影视作品创作时也会通过故事发展,引导观众去探索影片中的细节,所以并不存在所谓的方法论,反而是VR打破了传统方法论的范畴,实现拍摄的创新性变革。李晓波提出了一个概念,叫作虚拟现实思维。第一是关于虚拟现实思维的场景式构建,虚拟现实创造了一个平行于现实的完全不同的世界。第二是虚拟现实的强体验性。第三是虚拟现实的思维是传统互联网思维的继承,只有具备虚拟现实思维的特点,摒弃一些传统的影视发展方法和影视拍摄的经验和方法论的时候，我们才能去创造一个真正适合VR领域的模式。

（三）技术方面

1. 关于VR目前最迫切攻破的技术短板问题

关键词：终端体验；内容制作；光学技术

从研究的结果来看，VR技术目前存在诸多的短板和瓶颈，主要体现在两个方面，一个是终端的体验，一个是内容的制作，但是大多数专家更多提到的是VR技术在硬件方面的短板。方淦认为VR头显的清晰度和便携性是最影响用户体验的，然而这两者又很难去平衡。目前，要支持高清且顺畅的VR设备的体验，对电脑的计算速度、续航能力都有很高的要求。陈婧姝也提到对VR头显来说，重要的有清晰度、分辨率、视场角等，VR技术最急切要解决的就是高清内容如何流畅在线播放的问题。张航认为如果光学上的技术不突破，那么用户佩戴的头盔的体积和重量，只能在一定的范围内优化，没法去真正地突破。

2. 关于未来VR设备的形态问题

关键词：头戴式；眼镜式；无设备式；多种形态并存

从研究的结果来看，专家们对未来VR设备的形态有不同的构想，主要存在三种观点。第一种观点是头戴式的VR设备，陈婧姝认为未来VR设备的形态应该还是头戴式的，但是它应该会变得越来越轻薄。方淦也提出目前行业内已经有许多新型设备的概念或模型诞生，头戴式的VR设备在未来更加普遍，也会朝着轻便化的方向发展，更符合美学设计。第二种观点是眼镜式的VR设备。张航认为佩戴式的东西最后会代替携带式的东西。通过眼镜这种终端，整个交互效率、显示效率会变得更高。第三种观点是不需要人来佩戴任何设备。李晓波认为未来的世界应该是一个充满屏的时代，每个人都相当于是互联网的数据交流中心，不需要携带任何设备就可以实现信息的接受和处理。

3. 关于VR眩晕的问题

关键词：硬件限制；内容设计；生理和心理

从研究的结果来看，使用VR设备会产生眩晕感是VR产业在今后发展急需解决的最大难题之一，专家们详细分析了眩晕感产生的原因，一方面是硬件的问题，VR设备分辨率不高，刷新率过低，延迟比较大，导致视觉上看到的东西跟身体的感觉有差异。其次VR内容的制作和剪辑的流畅度等也会影响眩晕感的产生。另一方面就是内容生产者本身在内容设计上的问题。内容设计上应该有一些规范去避免眩晕的产生。张航认为有些东西是尽量不要去做的，比如快速的相对移动，快速切换等，这个可以通过内容设计上去解决。李晓波则认为解决眩晕感需要使用者从生理和心理两个方面去调节，不断地去适应周边环境的变化。

（四）资本方面

1. 关于VR资本市场的变动问题

关键词：投资热潮；资本寒冬；理性看待

从研究的结果来看，专家们对VR从"投资热"到"资本寒冬"再到"回暖"的变动有不同的看法和思考。陈婧姝对VR的"回暖"持一种肯定的态度，她认为新技术刚出来的阶段会有大量的媒体曝光，人们对它抱有过高的期望，在过了过高期望的峰值之后，人们对技术的期待会慢慢回归理性。所谓的投资寒潮也是他们看到了所有的投入并没有变现，或者没有那么容易变现。但是过了寒潮之后，会再开始进入一个稳步发展的过程，这其实是个回归理性的过程。赵旭鹏认为VR产业目前的状在其实不叫"回暖"，应该叫理性对待，真正有技术含量的才能凸显出来。尚磊认为现阶段的VR投资变得越来越理性，从以前的广投慢慢地转变成这种深耕定向性的投资，比如高质量的内容、先进的设备等，都是趋向理性化的投资。

2. 关于2018年VR投资侧重点与2016年相比的区别问题

关键词：理性投资；内容创作；商业逻辑；

从研究的结果来看，专家们认为VR的投资越来越趋向理性化，投资的重点较2016年相比也有很大的区别。方滏认为近来较多的VR行业资本主要有从线上平台转到线下发行的趋势，VR影院、VR大空间、VR综合游艺厅等是投资者较多关注的项目；另外一个趋势是内容创作，优秀的工作室依然能在资本市场抢得先机，但投资者愈发看中创作内容的创意和体验。侯亚楠认为场景的使用、商业的逻辑和理性的投资是投资市场目前更为看重的。当投资方回归理性的时候，不代表这个行业或这个产业进入寒冬，而是在慢慢地上扬过程。

第三节　研究结论

1. 关于VR产业发展的市场潜力问题。VR作为一种新型媒介，在未来会有无限的市场发展潜力，尤其是医疗、传播、电影、游戏、时尚、旅游及教育等行业普及。王刚认为VR实际上给了人类无穷无尽的想象力，赋予人类可能永远也到达不了的一个虚拟的现实环境。VR在未来不再是一个技术、一个产品，也不是一个领域，它就是人们生活的一部分。

2. 关于VR在现阶段不普及的影响因素。VR在现阶段不普及主要受到硬件技术、内容体感和市场需求等因素的影响。但是任何一项新技术从产生到发展再到成熟，都需要一种从无到有的发展过程。从本质上来说，一个复杂的新技术进入各个产业本身需要一定的时间，如果冷静地再去审视一个新技术被各行各业全部采用的过程到底有多长，我们就会发现人们对VR产业的期待值有点过高，VR的普及化应该是一个合理的发展过程。

3. 关于VR技术在专业领域和大众消费市场的发展问题。虽然VR技术目前在大众消费市场受到诸多制约因素的影响，但是随着科学技术的进步，VR设备的完善和创新，内容生态建设的发展以及用户认知的改变，VR技术在未来不管是在专业行业领域还是大众消费市场都会得到较为广泛的应用。

4. 关于VR游戏和VR电影/影视的发展问题。好的内容可以迅速带动相关产业的高速发展，一款爆款内容将有望推动硬件和内容的同步增长。VR能否在游戏和影视领域得到广泛应用乃至普及化、大众化，关键在于技术的提高和内容的完善。不管VR技术在游戏领域、影视领域还是其他行业的普及程度如何，我们对VR产业的发展都应该持一种积极看好的态度。

5. 关于5G时代对VR产业发展的影响问题。5G通信时代的到来，对VR产业的技术的升级、高端应用普及、高体验感等方面将具有变革性的意义和作用。但是5G现在还处于一个基础带宽架构层面上，在基础带宽的架构上构建的VR的应用可能还需大量时间以及研发的投入。

6. 关于VR内容制作的便捷化和开放度问题。VR内容的制作是否越来越便捷和开放，制作对象是否趋向专业化或大众化发展，关键在于VR设备的优化程度、价格的合理化以及创作者所获得的内外驱动力。VR硬件终端的数量普及将会使VR产品的价格降低，提高消费者的购买能力，也会激发用户对VR产业的关注和制作VR内容的驱动力，从而形成一个可持续发展的VR产业生态链。

7. 关于VR硬件和优质内容发展不平衡的问题。VR内容创作和硬件或平台不同，它是无形的，需要创意、技术和资本。喻国明认为单纯的硬件、平台、内容或服务可能都无法保障该VR企业在未来掌握真正的话语权。只有通过内容和服务吸引用户对硬件的关注和购买，通过发展硬件掌握平台优势和标准制定者优势，从硬件、软件、分发、内容和服务各方面构建VR产业链，建立生态型产业布局才是VR厂商的良好选择，只有全方位创新才有可能在未来成为大的赢家。

8. 关于未来VR是否会出现独特的拍摄"方法论"问题。VR的独特性使得其在拍摄戏剧、纪录片以及新闻现场等具有很大的效果，但是VR内容的创作是无限的，不局限于某一类型题材。现阶段的VR创作会更加注重用户的体验，包括在视觉上的全感的体验，以及用户沉浸感方面。未来VR的发展肯定会出现更多的叙事方法，用更加创新的方式去讲更好的故事。VR在未来能否出现独特的拍摄"方法论"需要整个行业共同去探索和验证。

9. 关于VR目前最迫切攻破的技术短板问题。目前VR技术在硬件、内容和应用方面存在尚未解决的短板。显示分辨率、图形计算性能、人机交互形态会直接影响用户的体验感,从而阻碍VR产业走向大众消费市场的进程。VR技术在未来如何突破自身的短板,获得更好的发展呢?有效解决方法之一是在未来引入人工智能,包括对人的眼动识别等,还要充分发挥5G带来的优势,提高稳定性,减少眩晕感。VR技术方面的瓶颈,从硬件到内容再到应用,技术上都还存在着很大的不足,但是这些不足只是暂时的,随着技术的发展,VR技术短板在未来将会得到有效解决。

10. 关于未来VR设备的形态问题。对于未来VR设备产品形态,不管是更加普遍化的头戴式、轻便型的眼镜式,还是不需要人们佩戴任何设备即可进行体验,抑或是三种形态并存等构想,都具有一定的合理性和可能性。未来将是全屏的时代,也是一个虚拟现实的时代,VR设备可能会有更先进的形态,但是一定是朝着更轻薄更便捷的方向发展。

11. 关于VR眩晕的问题。设备分辨率不高、刷新率过低、延迟比较大、内容的剪辑问题等是消费者使用VR设备会产生眩晕感的影响因素。如何解决VR眩晕的问题实际上成了VR产业在目前发展阶段急需解决的最大难题之一,也是VR产业走向大众消费市场迫切需要攻克的难关。

12. 关于VR资本市场的变动问题。VR从"投资热"到"资本寒冬"再到"回暖"的市场变动其实是一个很正常的状态。从市场上来讲,VR产业在长远期的市场的前景一定是广阔的;短期的市场有可能有波折,有回调,有起伏,但是它还是符合新一代产品的新摩尔定律的发展规律。资本是逐利的,而行业是变动的,只有变动才能带来革新。VR资本的回暖状态也证明投资者普遍看好行业未来。一个新兴行业的发展势必需要摸索、失败和模式化的过程,才能成熟起来。

13. 关于2018年VR投资侧重点与2016年相比的区别问题。每一项投资是有它的规律和驱动的,它往往和产业有一个时延,所以在产业里不能完全去看投资的风潮。商家不能盲目跟投,要用大格局的视野去看待VR投资问题,根据行业的发展规律、商业的逻辑和自己独立的判断去进行投资。

第三章 中国VR体验店地域发展比较研究报告

第一节 研究目的

1. VR体验店发展是衡量VR技术"到达"消费者的重要指标

随着VR产业兴起,VR体验馆也如雨后春笋般迅速在全国各地创立起来。据不完全统计,2016年超过3000家VR体验馆开业,并且其正在发展为中国的重要产业之一。线下的VR体验中心正发展成为中国的重要产业。而消费者认为VR体验店中存在的弊端主要是价格昂贵、性价比低,其次是行业进入门槛低,缺乏监管,服务质量良莠不齐,最后是技术服务人员不专业等问题。[①]在经历了资本寒冬之后,部分VR体验馆由于这些问题导致其销售收入并不乐观,出现了一波关闭潮,这些体验馆也终将被市场所淘汰。不过当内容市场成熟之后,体验中心势必会拥有更大的市场规模。如今正在不断发展壮大的VR体验馆作为市场教育、培养用户的一种重要方式,拥有巨大的发展潜力,是VR产业发展的重要推动力。VR线下体验店不仅是展示自己产品的平台,更是通过

---

① 刘珂,胡帅,韩英超等.基于需求视角的VR体验店经营情况调查[J].时代金融,2018(17): 283-284, 287.

C端客户了解VR市场的窗口。① 另一方面，消费者与厂商对于VR线下体验店也较为青睐。

以线下体验店来说，中国目前有三种模式：一是以蛋椅为主的小型体验店，空间需求不大，很容易就可以在大中型商城中找到一席之地，投入成本有限的同时也最大限度覆盖了用户，中国2017年有将近5000家这类体验店，其中近六成集中在北京、上海、广东、江苏、浙江等发达省市。二是VR娱乐中心，面积普遍超过100㎡，产品展示较为丰富，玩法较蛋椅多样。三是主题公园，占地规模较大，占地面积从数百平方米至上千平方米不等，可体验设备丰富且内容多样。② 而按设备分类，现有的VR体验店主要分为VR头盔站立式体验店（VR头盔+手机/电脑）、VR头盔动感设备体验店（VR头盔+动感设备）和VR主题公园式体验店（VR头盔+体感背心/移动背包+体感手套+互动枪/手柄+光学定位/无线定位+动感捕捉）三类。③

易观数据调查结果显示，用户为了获得更加优质的体验，可以接受的价位在2000元以下的占比为65.7%，处在该区间内的多为国产中低端设备。虽然VR用户多为中高收入群体，但目前用户的观望气氛仍较为浓厚，花重金购买VR设备的意愿较为有限。而事实上，VR设备从5900降价到2000元以下需要很长时间，短期内VR设备在C端难以普及。这就成了VR线下体验店发展的契机。产品体验方式方面，32%的用户选择了线下体验店进行使用。这些用户相对于顾虑价格昂贵、使用笨拙等缺点，不具备足够经济实力而又注重用户体验，所以没有选择自己购买设备。消费者目前对于线下体验店较为青睐。厂商面对这样的现状，也更为青睐线下体验店分成这一盈利模式。

综上所述，未来五年，C端市场的主要形式可能依旧在于线下体验

---

① 冯晓霞.VR线下体验店的机遇与挑战[J].光彩, 2017(2): 32-33.
② 易观数据,87870.中国沉浸式虚拟现实行业白皮书 2016[EB/OL].2017.［2018-11-25］.https://www.vrzy.com/vr/73968.html.
③ 阳冰.VR体验店进入寒冬是个伪命题吗?[J].互联网周刊, 2017(21): 14.

店。VR线下体验店集最新VR技术、产品投入、用户消费为一体,可以作为窥探一个地区VR产业发展状况的缩影。它们通过鼓励观众的参观与参与,与消费者建立有效的沟通渠道,收集顾客的意见,以便改进产品和服务,是最贴近消费者的零售终端店面种类之一。故通过线下体验店的发展情况能够衡量VR技术在某一地域"到达"消费者的程度。

2. 中国网民对VR关注的地域差异

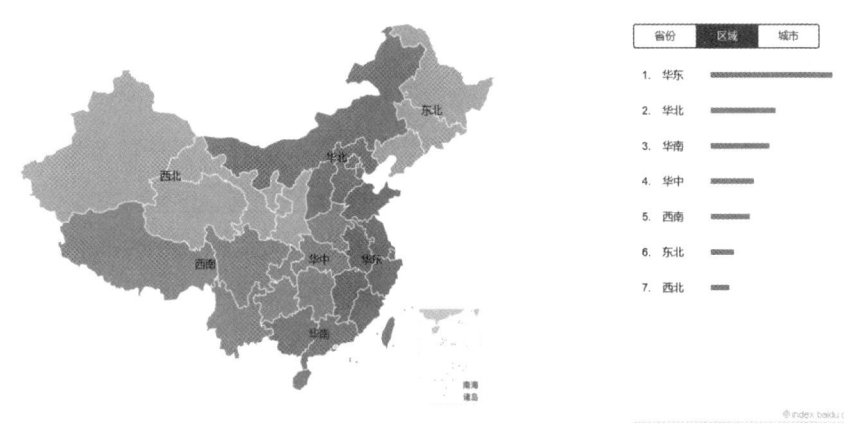

图1　（来源：百度指数）

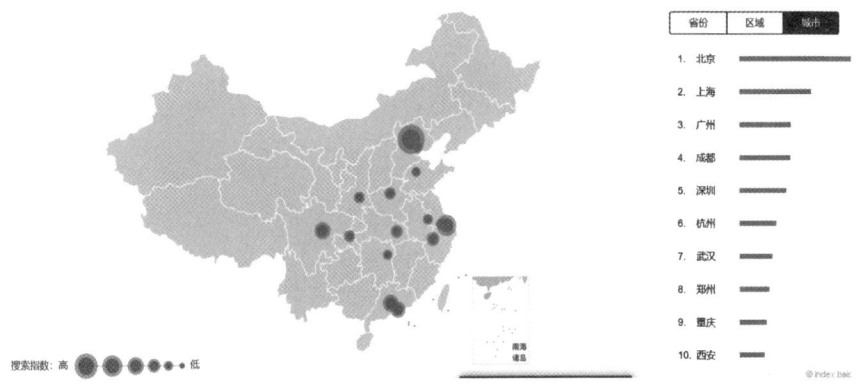

图2　（来源：百度指数）

从百度指数来看，2016—2018年华东、华北、华东、华南区域的搜索指数相对较高，北京、上海、广州、成都、深圳等一线城市搜索指数较高，我们可以依次判断这些地区和城市的消费者对VR的关注度比较高。有报告指出，目前体验店也主要集中在一线城市，然后向周边扩散。这也意味着城市与城市之间存在着VR体验程度的时间差，为设备流转提供了一种释放渠道。广州、深圳一带，由于工厂集中，体验店的数量急剧攀升。[①]但是通过这些无法，具体了解不同地区VR体验店的发展状况，作为目前VR技术"到达"消费者的最重要方式，这个问题值得进一步研究。

第二节　研究方法

1. 数据选择

我们采用数据爬取及分析的方式进行研究。"大众点评"网成立于2003年4月，是中国早期的第三方消费点评网站。作为中国领先的本地生活信息及交易平台，大众点评不仅为用户提供商户信息、消费点评及优惠等信息服务，亦提供团购、餐厅预订、外卖及电子会员卡等。截至2015年第一季度，大众点评月活跃用户数超过2亿，收录商户数量超过1400万家，覆盖全国2500多个城市及美国、日本、法国等近百个热门旅游国家和地区。其数据覆盖面大，具有代表性。故选择"大众点评"网进行数据抓取。

2. 数据采集

大众点评网站根据用户所在区域自动调整网站地址，进而提供本地

---

① 基黑匣.中国VR体验店现状白皮书[EB/OL].［2018-11-25］.http://m.vrzy.com/vr/65339.html．

生活个性化服务,因此在大众点评界面切换城市坐标即可爬取当地城市有关数据。故在大众点评网站上搜索关键字"VR",数据爬取时间为2018年7月。而后人工将数据筛选,进而分析比较我国各区域间VR产业发展。回收数据发现,共爬取数据3000余条,通过人工遍历方法,剔除500余条无用信息。此次在我国37个城市,共爬取2504家VR线下体验店信息。将不同城市的数据输入智能软件,自动生成表格,并标明该城市具体商圈VR体验店数量,具有一定参考性。

第三节 研究结果

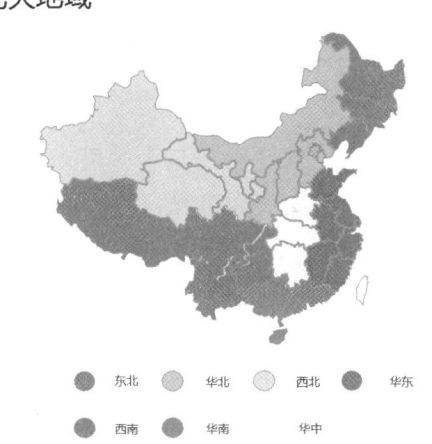

图3 整体地域划分

1.整体区域和城市发展分析

我国共有34个省级行政区域,包括23个省,5个自治区,4个直辖市,2个特别行政区。本次研究主要集中在中国大陆地区,所以排除港、澳、台地区,研究对象为大陆31个省、自治区、直辖市。按照中国地理区域划分原则,将我国划分成7大地域,分别为东北、华北、华东、华南、华中、西北、西南。省会/首府为国家一级行政区,一般为省/自治区的政治、经济、科教、文化、交通中心,所以除直辖市外,选取了各地省会/首府作为样本。另外考虑到一些发达地区的区域连锁效益,故又根据最新的"中国新一线城市"名单,增加了"大连、苏州、杭州、青岛、宁波、东莞"5个城市。

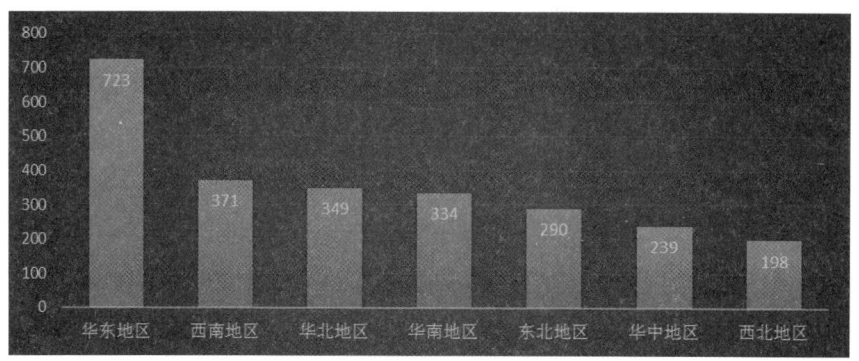

图4 七大地域VR体验店数量对比

本次研究样本共37个城市,其中东北地区4个(哈尔滨、长春、沈阳、大连),华北地区5个(北京、天津、石家庄、太原、呼和浩特),华东地区10个(上海、南京、苏州、杭州、宁波、济南、青岛、福州、合肥、南昌),华南地区5个(广州、深圳、东莞、南宁、海口),华中地区3个(郑州、武汉、长沙),西北地区5个(兰州、乌鲁木齐、西安、西宁、银川),西南地区5个(昆明、拉萨、成都、重庆、贵阳)。

其中,华东地区体验店数量最多,为723家;西南、华北地区次之,西北地区最少。把每个地域的体验店数量除以该地域城市样本数量,所得的平均数从高到低依次为:

华中	79.7
西南	74.2
东北	72.5
华东	72.3
华北	69.8
华南	66.8
西北	39.6

图5 平均一个城市的体验店数量

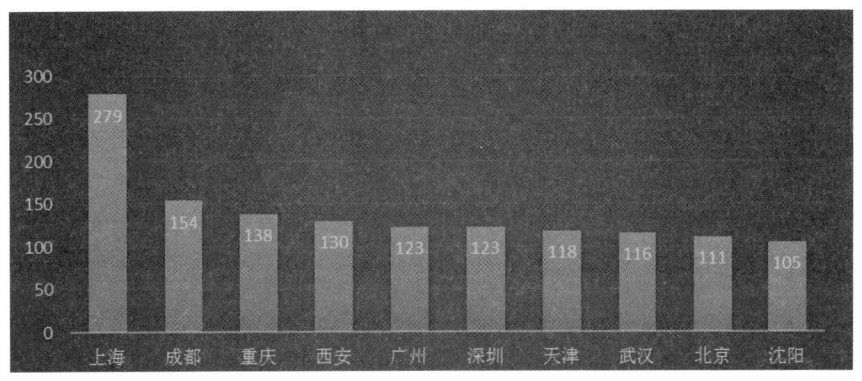

图6 城市体验店数量前十

在全国选取的37个城市中，上海的体验店数量最多，为279家，远远高于其他城市；而拉萨的体验店数量最少，仅为2家。由此可以看出，整体上我国VR产业在华东地域发展较为成熟；而在"北、上、广、深"四个一线城市中，上海VR产业发展或许最为成熟。

2. 各地域VR产业发展比较

2.1 东北地区

在黑龙江、吉林、辽宁三省中，作为辽宁省省会的沈阳拥有的VR线下体验店数量最多，为105家。吉林省省会长春是四座城市中体验店数量最少的一个，为57家。由此可见，在东北三省中，辽宁省的VR产业发展较为发达。

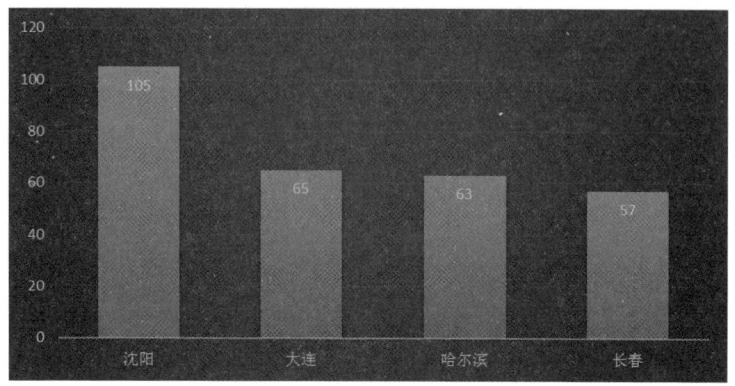

图7 东北地区体验店数量

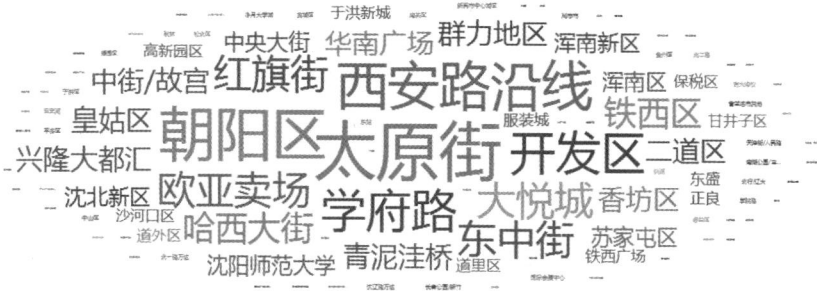

图8 东北地区体验店具体分布

而在更为具体的地区分布上,太原街(11家)、朝阳区(10家)、学府路(8家)是四个城市中VR体验店分布最为集中的三个地区。前两个地区来自辽宁省,学府路来自黑龙江省。由此可以看出在东北三省中,吉林省的VR产业发展较为薄弱。

2.2 华北地区

在华北地区,作为直辖市的天津、北京拥有一半以上的体验店数量,而作为内蒙古首府的呼和浩特仅为25家。天津的滨江道,太原的亲贤街、内蒙古的海亮地区各占7家,北京则较为分散,最集中的中关村地区也仅有5家。

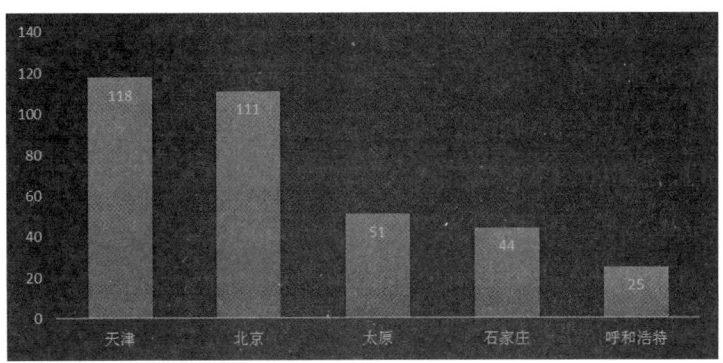

图9 华北地区体验店数量

图10 华北地区体验店具体分布

2.3 华中地区

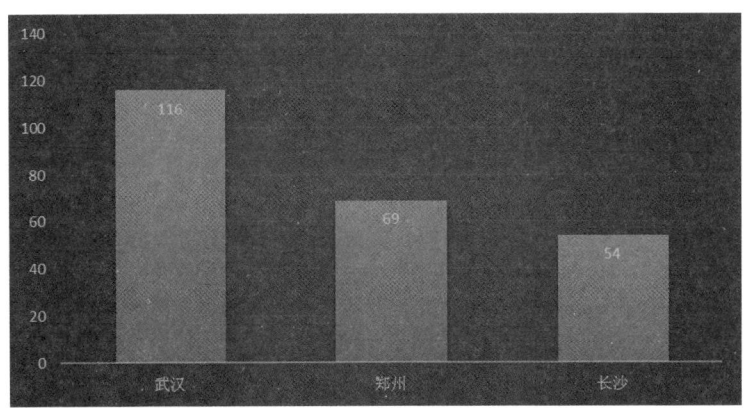

图11 华中地区体验店数量

湖北、湖南、河南作为我国中部的三个省份,VR体验店数量也不逊北方。其中武汉(116家)多于北京(111家),郑州、长沙的水平也与大连、太原等北方城市齐平。

图12　华中地区体验店具体分布

这些体验店的具体分布上,光谷广场最多,有19家;江汉路步行街次之,有12家;洪山区以9家体验店的数量位列第三。以上三个区域均来自武汉,由此可见在华中地区,武汉的VR产业发展状况优于其他两个城市。湖北省也可以说是在华中地区VR产业较为发达的省份。

2.4 华东地区

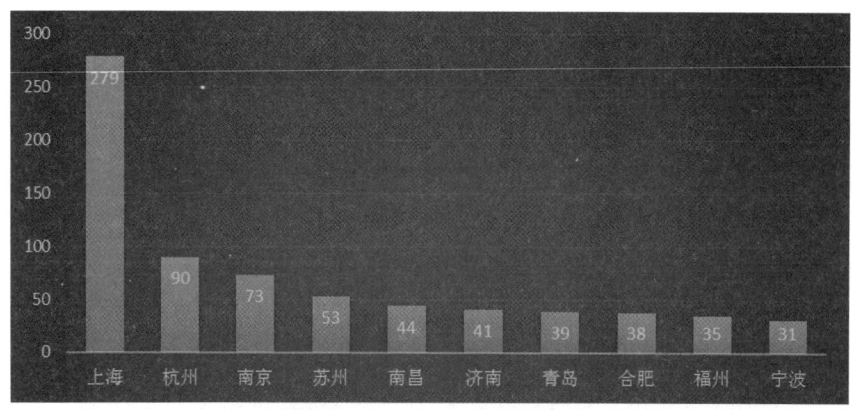

图13　华东地区体验店数量

华东地区总共选取10个城市,其中,上海拥有的体验店数量远为

279家，而第二名的杭州仅为90家。第三名苏州（53家）至第十名宁波（31家）的数量相近。由此可以看出，在华东地区，上海VR产业发展独占鳌头，而其他城市水平相近，与北方城市相比为中低下水平。

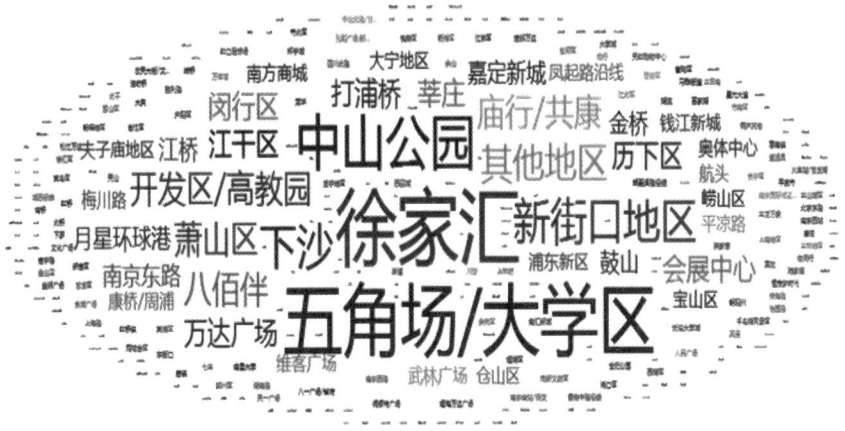

图14 华东地区体验店具体分布

上海的VR体验店数量比较集中，在体验店的具体分布上，前三名徐家汇（15家）、五角场（14家）、中山公园（11家）均来自上海，第四名新街口地区（9家）才来自南京。由此可以看出，华东地区VR产业分布不均明显。

2.5 华南地区

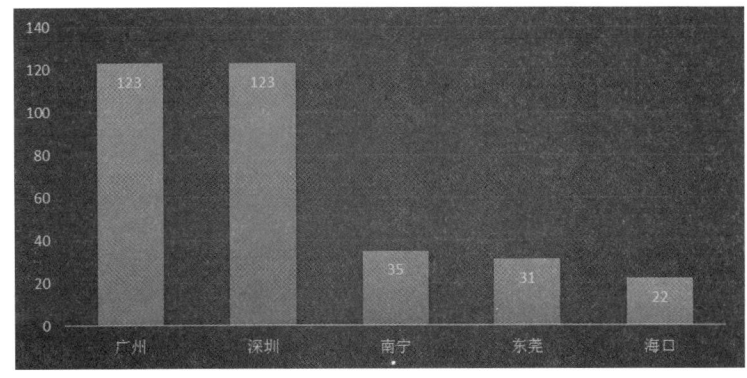

图15 华南地区体验店数量

在选自华南的5个城市中,广东省占据着大部分VR体验店份额,并且广州、深圳两个城市均为123家,发展比较均衡。而在具体的分布上,天河城(9家)、番禺区(7家)、东门商业圈(7家)、西乡(7家)这4个区域分布的体验店最为密集,而且两两来自广州和深圳,而同为广东省的东莞市仅有31家,差距悬殊。由此可以看出,在华南地区,广东省的VR产业最为发达;而在广东省内,广州和深圳两个城市VR产业发展较为成熟。

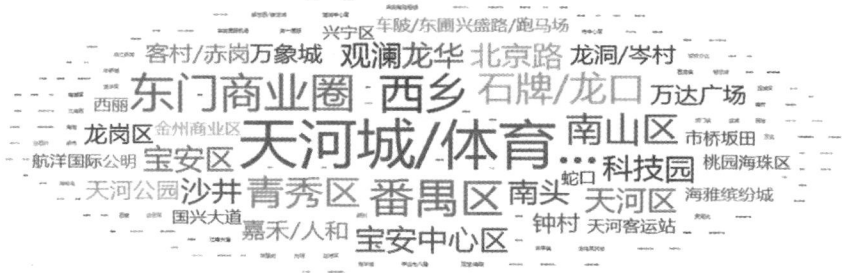

图16　华南地区体验店具体分布

2.6 西北地区

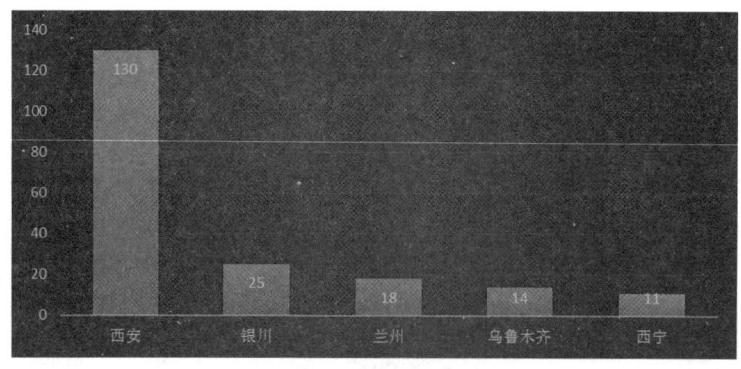

图17　西北地区体验店数量

在西北地区,VR产业发展更加分布不均匀。西安市的体验店数量为130家,远远高于其余四座城市的体验店数量之和。

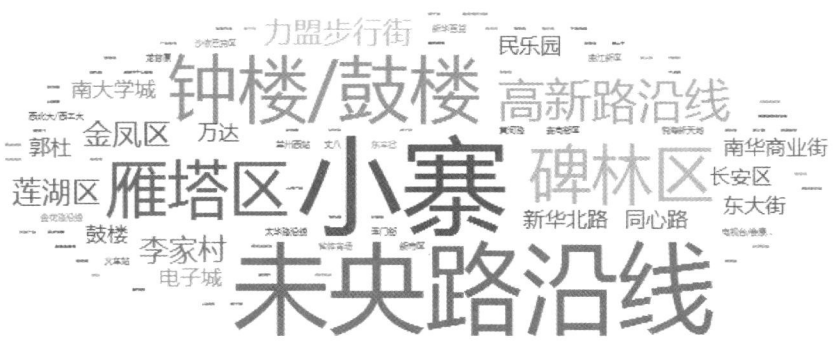

图18　西北地区体验店数量

在具体的分布上，小寨（13家）、未央路（12家）、钟楼/鼓楼（9家）是最为集中的地区，包括位列第4名的雁塔区（8家）、碑林区（8家）而且均来西安市。由此可以看出在西北部地区，陕西西安市的VR产业发展较为成熟。

2.7 西南地区

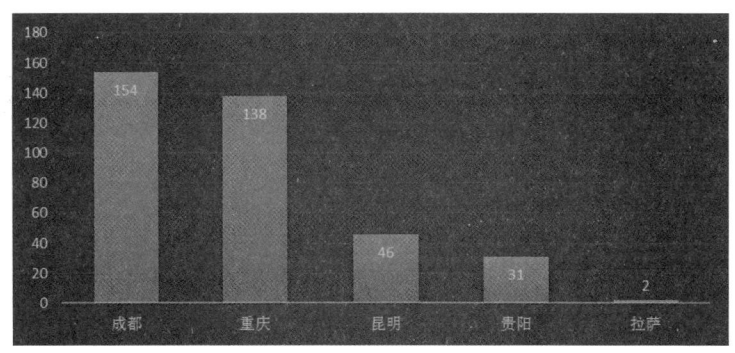

图19　西南地区体验店数量

在西南地区，成都和重庆两个城市的体验店数量远远高于其他三省，其中成都159家，甚至是其余三省之和的二倍之多。拉萨是西南地域，也是全国体验店最少的一个城市，仅有2家。

图20　西南地区体验店具体分布

而在具体分布上，重庆的观音桥有25家体验店，是37个城市中体验店最密集的一个地区；成都的高新区位列第2，有17家体验店；同样来自成都的科华北路也较为集中，有14家。因此可以得出结论，成都和重庆在西南地区VR产业发展较为成熟。

第四节　研究结论

通过研究发现，总体来看，南方优于北方，东部优于西部；华东地区尤其是上海发展水平最高，远远领先其他城市；东北地区的体验店数量最多，西南、华北地区次之，西北地区最少。而从每个地区的VR体验店平均数来看，只有西北地区与其他地区脱节，平均每个城市只有40个，而其他城市平均都有67个以上。从城市来看，上海的体验店数量为279家，远远多于其他城市，第二梯队的VR体验店数量均在100家以上，有沈阳、北京、天津、武汉、广州、深圳、西安、成都、重庆，其他城市均较少，数量在几十家左右，而拉萨的体验店则只有两家。

具体来看，发展较为平衡的地区有东北地区、华中地区、华南地区，其中，黑、吉、辽三省省会VR体验店数量差距不是很大，但吉林省的VR线下体验店产业发展较为薄弱；华中地区中，相较其他两省，湖北省发展得更好；华南地区的发展也较为均衡，广东省的VR产业最为发达；而在广东省内，广州和深圳两个城市VR产业发展较为成熟。

发展不平衡的地区有华北地区、西北地区、西南地区、华东地区，这主要是由于地区内的经济发展不平衡，人口、资源集中导致的问题，华北地区中，作为直辖市的天津、北京拥有一半以上的体验店数量，而作为内蒙古首府的呼和浩特仅为25家；华东地区的VR体验店基本集中于上海，而其他城市水平相近，与北方城市相比为中低下水平；西安市的体验店数量为130家，远远高于其余四座城市的体验店数量之和；在西南地区，成都和重庆两个城市的体验店数量远远高于其他三省，其中成都159家，甚至是其余三省之和的两倍之多，相比之下，拉萨的VR发展就显得十分薄弱了。

此研究结果与百度指数所显示的搜索指数基本相符。华东最为发达，华北、华南其次，这也印证了总体上VR体验店的数量是衡量VR技术"到达"消费者的重要指标，从城市来看，研究结果与百度指数体现的结果不同之处在于北京和上海的发展差异，其他的城市结果基本一致，可能存在着误差或其他原因，还需要进一步研究。

综上，由于经济发展，人口、资源分布等问题，在三四线城市或经济较为不发达区域的VR体验店正面对着很大的挑战，如前文提到的成本较高、市场较小、知名度低等问题。店主必须直面这些问题，并积极进行解决，才能不被快速的更新浪潮吞噬。在经济较为发达区域的VR体验店同样不能掉以轻心，处于这样的区域意味着更大竞争的存在，内容的单一乏味也是消费者认为的VR体验店的问题所在，所以这些店主更要发掘特色内容，来维持自己的市场。

第四章　中国VR产业支持政策分析报告

"以互联网为核心的新一轮科技和产业革命蓄势待发，人工智能、虚拟现实等新技术日新月异，虚拟经济与实体经济的结合，将给人们的生产方式和生活方式带来革命性变化。"2016年9月3日的G20峰会上，习近平在《中国发展新起点　全球增长新蓝图》主题演讲中曾如是点名虚拟现实，令中国VR行业从业者为之一振。VR产业的发展和国家政策有什么样的关联呢？VR产业在技术开发、内容导向、市场拓展等方面都离不开国家政策的支持。在技术开发方面，VR技术具有较高的学科综合性，需要调动大量的人力、物力和财力；在内容导向方面，VR内容具有艺术形态导向，关乎国家信息安全、文化安全、教育安全等；在市场拓展方面，VR+带动性强，尽管虚拟现实市场还处于起步阶段，但诸多学者和业界人士认为未来市场具有增长潜力已达到共识。只有牢牢把握住政策的动态和趋势，VR产业才能在风口站稳，更好更快地向前发展。

第一节　有关VR的政策发展的历程

1. 我国有关VR产业的早期政策

虚拟现实技术是一种可以创建和体验虚拟世界的计算机系统，它是在20世纪末才兴起的一门综合信息技术，我国对VR技术的研究起步于

20世纪90年代，发展到现在已初步取得了一些成果，并且在某些方面已经接近国际水平。这些成果的取得离不开国家对虚拟现实的政策支持。早期我国科技部和国防科工委已将VR技术的研究列为重点攻关项目，国内最早开展VR技术试验的是西安虚拟现实工程技术研究中心、北京航空航天大学等。在《国家中长期科学和技术发展规划纲要（2006-2020年）》中，VR技术被列入信息技术领域需要重点发展的3项前沿技术之一。此外VR技术也受到国家高技术研究发展计划（863计划）、国家自然科学基金的重点支持。

2. 2016年—2018年有关VR产业的政策分析

从中央部委到地方政府，关于VR/AR的政策陆续在2016年"VR元年"相继出台，对VR产业的发展具有深刻的意义。本课题组将2016年至2018年，国家及各地方对VR产业的支持政策做了归纳与整理。据不完全统计，2016至2018年期间，国务院及中央各部委发布了支持VR产业发展的规划、支持政策、文件等共计23余项，其中，2016年共计7项，2017年共有15项，涉及的部门有国务院、发改委、工信部、文化部、教育部等。各地方发布了支持VR产业发展的规划、支持政策、文件等共计24项。其中，2016年总计7项，2017年共有16项，涉及的省份有北京、上海、广东、山东、福建、重庆等。在出台的地方政策中，其中福建福州、江西南昌、青岛崂山等地宣布成立VR产业基地，计划打造VR产业之都，北京中关村、成都、合肥等地正在筹建或者已经建立了VR产业基地，这种势头已经蔓延至全国各地。

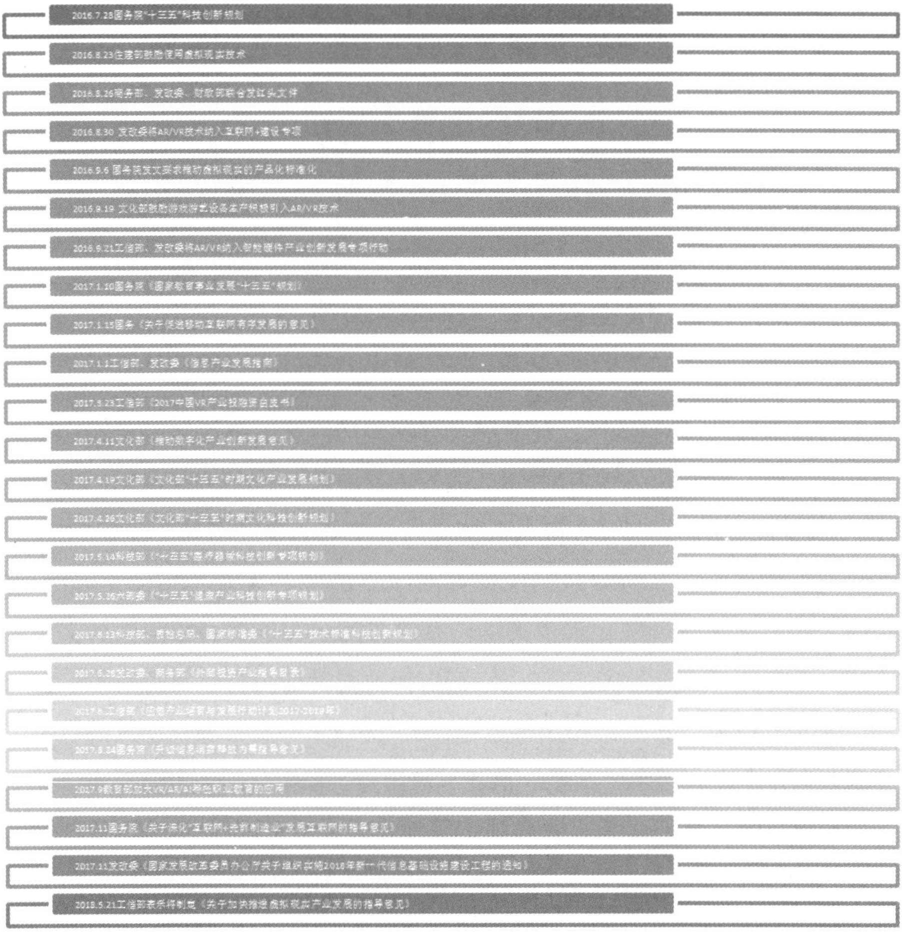
2016.7.28国务院"十三五"科技创新规划
2016.8.23住建部鼓励使用虚拟现实技术
2016.8.26商务部、发改委、财政部联合发红头文件
2016.8.30 发改委将AR/VR技术纳入互联网+建设专项
2016.9.6 国务院发文要求推动虚拟现实的产品化标准化
2016.9.19 文化部鼓励游戏游艺设备生产积极引入AR/VR技术
2016.9.21工信部、发改委将AR/VR纳入智能硬件产业创新发展专项行动
2017.1.10国务院《国家教育事业发展"十三五"规划》
2017.1.15国务《关于促进移动互联网有序发展的意见》
2017.1.1工信部、发改委《信息产业发展指南》
2017.3.23工信部《2017中国VR产业投融资白皮书》
2017.4.11文化部《推动数字化产业创新发展意见》
2017.4.19文化部《文化部"十三五"时期文化产业发展规划》
2017.4.26文化部《文化部"十三五"时期文化科技创新规划》
2017.5.14科技部《"十三五"医疗器械科技创新专项规划》
2017.5.26六部委《"十三五"健康产业科技创新专项规划》
2017.6.13科技部、质检总局、国家标准委《"十三五"技术标准科技创新规划》
2017.6.28发改委、商务部《外商投资产业指导目录》
2017.6工信部《信息产业培育与发展行动计划2017-2019年》
2017.8.24国务院《升级信息消费释放内需指导意见》
2017.9教育部加大VR/AR/AI等在职业教育的应用
2017.11国务院《关于深化"互联网+先进制造业"发展互联网的指导意见》
2017.11发改委《国家发展改革委员办公厅关于组织实施2018年新一代信息基础设施建设工程的通知》
2018.5.21工信部表示将制定《关于加快推进虚拟现实产业发展的指导意见》

图1　中央篇

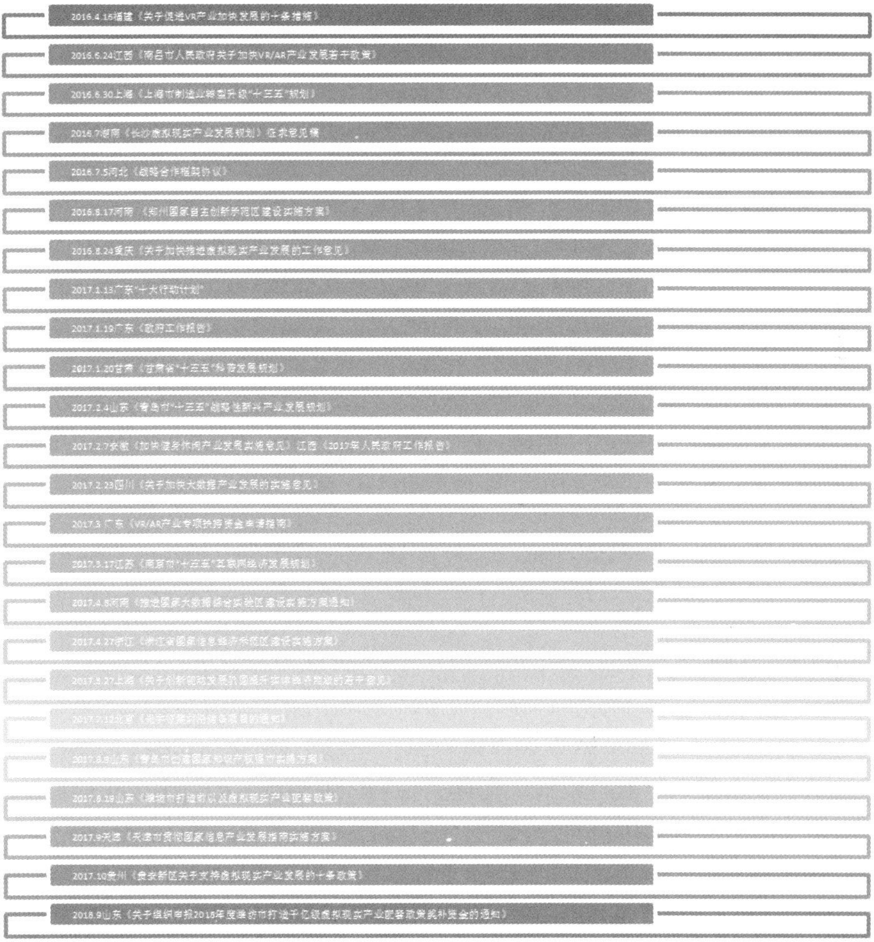
2016.4.15福建《关于促进VR产业加快发展的十条措施》
2016.6.24江西《南昌市人民政府关于加快VR/AR产业发展若干政策》
2016.6.30上海《上海市制造业转型升级"十三五"规划》
2016.7湖南《长沙虚拟现实产业发展规划》征求意见稿
2016.7.5河北《战略合作框架协议》
2016.8.17河南《郑州国家自主创新示范区建设实施方案》
2016.8.24重庆《关于加快推进虚拟现实产业发展的工作意见》
2017.1.13广东"十大行动计划"
2017.1.19广东《政府工作报告》
2017.1.20甘肃《甘肃省"十三五"科普发展规划》
2017.2.4山东《青岛市"十三五"战略性新兴产业发展规划》
2017.2.7安徽《加快服务休闲产业发展实施意见》江西《2017年人民政府工作报告》
2017.2.23四川《关于加快大数据产业发展的实施意见》
2017.3 广东《VR/AR产业专项扶持资金申请指南》
2017.3.17江苏《南京市"十三五"互联网经济发展规划》
2017.4.8河南《推进国家大数据综合试验区建设实施方案通知》
2017.4.27浙江《浙江省国家信息经济示范区建设实施方案》
2017.5.27上海《关于创新驱动发展巩固提升实体经济能级的若干意见》
2017.8.8山东《青岛市创建国家知识产权强市实施方案》
2017.8.19山东《潍坊市打造的以及虚拟现实产业配套政策》
2017.9天津《天津市贯彻国家信息产业发展指南实施方案》
2017.10贵州《贵安新区关于支持虚拟现实产业发展的十条政策》
2018.9山东《关于组织申报2018年度潍坊市打造千亿级虚拟现实产业配套政策奖补资金的通知》

图2 地方篇

第二节 VR产业的政策发展阶段和趋势

1. VR发展的三个阶段

（1）第一阶段，以硬件盈利为主。资本市场以大手笔和收购的方式"点选"硬件制造企业，在新闻媒体的关注下放大了虚拟现实各行业的市场前景，诱使更多的企业竞相加入。

（2）第二阶段，以产业链为主。随着硬件平台的成熟完善，技术平台要求开放、内容标准要求统一、产品分级要求明确必将成为所有产业链玩家的共同呼声。

（3）第三阶段，以融合为主。与"互联网+"的发展相似，虚拟现实市场的收入将会由软件开发授权费、付费内容播放分成、广告收入分成和数据定制费等组成，且由软件开发方、内容制作方、软件公司和数据公司共同分配。

2. 政策趋势

对于VR这个新兴的行业来说，有国家政策的支持，很大程度上可以从宏观上推动产业的发展，尤其是在VR/AR初期发展阶段，更是需要技术、资金、基础设施等支持。具体分析来看，从2016年到2018年，国家层面更多的是注重对于关键技术的发展和布局。在技术突破的基础上，再将VR/AR和行业应用相结合。可见攻破技术障碍是VR产业在现阶段发展的主要任务，随着技术的进一步突破和提高，我国应该在VR产业的硬件供给、产业资本、国际化等方面出台相关的政策，以此推动VR产业的全面发展。在硬件供给方面，出台标准、推进产业化和行业应用，制定规划、完善政策体系，为科技创业发展提供有力的政策支持。在产业资本方面，探索设立智能产业引导及投资基金，引导社会资本多种渠道投资智能硬件产业，支持符合条件的智能硬件企业上市融资;发展智能硬件众创、众包、众筹、众扶平台,发展天使、创业、产业等投资。在国际化方面,借助5G开拓"一带一路"市场,依托跨国企业,开展国际科技传信合作,支持企业在海外设立研发中心、参与国际标准制定,推动装备、技术、标准、服务走出去。可以预见,随着政策的进一步落地,VR行业将迎来快速的增长期与爆发期。

第三节 VR产业发展支持政策一览(2016–2018)

1. 中央篇

中央部门 \ 内容	政策	详细内容	颁布时间
国务院	"十三五"科技创新规划:重点研发虚拟现实与增强现实	在正式印发的《"十三五"国家科技创新规划》中指出,研发新一代互联网技术以及发展自然人机交互技术成首要目标,并且侧重点是智能感知与认知、虚实融合与自然交互。在文件中新一代信息技术中重点提及虚拟现实与增强现实。要突破虚实融合渲染、真三维呈现、实时定位注册、适人性虚拟现实技术等一批关键技术,形成高性能真三维显示器、智能眼镜、动作捕捉和分析系统、个性化虚拟现实整套装置等具有自主知识产权的核心设备。基本形成虚拟现实与增强现实技术在显示、交互、内容、接口等方面的规范标准。在工业、医疗、文化、娱乐等行业实现专业化和大众化的示范应用,培育虚拟现实与增强现实产业。	2016年7月28日
	《国家教育事业发展"十三五"规划》	确定了"十三五"时期教育改革发展的指导思想、主要目标、战略任务和保障措施,是下一阶段我国教育改革发展的行动纲领和指导性文件。规划中提到要全力推动信息技术与教育教学深度融合。支持各级各类学校建设智慧校园,综合利用互联网、大数据、人工智能和虚拟现实技术探索未来教育教学新模式。	2017年1月10日

续表

中央部门	政策	详细内容	颁布时间
国务院	《关于促进移动互联网健康有序发展的意见》	文件指出随着信息网络技术迅猛发展和移动智能终端广泛普及，移动互联网以其泛在、连接、智能、普惠等突出优势，有力推动了互联网和实体经济深度融合，已经成为创新发展新领域、公共服务新平台、信息分享新渠道。其中提到了实现核心技术系统性突破。坚定不移实施创新驱动发展战略，在科研投入上集中力量办大事，加快移动芯片、移动操作系统、智能传感器、位置服务等核心技术突破和成果转化，推动核心软硬件、开发环境、外接设备等系列标准制定，加紧人工智能、虚拟现实、增强现实、微机电系统等新兴移动互联网关键技术布局，尽快实现部分前沿技术、颠覆性技术在全球率先取得突破。	2017年1月15日
国务院	《升级信息消费释放内需指导意见》	为进一步扩大和升级信息消费、持续释放发展活力和内需潜力，国务院印发《升级信息消费释放内需指导意见》。意见中指出，升级智能化、高端化、融合化信息产品，重点发展面向消费升级的中高端移动通信终端、可穿戴设备、数字家庭产品等新型信息产品，以及虚拟现实、增强现实、智能网联汽车、智能服务机器人等前沿信息产品。加强"互联网+"人工智能核心技术及平台开发，推动虚拟现实、增强现实产品研发及产业化，支持可穿戴设备、消费级无人机、智能服务机器人等产品创新和产业化升级。支持企业加快线上线下体验中心建设，积极运用虚拟现实、增强现实、交互娱乐等技术丰富消费体验，培养消费者信息消费习惯。	2017年08月24日
国务院	《关于深化"互联网+先进制造业"发展工业互联网的指导意见》	加强产业支撑内容明确提到：加大关键共性技术攻关力度。开展时间敏感网络、确定性网络、低功耗工业无线网络等新型网络互联技术研究，加快5G、软件定义网络等技术在工业互联网中的应用研究。推动解析、信息管理、异构标识互操作等工业互联网标识解析关键技术及安全可靠机制研究。加快IPv6等核心技术攻关。促进边缘计算、人工智能、增强现实、虚拟现实、区块链等新兴前沿技术在工业互联网中的应用研究与探索。	2017年11月

续表

中央部门	政策	详细内容	颁布时间
住建部	《2016年—2020年建筑业信息化发展纲要》	为贯彻落实《中共中央国务院关于进一步加强城市规划建设管理工作的若干意见》及《国家信息化发展战略纲要》，进一步提升建筑业信息化水平，住房和城乡建设部组织编制了《2016-2020年建筑业信息化发展纲要》。纲要明确提到，建筑业信息化是建筑业发展战略的重要组成部分，也是建筑业转变发展方式、提质增效、节能减排的必然要求，对建筑业绿色发展、提高人民生活品质具有重要意义。要鼓励建筑行业使用BIM技术、虚拟现实技术和3D打印等先进技术，力图增强建筑业信息化发展能力，优化建筑业信息化发展环境，加快推动信息技术与建筑业发展深度融合，充分发挥信息化的引领和支撑作用，塑造建筑业新业态。	2016年8月23日
商务部、发改委、财政部	《鼓励进口服务目录》	虚拟现实被纳入其中。制定该目录是根据《国务院关于同意开展服务贸易创新发展试点的批复》（国函〔2016〕40号），为做好服务贸易创新发展试点工作，落实《服务贸易创新发展试点方案》提出的"对试点地区进口国内急需的研发设计、节能环保和环境服务等给予贴息支持"的要求，明确服务进口重点领域，促进相关产业健康发展而制定的。该文件中目录包括研发设计服务、节能环保服务、环境服务三大类，虚拟现实技术(VR)服务被列入了第一大类。服务描述为："综合计算机图形技术、计算机仿真技术、传感器技术、显示技术等多种科学技术，在多维信息空间上创建虚拟信息环境的技术，可应用于医学、娱乐、培训和设计等各个方面"。	2016年8月26日
发改委	《国家发展改革委办公厅关于组织申报"互联网+"领域创新能力建设专项的通知》	为促进"互联网+"产业快速发展，组织实施"互联网+"领域创新能力建设专项，并将AR/VR技术纳入专项建设内容。针对我国虚拟现实/增强现实用户体验不佳等问题，建设虚拟现实/增强现实技术及应用创新平台，支撑开展内容拍摄、数据建模、传感器、触觉反馈、新型显示、图像处理、环绕声、(超)高清晰度高处理性能终端、虚拟现实/增强现实测试等技术的研发和工程化，实现对行业公共服务水平的提升。发改委要求，相关主管部门应组织开展项目资金申请报告编制和申报工作，申报单位需具备虚拟现实/增强现实产品集成研发和产业化能力，并在体育直播、军事、教育等领域取得应用。	2016年8月30日

续表

中央部门	政策	详细内容	颁布时间
发改委	《加快推进供给侧结构性改革 着力增加消费需求有效供给》调研报告	要加快推进供给侧结构性改革，着力增加满足居民消费需求的有效供给。要加快制定新兴信息消费的标准体系，尽快出台可穿戴设备、虚拟现实等领域的关键技术标准，规范新兴行业发展。	2016年9月6日
	《国家发展改革委办公厅关于组织实施2018年新一代信息基础设施建设工程的通知》	在通知中提出了三个重点："百兆乡村"示范及配套支撑工程、5G规模组网建设及应用示范工程、国家广域量子保密通信骨干网络建设一期工程。其中要求至少开展4K高清、增强现实、虚拟现实、无人机等2类典型5G业务及应用。	2017年11月
文化部	《文化部关于推动文化娱乐行业转型升级的意见》	要鼓励生产企业开发新产品。鼓励游戏游艺设备生产企业积极引入体感、多维特效、虚拟现实、增强现实等先进技术，加快研发适应不同年龄层，益智化、健身化、技能化和具有联网竞技功能的游戏游艺设备。鼓励高科技企业利用自身科研实力和技术优势，进入文化娱乐行业，合作开展产品研发生产和娱乐场所改造升级，促进行业吸收新理念、新观念、新技术，增强文化娱乐企业创新创造的动力和活力。要以产品研发促进转型升级，以转型升级带动产品研发，逐步形成产业链上下呼应、合作共赢的格局。	2016年9月19日
	《推动数字文化产业创新发展意见》	为推进供给侧结构性改革，实现产业优化升级，提高文化产业供给水平、改善供给结构，促进文化消费、满足群众不断提高的消费新需求，出台《推动数字文化产业创新发展意见》。意见中提到，要推动数字文化在电子商务、社交网络的应用，与虚拟现实购物、社交电商、"粉丝"经济等营销新模式相结合。支持可穿戴设备、智能家居、数字媒体等新兴数字文化消费品发展，加强质量与品牌建设。促进虚拟现实产业健康有序发展，开拓混合现实娱乐、智能家庭娱乐等消费新领域，推动智能制造、智能语音、三维(3D)打印、无人机、机器人等技术和装备在数字文化产业领域的应用，不断丰富产品形态和服务模式，拓展产业边界。构建数字文化领域标准体系。加强手机(移动终端)动漫标准应用推广，推动虚拟现实、交互娱乐等领域相关产品、技术和服务标准的研究制定，积极参与数字文化领域国际标准建设。	2017年4月11日

续表

中央部门	政策	详细内容	颁布时间
文化部	《文化部"十三五"时期文化产业发展规划》	围绕文化产业发展重大需求，运用数字、互联网、移动互联网、新材料、人工智能、虚拟现实、增强现实等技术，提升文化科技自主创新能力和技术研发水平。推进游戏产业结构升级，推动网络游戏、电子游戏等游戏门类协调发展，促进移动游戏、电子竞技、游戏直播、虚拟现实游戏等新业态发展。鼓励研发具有自主知识产权的网络游戏技术、电子游戏软硬件设备，鼓励游戏游艺设备生产企业积极引入体感、多维特效、虚拟现实、增强现实等先进技术。	2017年4月19日
文化部	《文化部"十三五"时期文化科技创新规划》	随着新一轮科技革命和产业变革孕育兴起，信息网络、大数据、智能制造等高新技术广泛渗透到创作、生产、传播、消费的各个层面和环节，加速了文化生产方式变革，成为文化发展的重要引擎和不竭动力。目前我国文化建设的科技基础仍然薄弱，自主创新能力还不够强，文化科技体制机制与文化发展的要求不相适应，必须加快文化科技创新体系建设。其中在"发展目标"中提出全面推进科技融入文化领域。信息网络、智能制造、虚拟现实、大数据、云计算、物联网、3D打印等高新技术的应用更加广泛，文化领域科技创新水平显著提高。	2017年4月26日
工信部、发改委	《智能硬件产业创新发展专项行动（2016-2018年）》	该文件原文第三部分"行动目标"提到："到2018年，我国智能硬件全球市场占有率超过30%，产业规模超过5000亿元。在低功耗轻量级系统设计、低功耗广域智能物联、虚拟现实、智能人机交互、高性能运动与姿态控制等关键技术环节取得明显突破，培育一批行业领军上市企业。在国际主流生态中的参与度、贡献度和影响力明显提升，海外专利占比超过10%。"该份方案重点支持企业设计和优化VR/AR设备关键元器件以及集成方案，自主开发优秀的图像处理、3D建模等算法，解决定位、眩晕、延迟等VR/AR系统问题。重视虚拟现实应用生态建设，鼓励企业以成熟的VR/AR软硬件方案为核心建立开发平台，打造应用生态环境。两部委指出，在虚拟现实/增强现实技术领域，要发展面向虚拟现实产品的新型人机交互、新型显示器件、GPU、超高速数字接口和多轴低功耗传感器，面向增强现实的动态环境建模、实时3D图像生成、立体显示及传感技术创新，打造虚拟/增强现实应用系统平台与开发工具研发环境。	2016年9月21日

续表

中央部门	政策	详细内容	颁布时间
工信部、发改委	《信息产业发展指南》	指南指出将支持虚拟现实产品研发及产业化作为发展重点，未来将建立虚拟现实产业发展公共服务平台，探索开展在设计制造、健康医疗、文体娱乐等领域的应用示范。支持开发核心芯片、显示器件、光学器件、传感器等核心器件，加快发展虚拟现实建模仿真、增强现实与人机交互、集成环境与工具等核心技术，支持虚拟现实显示终端、交互设备、内容采集处理设备的开发及产业化。建立虚拟现实产业发展公共服务平台，建设虚拟现实产品、系统、服务标准体系，开展产品服务质量评测验证。	2017年1月16日
工信部	《2017中国VR产业投融资白皮书》	2014-2016年，VR处于市场培育期，2016年中国虚拟现实市场总规模为68.2亿元；2017-2019年，随着广泛的产品应用出现，VR将进入快速发展期，行业对标准、相互兼容的应用、配件需求出现快速增长，VR消费级市场认知加深，VR企业级市场将逐步启动发展；预计到2020年左右，虚拟现实市场将进入相对成熟期，硬件解决方案趋合、平台系统开源化、大部分技术难题将有效得以解决、内容支撑全面、应用场景改进，产业链逐渐完善。	2017年3月23日
工信部	《应急产业培育与发展行动计划(2017-2019年)》	为深入实施中国制造2025，贯彻落实《国务院办公厅关于加快应急产业发展的意见》《国家突发事件应急体系建设"十三五"规划》等要求，明确2017-2019年我国应急产业培育和发展重点任务，推动应急产业持续快速健康发展，工业和信息化部制定了《应急产业培育与发展行动计划(2017-2019年)》。规划中提到，在技术转移转化方面，要加快推进消防、安防、生产安全、交通安全、医学救援、防灾减灾、反恐防暴等应急技术工程化，促进物联网、北斗导航、虚拟现实/增强现实、人工智能、新材料等高新技术应用于突发事件应对并形成新产品、新装备、新服务。	2017年6月
	《关于加快推进虚拟现实产业发展的指导意见》	5月21日，2018世界VR产业大会新闻发布会在北京人民大会堂召开。工业和信息化部副部长罗文、江西省人民政府副省长吴晓军、工业和信息化部电子信息司副司长吴胜武、江西省工业和信息化委员会主任杨贵平、南昌市人民政府市长刘建洋等出席了新闻发布会。会上，工信部表示将组织制定《关于加快推进虚拟现实产业发展的指导意见》，积极推进虚拟现实产业快速发展。	2018年5月21日

续表

中央部门	政策	详细内容	颁布时间
科技部、国家中医药管理局	《"十三五"中医药科技创新专项规划》	要发展符合中药制造特点的信息物理系统、物联网技术、人工智能技术、虚拟现实和增强现实技术、基于模型技术、混合制造技术,加快智能装备、智能生产线、网络化分布生产设施研发,构建智能化生产系统、智能化工厂(或车间),推动我国中药制造技术迈向高端水平。	2017年5月12日
科技部	《"十三五"医疗器械科技创新专项规划》	以"精准、微创、快捷、智能"为方向,围绕新型粒子束应用、多模式信息融合、触觉反馈、所见即所触空间测量等临床治疗难点问题,重点开展面向脏器、病灶、神经及血管的实时交互的虚拟手术模拟仿真和医学物理等基础研究,加快发展虚拟现实、增强现实、定位导航等前沿技术,促进新型肿瘤治疗方法、精准手术规划、机器人治疗等发展。	2017年5月14日
六部委(科技部、发展改革委、工业和信息化部、国家卫生计生委、体育总局和食品药品监管总局)	《"十三五"健康产业科技创新专项规划》	围绕功能代偿、生活护理、康复训练等需求,重点突破柔性控制、多信息融合、运动信息解码、外部环境感知等新技术,开发系列智能假肢、智能矫形器、外固定矫正系统、新型电子喉、智能护理机器人、外骨骼助行机器人、智能喂食系统、多模态康复轮椅、智能康复机器人、虚拟现实康复系统、肢体协调动作系统、智能体外精准反搏等康复辅具。加快增强现实、虚拟现实、计算机图形图像可视化、人工神经网络的深度学习、自然进化和人工免疫等算法、认知计算等关键技术的应用突破,推动治疗规划、外科手术、微创介入、活检穿刺、放疗等技术的智能化发展,提高治疗水平。	2017年5月26日
科技部、质检总局、国家标准委	《"十三五"技术标准科技创新规划》	此项规划的印发对加快推进落实技术标准战略,加强标准化与科技创新、产业升级协同发展具有重要意义。规划中提到,当前要研究5G、物联网、云计算、大数据、网络安全、新型显示、虚拟现实/增强现实等新一代信息技术标准;电子政务、电子商务、科技服务、标准服务等服务业共性标准。	2017年06月13日

续表

中央部门 \ 内容	政策	详细内容	颁布时间
发改委、商务部	《外商投资产业指导目录（2017年修订）》	2017年版《目录》进一步缩小了外商投资企业设立及变更审批的范围，除特定情况外，将不涉及准入特别管理措施的外资并购设立企业及变更，包括上市公司引入外国投资者战略投资，均纳入备案管理。2017年版《目录》进一步扩大了鼓励类政策范围，鼓励条目达到248条，新增条目包括VR、增强现实（AR）设备研发与制造等内容，鼓励外资在中国投资AR与VR等产业。	2017年6月28日
教育部	《教育部关于进一步推进职业教育信息化发展的指导意见》	该文件中明确提出，职业教育信息化工作要围绕经济社会发展大局，主动服务国家重大发展战略，加大云计算、大数据、物联网、虚拟现实/增强现实、人工智能等新技术的应用，体现产教融合、校企合作、工学结合、知行合一等职业教育特色。要适应科技革命和产业革命要求，突出行业与区域特点，注重对薄弱学校的帮扶，推动协调发展。要面向职业教育各领域、各环节，以应用促融合、以融合促创新、以创新促发展，创新教学、服务和治理模式。要探索建立共建共享、开放合作新机制，鼓励行业、企业和社会参与职业教育信息化建设。教育部此次发布的文件主要针对职业教育领域的信息化发展，目前国内已有部分企业在从事VR/AR技术与职业教育领域的结合。通过使用VR/AR等沉浸式技术，可以让学生更加直观地接受教学内容，对于职业技能的培养大有帮助。	2017年9月5日

2. 地方篇

地区 \ 内容	政策	详细内容	颁布时间
福建	《关于促进VR产业加快发展的十条措施》	依托数字福建（长乐）产业园及网龙网络技术公司长乐基地，瞄准虚拟现实产业前沿技术，发展VR硬件、软件设计、平台分发与内容产品，培育比较完整的VR产业链，打造全国领先的VR产业集聚区和全球VR产业重要的创业创新平台。	2016年4月16日

续表

地区	政策	详细内容	颁布时间
江西	《南昌市人民政府关于加快VR/AR产业发展的若干政策》	在政策扶持方面,对企业运营费用、税收、培训等方面进行全方位补贴;在金融助力方面,成立中国(南昌)虚拟现实产业天使创投基金和产业母基金,为创业企业提供股权投资、创业投资、创业管理服务等业务。	2016年6月24日
江西	《2017年人民政府工作报告》	加快打造"南昌慧谷",积极推动中航长江设计师创意产业园、江西慧谷·红谷创意产业园、中国(南昌)虚拟现实VR产业基地、699文化创意产业园等产业项目建设,集中力量打造数字创意、文化创意产业集聚区。	2017年2月7日
江苏	《南京市"十三五"互联网经济发展规划》	要加快云计算与大数据产业发展。依托中国(南京)软件谷南京大数据产业基地、江苏软件园、白下高新园等重点园区和特色应用基地,重点突破虚拟资源调度、数据存储处理、大规模并行分析、分布式内存计算、轻量级容器管理、可视化等核心技术;重点开展深度学习、类脑计算、认知计算、区块链、虚拟现实等前沿技术创新;结合政府治理、民生服务及工业等典型行业应用;重点突破大数据分析、理解、预测及决策支持与知识服务等智能数据应用关键技术;推动重点云计算、大数据平台建设和发展。到2020年,全市云计算和大数据服务收入超过1000亿元,建成一批在国内处于领先水平的云计算与大数据特色产业基地。加快虚拟现实/增强现实/混合现实(VR/AR/MR)产业发展。依托中国(南京)软件谷、徐庄软件园等主要载体,重点发展虚拟现实操作系统、数字视觉、数字图像、数字可视化、全息影像等技术、产品及服务;突破实时三维计算机图形、显示、跟踪、触觉/力觉反馈、场景融合等关键技术;引导企业建立围绕硬件、软件、操作系统、内容制作和开发者社区的增强现实领域生态链布局,加快VR/AR/MR技术在制造、医疗、教育、旅游、娱乐等重点领域的应用推广。	2017年3月17日

续表

地区	政策	详细内容	颁布时间
上海	《上海市制造业转型升级"十三五"规划》	上海进入工业化后期,必须把握人工智能、量子通信、虚拟现实、精准医疗等新兴技术,及产业组织、分工体系等发展新趋势,坚持走创新引领、集约高效之路;弘扬工匠精神、企业家精神,促进全产业链融合,形成上海制造业发展新格局。以聚焦前沿、促进融合为重点,实施量子通信基础前沿工程,推进5G通信等关键技术的研发及产业化,加快发展TD-LTE等移动通信小型化基站,研发基带芯片、应用处理器等关键芯片,推动SDN和NFV技术应用及光网络接入传输、高性能路由芯片等产业化,促进新型显示、人机交互、虚拟现实(VR)和增强现实(AR)等技术与智能终端相融合。到2020年,巩固提升国内第一梯队的地位,预期实现产值600亿元。	2016年6月30日
	《关于创新驱动发展巩固提升实体经济能级的若干意见》	积极培育新技术新产业新业态新模式。强化数字技术、信息技术、智能技术向各行业各领域覆盖融合,大力推动大数据、人工智能、虚拟现实、增强现实、微机电系统、卫星导航、增材制造等加快发展,积极培育"制造+互联网+服务"新模式新业态,着力打造创新型、网络型平台,促进产业融合发展。	2017年5月27日
甘肃	《甘肃省"十三五"科普发展规划》	进一步优化全省科技馆布局,推动市、县科技馆建设。加强展教场地设施不足、科普功能薄弱的中小型科技馆改造或改建,提升科技馆的覆盖率和利用率。推动有条件的市(县)、科研机构、高等院校、企业等,因地制宜建设和发展一批具有地方、产业、专业特色的专题科技馆。加快农村中学科技馆建设。推进科技馆免费开放,大幅提升科技馆科普公共服务能力。推动虚拟现实等技术在科技馆展览教育中的应用,推进甘肃数字科技馆建设。	2017年1月20日

续表

地区 内容	政策	详细内容	颁布时间
重庆	《关于加快推进虚拟现实产业发展的工作意见》	到2020年，实施30个以上虚拟现实应用示范工程，形成以10家以上骨干企业为龙头、500家"专、精、特、新"的中小微企业为拓展的基本完善的虚拟现实产业体系，力争综合产值突破100亿元。具体发展目标方面，重庆市将通过引进和培育，聚集一批有国际竞争力的虚拟现实企业，构建涵盖虚拟现实关键元器件与软件、整机设备、内容制作、分发平台、行业应用和相关服务的全产业链条；在低成本快速建模、传感、通信、芯片、显示、交互等关键环节攻克一批核心技术；重点面向汽车摩托车、装备制造等支柱产业开展行业应用，实现虚拟现实装备制造和应用服务同步发展；在工业设计、城市管理、文化传播等领域形成一批成熟解决方案。为支持产业发展也提出了加强统筹协调、建立共享和监测体系、加强政策引导、强化招商引资、鼓励创业创新、加强人才培养六大保障措施。	2016年8月24日
湖南	《长沙虚拟现实产业发展规划》(征求意见稿)	提出将长沙打造成中国虚拟现实之都，力争到2020年，VR相关产业成为新的千亿产业，培育产值100亿元以上企业2家，50亿元以上企业3家，10亿元以上企业10家，1亿元以上企业50家。为更好地推动VR产业发展，长沙将成立VR产业联盟，抱团发展；成立VR产业基金，首期基金规模为30亿元；设立VR产业专项资金，资金规模每年1亿元，主要用于VR产业技术研发、平台建设、硬件设备生产和重大项目支持等。	2016年7月
安徽		"中国声谷"是由工信部与安徽省政府共建的部省重点合作项目，旨在加速人工智能产业项目聚集，努力把中国的人工智能产业打造成具有国际竞争力的主导产业。专注于VR的企业入驻中国声谷除可享受安徽省"1+6+2"、合肥市"1+3+5"、高新区"2+2"等相关产业扶持配套政策之外，还可享受由"中国声谷"针对性制定的园区政策，更加全面地推动中国声谷VR产业招商和发展优势。安徽积极抢抓中国制造2025战略机遇，建造"中国声谷"、致力VR发展，扩大技术储备，不断提升核心竞争力。	

续表

地区	政策	详细内容	颁布时间
安徽	《加快健身休闲产业发展实施意见》	个性化、用户导向是健康休闲产业的发展趋势。我省将支持企业利用互联网技术对接健身休闲个性化需求，根据不同人群，尤其是青少年、老年人的需要，研发和生产多样化、适应性强的健身休闲器材装备，鼓励可穿戴式运动设备、虚拟现实运动装备等新产品研发和推广。鼓励开发以移动互联网、大数据、云计算技术为支撑的健身休闲服务，推动传统健身休闲企业由销售导向向服务导向转变，提升场馆预订、健身指导、运动分析、交流互动、赛事参与等综合服务水平。	2017年2月7日
北京	《关于征集前沿储备项目的通知》	中关村科技园区管理委员会面向海内外长期征集前沿储备项目，项目涉及重点产业领域，聚焦人工智能、虚拟现实(增强现实)、大数据、高端芯片、生物医药和高端医疗器械、智能机器人(含智能电动车、无人机)、前沿材料和高端装备等产业领域，挖掘全球领先的颠覆性前沿技术项目，加快培育一批有全球影响力的科技创新企业，打造具有技术主导权的产业集群。	2017年7月12日
山东		北京航空航天大学、青岛市人民政府、崂山区人民政府和歌尔集团签署全面合作及共建协议，虚拟现实唯一国字号研发机构——北京航空航天大学青岛研究院，以及北航虚拟现实技术与系统国家重点实验室青岛分室正式落户崂山。虚拟现实技术与系统国家重点实验室青岛分室和北航歌尔虚拟现实创新研究院依托北航虚拟现实技术与系统国家重点实验室平台，以国家技术发明一等奖成果为技术基础，以赵沁平院士为领导核心的VR技术团队为牵引；结合歌尔集团在虚拟现实高端硬件产品的行业领先地位，虚拟现实交互设备的深厚技术积累，以及包括核心元器件、配件、成品、软件、算法、内容在内的虚拟现实核心产业链布局和垂直整合能力；致力于在青岛打造具备世界领先水平的虚拟现实科技研发能力，引领虚拟现实产业发展和产品革新。同时，为实现虚拟现实产业的有效聚集，崂山区提出了"一院引领、一谷支撑、全城联动、多点协同"的规划布局和发展战略，以北航青岛研究院为引领，以青	2016年5月28日

续表

内容 地区	政策	详细内容	颁布时间
山东		岛国际创新园和歌尔青岛科技产业园等园区组成的VR产业谷为核心，全力整合、引进VR产业要素，加快建设以众创空间、孵化器、加速器、产业创意园区为之城的"垂直领域"VR产业链条，全力打造"中国虚拟现实产业之都"。崂山区成立1亿元的VR天使创投基金、5亿元的协同创新基金、30亿元的VR产业投资基金，用于扶持虚拟现实产业发展。崂山区将加大政府投入，打造成虚拟现实技术应用示范城区，在教育、文化、医疗、城市管理、公共安全等方面加大运用虚拟现实技术，在应用上走在前列。	
	《青岛市"十三五"战略性新兴产业发展规划》	新一代信息技术产业的发展，将重点推动下一代互联网、物联网、云计算、大数据、人工智能、虚拟现实等通用技术在各领域的融合集成应用，加快商业模式创新，培育新兴业态，推动电子信息产业转型升级取得突破性进展。力争到2020年新一代信息技术产业产值突破2000亿元，建成国家知名的互联网工业城市、国家下一代互联网示范城市、国家电子商务示范城市和国家北方数据中心。	2017年2月4日
	《青岛市创建国家知识产权强市实施方案》	青岛市将加强知识产权的运用，完善投融资服务体系，支持企业利用知识产权通过资本市场实现直接融资，鼓励探索知识产权创业众筹等互联网金融模式;以海洋科技、新一代信息技术、轨道交通、家电电子、海工装备、虚拟现实等产业为重点，开展专利导航产业发展实验区建设试点。	2017年8月9日
	《潍坊市打造千亿级虚拟现实产业配套政策》	支持新创办VR企业。对新成立的实缴注册资本100万元以上的VR企业，经投资主体申报、第三方评估认定，给予10-20万元的创业启动资金支持;新注册企业在投产运营5年内，上缴地方税收弥补政府支持投入后，地方留成部分全部补助给企业。扶持企业发展壮大。对晋升为规模以上的VR企业，同级财政给予一次性奖励10万元。对产值首次达到2亿元、4亿元、10亿元的VR企业，分别给予奖励200万元。支持VR产业项目建设。对实际投资达到2亿元或年纳税总额1000万元以上的VR招商项目(包括现有企业增加投资、企业并购增加投资)，按实际投资额的5%给予企业奖励，最高不超过5000万元。补助资金主要用于支持企业购进先进设备，开展科技研发和技术升级。	2017年8月19日

续表

地区 \ 内容	政策	详细内容	颁布时间
山东	《关于组织申报2018年度潍坊市打造千亿级虚拟现实产业配套政策奖补资金的通知》	根据潍坊市人民政府办公室印发：潍坊市经济和信息化委员会、潍坊市财政局关于组织申报2018年度潍坊市打造千亿级虚拟现实产业配套政策奖补资金的通知。	2018年9月
河南	《郑州国家自主创新示范区建设实施方案》	郑州市委、市政府为示范区建设列出了任务清单。这些示范区中，郑州经开区重点建设智能汽车与电动汽车产业园、重大装备制造科技产业园、河南跨境电商智慧产业园、虚拟现实/增强现实科技产业园、机器人与智能制造科技产业园、智慧物流园等。	2016年8月17日
		国内首家VR旅游联盟——河南省VR旅游产业联盟在郑州正式宣告成立。该联盟成立后，将通过整合VR、旅游及相关行业资源，逐步规范"VR旅游"行业标准，让VR和旅游两大业态形成一个全新的、完整的产业生态链，创新河南旅游业营销模式，进一步优化河南旅游产业结构，加快推动VR在河南旅游产业链的延伸和布局。	2016年9月21日
	《推进国家大数据综合试验区建设实施方案通知》	指出要加快发展大数据关联产业。以郑州航空港经济综合实验区为重点，持续扩大智能手机规模优势，完善研发设计、应用软件、零部件等产业链，积极发展智能穿戴、智能车载、智能医疗健康、智能家居、虚拟现实等新型智能终端产品，壮大智能终端产业集群。引进大数据软硬件一体化和智能终端配套生产领域的核心企业，实现智能终端制造与大数据应用服务互动发展。加快推动传感器、光电子器件等有一定优势的产业做大做强。	2017年4月8日
浙江		宁波市经信委组织举办VR产业对接沙龙，到场的慈星股份、宁波世游、新文三维、宣逸网络、前沿科技等企业表示重点围绕VR技术在科教、医疗、旅游、娱乐、建筑等行业进行创新应用研发，暴风科技和早点传媒发起了组建宁波VR产业联盟的倡议。据宁波市经信委相关负责人透露，下一步宁波还将建设VR产业园，聚焦VR，深挖其背后的巨大市场，力争将该产业打造成宁波新的经济增长点。	2016年8月

续表

地区	政策	详细内容	颁布时间
浙江	《浙江省国家信息经济示范区建设实施方案》	方案中提到要超前布局前沿技术研究。围绕人工智能、量子通信、虚拟现实和区块链等前沿关键技术开展联合攻关,抢占新一代信息技术发展主导权。加快人工智能技术研究,推进计算机视觉、智能语音处理、生物特征识别、自然语言理解、智能决策控制以及新型人机交互等关键技术的研发和产业化。	2017年4月27日
浙江	《关于加快大数据产业发展的实施意见》	意见中提到,着力推进VR(虚拟现实)与传统产业的深度融合。依托招引国内外知名企业,建设西南VR基地。设立VR研发中心,着力VR内容研发和生产,吸引上下游产业链配套企业产业链招商。推进建设VR安全教育训练中心和VR全行业应用体验中心;建立线上体验平台,高效管理各类精品资源,全面提供搜索导航服务,及时发布资源应用信息等;发展VR电商;建立VR双创中心(发包中心),搭建VR开发平台,为各种行业创业者基于平台VR内容创新和创造;大力发展VR+安全、VR+创客、VR+白酒、VR+设计、VR+职业培训等各行业特色VR解决方案,覆盖医疗、交通、教育、工业、食品、旅游、展览展会、房地产、娱乐、游戏等多行业应用。	2017年2月23日
河北	《战略合作框架协议》	河北省邢台市市长董晓宇代表市政府与国内虚拟现实技术开发研究权威机构——北京航空航天大学虚拟现实技术与系统国家重点实验室签订《战略合作框架协议》,展开全面合作。此次签约意义重大,既有利于邢台市进一步优化产业结构,提升科技实力。同时,也有利于北航的专家学者们将科研技术转化为现实成果,促进北航VR实验室的发展壮大。邢台市将为北航VR实验室在邢发展提供最优惠的政策支持、最优质的服务保障和最便利的发展环境。	2016年7月5日
广东	"十大行动计划"	在深圳市第六届人民代表大会第三次会议上,广东省委常委、深圳市委书记、市长许勤做了政府工作报告。许勤在报告中明确提出了2017年的主要工作,要抢占新一轮科技和产业变革的机遇,实施"十大行动计划"。"十大行动计划"中第四项是实施十个重大科技产业专项,主要集中在加快在石墨烯、微纳米、机器人、金融科技、VR/AR等10个领域出台专项支持计划,抢占前沿技术产业化先机。	2017年1月13日

续表

地区	政策	详细内容	颁布时间
广东	《政府工作报告》	广东省政府在2017年《政府工作报告》中提到："加快发展新技术新产业新业态新模式。重点推动新一代信息技术、生物、高端装备制造、新材料等战略性新兴产业发展壮大，建设若干新兴产业创新中心。深度融入全球产业技术创新链，积极推动虚拟现实、人工智能、无人驾驶、核心芯片等新技术研发应用，支持智能家居、可穿戴设备、无人机、3D打印设备等新产品推广。以新技术、新业态、新模式改造提升传统产业。"	2017年1月19日
广东	《VR/AR产业专项扶持资金申请指南》	提到在深圳市(含深汕合作区)注册、具备独立法人资格的从事5G移动通信、石墨烯、虚拟现实和增强现实、机器人与智能装备、微纳米材料与器件、生物技术与精准医疗、智能无人系统、金融科技、增材制造和激光制造领域研发、生产及服务的企业、事业单位、社会团体或民办非企业等机构均纳入资助对象范围。	2017年3月
天津	《天津市贯彻国家信息产业发展指南实施方案》	该方案由天津市工信委和天津市发改委联合拟定，旨在贯彻落实国家《信息产业发展指南》，抢抓以信息技术与制造业融合创新为主要特征的新一轮科技革命和产业变革机遇，科学引导天津市信息产业持续健康发展。《天津市贯彻国家信息产业发展指南实施方案》提出如下目标：到2020年，基本建成国内技术领先、产业链条完整的新一代信息技术产业基地。信息产业规模达到7500亿元，其中，制造业规模达到5000亿元，软件和信息技术服务业业务收入达到2000亿元，信息通信业业务收入超过500亿元。在自主芯片、高端芯片和专用制造装备领域实现突破，集成电路封装技术达到国际领先水平。巩固高性能服务器竞争优势，形成年产80万台生产规模。加大新一代基础软件的研发，推进具有自主可控的操作系统、国产数据库发展，市场占有率保持50%以上，打造国内第一品牌。智能手机和平板电脑形成年产1.4亿部生产能力，基础片式元器件保持国际领先水平。信息技术在生产各环节得到广泛应用，电子信息产品的回收再利用水平大幅提高，单位电信业务总量综合能耗降低8%，信息技术在全社会节能减排中的贡献率达到20%。	2017年9月

续表

地区\内容	政策	详细内容	颁布时间
天津	《贵安新区关于支持虚拟现实产业发展的十条政策》	为大力推进贵安新区直管区虚拟现实(VR/AR)相关产业发展，重点支持硬件设备研发生产、系统搭建、软件内容开发、应用产品、衍生服务、医疗教育培训等相关企业，研究院、高端科研团队、产业创新中心及公共服务平台建设发展，凡是在新区注册登记并在新区实际办公的VR企业，除及时享受国家、省关于促进VR产业加快发展有关政策措施以外，新区给予政策支持。	2017年10月

第二部分

2018中国VR消费者调查报告

精彩预览

1.国产设备在消费者了解各类VR产品数量占比中排名前三,分别为小米VR眼镜(53.14%)、暴风魔镜(41.48%)、乐视超级头盔(37.14%)。

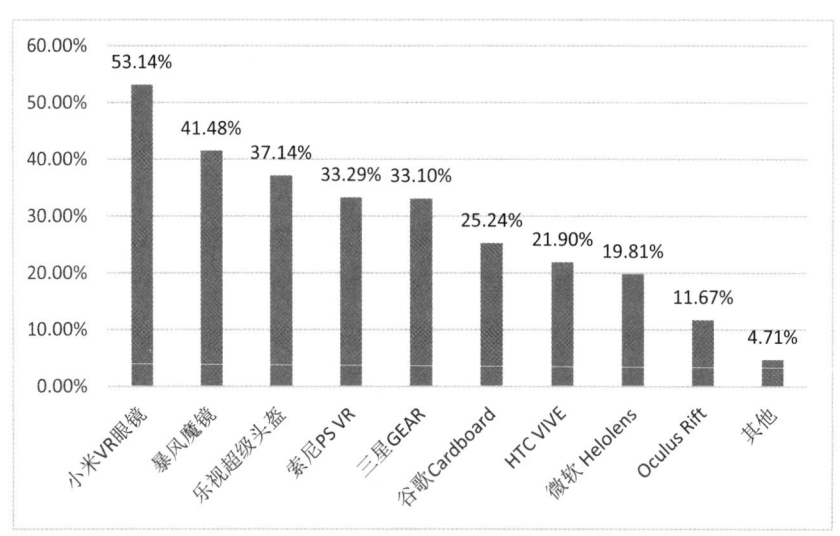

图1 消费者了解各类VR产品数量占比

2. 消费者对VR体验最感兴趣的是休闲娱乐领域,排名前三的旅行和探险(53.95%)、电影和视频(51.19%)、游戏(48.05%)均属于此领域。

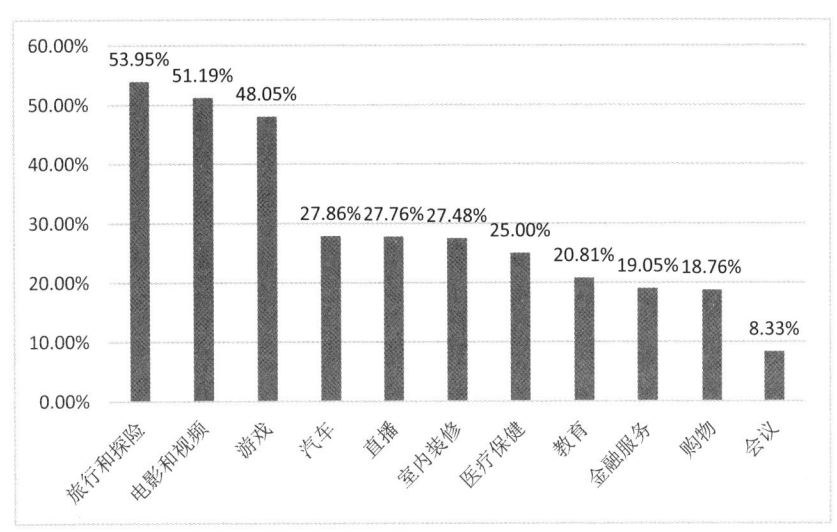

图2 消费者对VR体验最感兴趣的主题/领域

3. 47.29%的消费者认为价格是影响自己购买VR设备意愿的重要因素，23.91%的消费者能够接受价格在1000-2000元的VR设备。

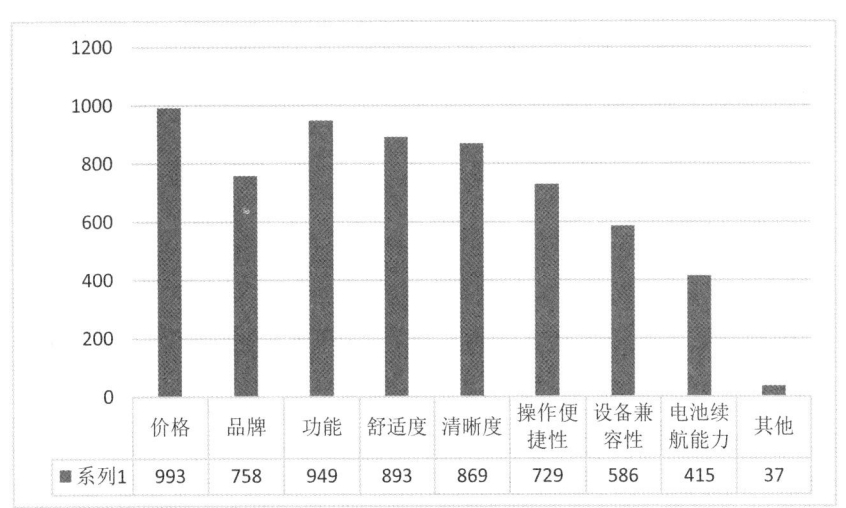

图3 影响VR设备购买意愿因素分析

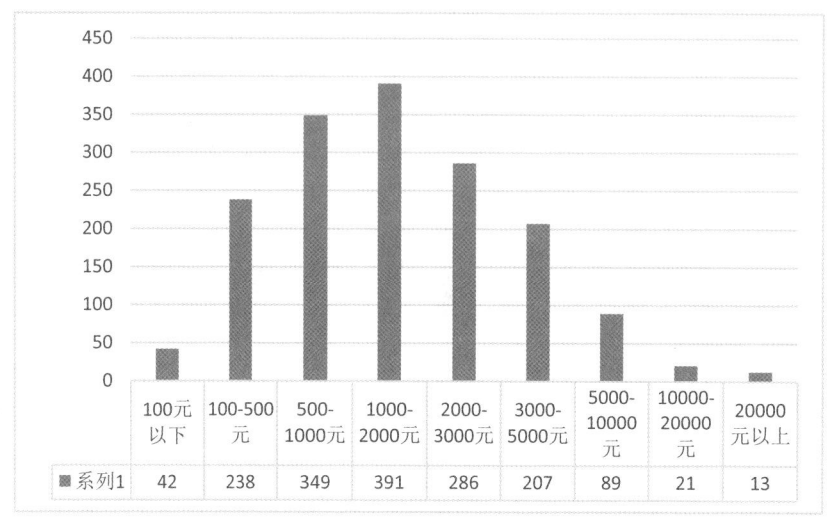

图4　VR设备接受购买价格分析

4. 54%的消费者表示自己没有购买过VR设备，但在这些消费者中59%有购买计划。

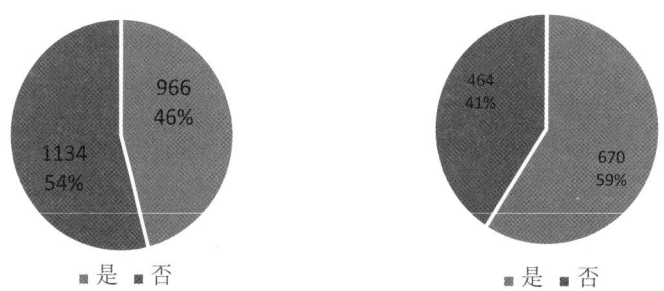

图5　是否购买过VR设备占比分析　　图6　是否有计划购买VR设备占比分析

5. 74.8%的消费者认为VR将会是一场全世界范围内的技术改革，极大改变我们的生活，73.5%的消费者对"VR还有许多问题未解决，但前景一片光明"，但也有43.7%的消费者"VR只是暂时火热，过一段时间就会被遗忘"。

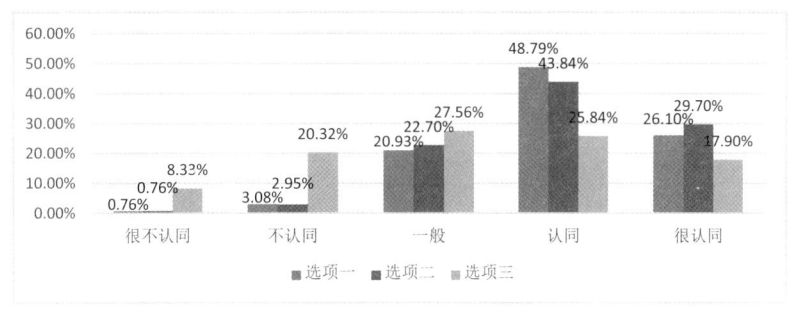

图7 对VR产业市场前景的态度

6. 认为VR可以取代电视、投影、显示器的被调查者分别占比72.10%、71.40%、69.9%。只有非常少数的被调查者表示很不认同和不认同，这一比例均不超过7%，分别为6.60%、5.30%、5.70%。

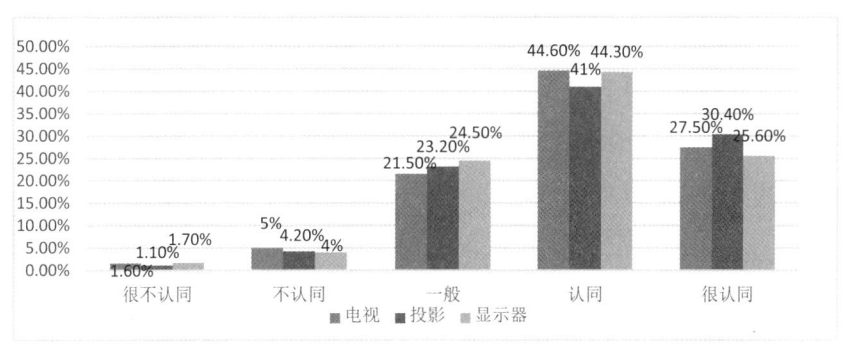

图8 对VR技术在多大程度上可以取代电视、投影、显示器设备的态度

7. 79.85%消费者都有通过线下VR体验场所（包括VR体验店、电影院、KTV、网吧）使用或体验VR产品。

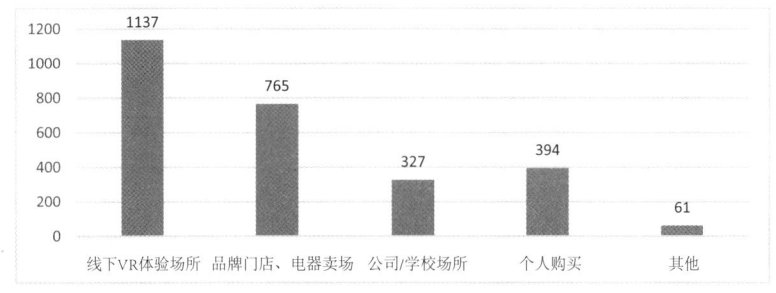

图9 用户使用/体验VR产品的渠道

第一章 研究目的和研究方法

经过一段时间的市场培育,中国市场的用户群体已经初具规模,据易观统计和推算,2016年消费者规模达247.3万人,并在今后数年保持稳定增长。至2019年,软硬件技术全面成熟后,消费者规模将达到1877.4万人。通过搜索"VR"和"虚拟现实"两个关键词的百度指数可见,从人口特征来看,年龄分布在30-39岁的搜索指数较高,关注虚拟现实行业的多为中青年;而男性中的搜索指数远高于女性,可见男性对VR的兴趣更为高涨。

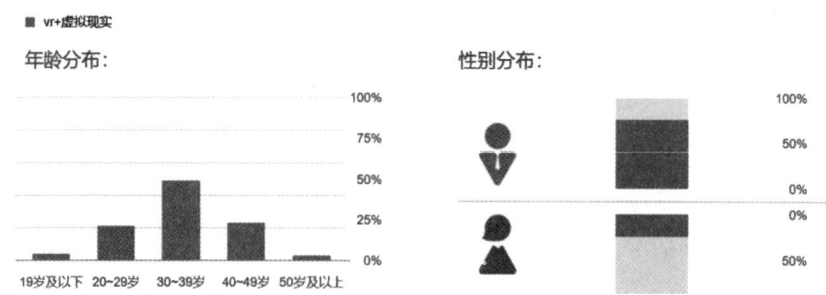

图1 "VR+虚拟现实"的年龄分布和性别分布

(来源:百度指数)

1.中国消费者对VR的认知、态度和使用

通过考察近年来中国消费者对VR技术的认知、态度和使用的相关研究,本章节总结出影响消费者对VR的态度、认知及其变化的因素主

要有以下几点：

1.1 对VR技术的功能性认知

VR的主要功能是提升沉浸感，给消费者身临其境的感觉。VR能够和很多行业进行结合，不只是游戏、影视，甚至还有旅游、房地产、汽车等。消费者通过VR的感官刺激来更多地了解产品特性，可以利用VR沉浸感的特性和现代营销相结合。比如房地产行业可以使消费者在线VR看房，消费者也可以通过VR与其他用户进行交流买房经验，从侧面体现出对于消费者来说，VR是一种能够给自己加深体验和了解的工具。VR能够使人们产生情感共鸣，VR对消费者来说还是降低产品信息的不确定性和提升体验感的手段，比如一边吃青菜，一边利用VR体验吃汉堡的快感，达到减肥的效果。总之，目前由于技术不够完善，VR在多数情况下被当作辅助工具。

1.2 VR设备影响消费者态度和认知

在使用设备方面，VR消费程度不同的消费者购买的设备也不尽相同，重度消费者主要以购买VR眼镜为主，浅度消费者以体验虚拟座椅、虚拟现实头盔、虚拟驾驶为主。由于多数消费者对VR的概念认识模糊，无法真正挑选适合自己的设备，同时设备与消费者的互动性不足，导致对多数VR设备缺乏好感。当前许多产品都局限在高端消费的层次中，用户的普及度还相对较低。很多虚拟现实产品的消费者都是在VR眼镜的购买上开支比较多。人体生理对于VR设备的接受程度也直接影响了消费者对VR影视的接受程度。比如消费者在观影时由于佩戴设备无法与其他观众进行互动，导致观影体验的降低，可能会造成对VR影视的接受程度下降。以及在使用之前复杂的操作设置和空间限制也会减少接受程度。

1.3 VR技术影响消费者态度与认知

如今VR的技术仍不够成熟，中低端设备主要体现出高延迟和分辨率不足的问题，在消费者体验上表现为使用过程中产生的眩晕感、近视者看不清画面等，这很大地影响了消费者对VR的态度。在消费者看来，VR技术最大的劣势在于不能提供最完美的舒适程度，对VR产生负面评价后，接受度自然也会降低。

1.4 人口特征及其他因素

从消费者年龄上看，VR设备的购买和体验者主要是80后90后爱冒险、喜欢尝试新鲜事物的年轻人。刘珂[①]等人通过问卷和深入采访相结合的方式指出：可以明确当前VR体验最大的消费者群体是年龄在20-40岁、月收入在2000-6000元的白领消费者群体（重点是以沈阳的生活成本作为参照物），其次是以大学生为主的学生群体。性别、年龄、学历和上网时间会对VR的认知程度产生不同程度的影响。上网时间长的人会比上网时间短的人对VR的认知度更高。VR品牌也有一定影响，消费者对于优酷VR更为熟知，但对于其他专业品牌等的认知度不高。

2. 研究目标

综上所述，VR如今的发展无论是从技术上还是设备上来说都不够成熟，导致消费者的认知度与接受度较低，同时也提到了人口特征及一些特定因素会对人们的VR认知度和态度产生不同程度的影响。但上文提到的调查多以调查原因为主，不足以更详细地了解消费者对于VR设备的使用意向，且调查样本量较少，例如上文的某个调查以沈阳为例，具有地区局限性。所以本次研究将调查范围扩展到全国，调查消费者对VR（虚拟现实）设备的使用意向，以期为之后的相关研究提供数据支持，以及为VR企业提供数据参考。

3. 研究方法

北京师范大学新闻传播学院采用问卷调查的方法进行研究。问卷分

---

① 刘珂,胡帅,韩英超等. VR体验店消费者潜在需求偏好情况调查研究[J]. 对外经贸, 2018, (4): 110-112, 115.

为四大部分，从当前使用情况和未来发展看法较为全面地了解消费者对VR的认知和态度。第一部分为人口特征，统计信息包括性别、年龄、学历、职业、收入及居住地等；第二部分主要调查消费者对VR产品的认知情况和体验感。不仅调查了消费者对于VR产品、技术的了解程度和接触渠道，还调查了VR产品的体验感及其影响因素和VR交互功能的认知等；第三部分主要从购买意愿和体验喜好两个方面调查消费者对于VR设备购买态度的影响因素，并调查了消费者能够接受的价格区间；最后一部分运用李克特五分量表，主要调查VR消费者关于VR未来发展的相关态度，以及消费者更为重视的VR普及因素、传播方式。四部分相辅相成，通过认知和态度的结果，也能够直接或间接地分析出消费者潜在的喜好。

4. 调查结果

本次调查共获得有效问卷2100份。

在第二部分的第二章，我们将通过性别构成、年龄构成、学历构成、职业构成、收入构成、居住地构成六个方面，对本次问卷调查的人口统计学特征进行解读。第三章则从消费者对VR技术、产品的了解程度，感兴趣的领域来体现消费者对VR产品的认知情况。第四章则主要通过调查使用/体验渠道、VR产品体验的整体感觉，沉浸度体验感及其影响因素等对消费者使用VR产品情况进行统计分析。第五章则对VR设备购买情况及满意度进行了解读。最后一章主要从VR技术与传统媒体的关系、VR普及影响因素、VR产业市场前景；VR技术未来发展方向；未来VR主要传播方式等五个方面展现了对VR消费者关于VR未来发展的相关态度及看法的结果。

第二章 样本人口统计学指标分析

表1 本调查有效样本人口统计学特征

项目	分类	人数	占比
性别构成	男	1050	50
	女	1050	50
年龄构成	20岁以下	138	6.6
	21–25岁	349	16.6
	26–30岁	537	25.6
	31–35岁	473	22.5
	36–40岁	280	13.3
	41–45岁	162	7.7
	46–50岁	92	4.4
	51–55岁	35	1.7
	56–60岁	15	0.7
	60岁以上	19	0.9
学历构成	高中及高中以下	218	10.4
	大专	469	22.3
	本科	1291	61.5
	研究生及以上	122	5.8

续表

项目	分类	人数	占比
职业构成	下岗、待业或无业人员	28	1.3
	农民或外来民工	19	0.9
	学生	197	9.4
	国营、私营、三资企业工人	417	19.9
	自由职业者	238	11.3
	个体工商户	178	8.5
	专业技术人员/教师/医生	384	18.3
	商业服务业人员	178	8.5
	企业领导或管理人员	236	11.2
	机关/事业单位干部	119	5.7
	公检法/军人/武警	9	0.4
	其他	97	4.6
收入构成	无收入	97	4.6
	1000元以下	44	2.1
	1000–3000元	170	8.1
	3000–5000元	720	34.3
	5000–10000元	831	39.6
	10000元以上	238	11.3
居住地构成	北京	200	9.5
	天津	98	4.7
	上海	201	9.6
	重庆	29	1.4
	河北	127	6
	山西	80	3.8
	辽宁	60	2.9
	吉林	26	1.2
	黑龙江	26	1.2

续表

项目	分类	人数	占比
居住地构成	江苏	144	6.9
	浙江	190	9
	安徽	52	2.5
	福建	47	2.2
	江西	51	2.4
	山东	129	6.1
	河南	78	3.7
	湖北	69	3.3
	湖南	62	3
	广东	173	8.2
	海南	6	0.3
	四川	49	2.3
	贵州	12	0.6
	云南	22	1
	陕西	29	1.4
	甘肃	15	0.7
	青海	2	0.1
	台湾	1	0
	内蒙古	31	1.5
	广西	36	1.7
	西藏	2	0.1
	宁夏	7	0.3
	新疆	6	0.3
	香港	1	0

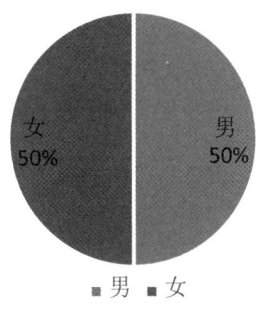

图2 性别构成

本次调查样本男女比例为1∶1,男女各有1050人参与了问卷填写。前文提到性别对于VR的认知及态度有较大影响,故男女比例1∶1有利于后续调查的准确性。

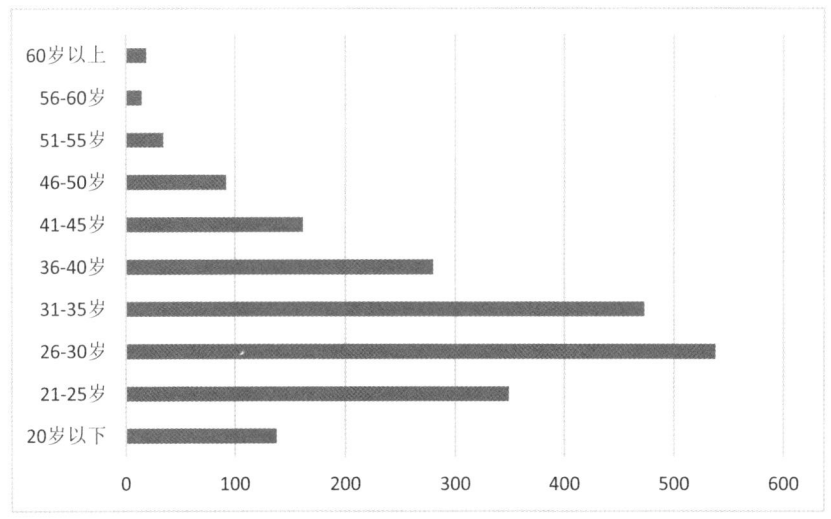

图2 年龄构成

本次调查样本年龄涵盖范围完整,其中,26-30岁占比最多为25.6%,其次是31-35岁样本占比22.5%,21-25岁样本占比16.6%,之后是36-40岁样本占比13.3%,41-45岁占比明显减少,只占7.7%,20岁以下占6.6%,46-50岁则更少,只占4.4%,而50岁以上只占3.2%。由上图可见21-50岁占据了样本总数的90.1%,这一部分人群大多拥有了独立收入，购买能力强，是商品消费的主力部队，且能够自主决定自己的消费目标，较少受他人制约，故看法较为公平准确。同时这部分群体也是VR产业的主要受众，他们的意见对于VR产业的营销和改进具有重要意义。

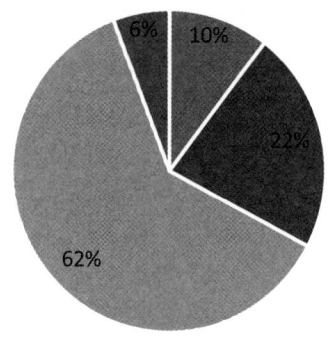

■ 高中及高中以下　■ 大专　■ 本科　■ 研究生及以上

图4　学历构成

本次调查的人口学历涵盖高中及高中以下、大专、本科、研究生及以上四个层次，每个层次的占比分别为10.4%、22.3%、61.5%以及5.8%，本科学历的消费者占据了大多数。

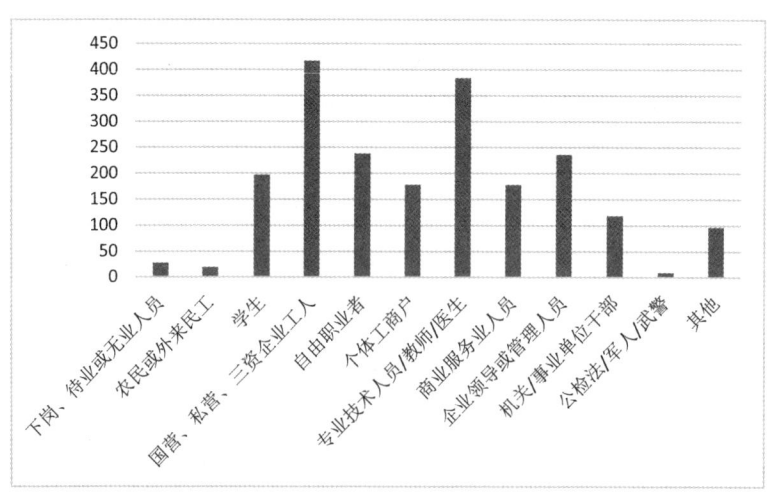

图5　职业构成

本次调查基本涵盖各行各业，其中，国营、私营、三资企业工人占比最多，为19.9%。其次是专业技术人员/教师/医生群体占比18.3%，自由职业者及企业领导或管理人员占比类似，分别为11.3%和11.2%。样本职业为学生的占比为9.4%，个体工商户和商业服务人员的比例相同均为8.4%。机关/事业单位干部占比5.7%，而农民或外来民工以及公检法、军人占比很少，分别为0.9%、0.4%，样本所从事职业的广泛性也有利于结果的精准度的提高。

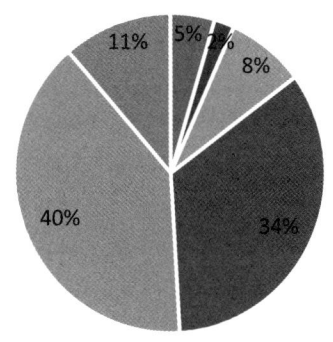

■ 无收入　　■ 1000元以下　　■ 1000-3000元
■ 3000-5000元　　■ 5000-10000元　　■ 10000元以上

图6　收入构成

调查样本中，5000-10000元收入的群体所占比重最多，为40.0%；其次是3000-5000元的收入群体，占比34.0%，位居第二。而10000元收入以上的群体明显减少，占11.0%，收入在0-3000元的收入群体占比7.0%，也有5.0%的群体没有收入。以此图来看收入在3000-10000元的人占了74.0%，这两个群体拥有一些或较多自由支配的收入，是商品消费的主力。VR的形式主要分为设备和线下体验店两种，3000-10000的群体主要接触的可能是线下体验店或低廉设备的方式，因为他们还没有足够的钱来购买较为昂贵精致的设备，而10000以上收入的人往往更为在乎商品的品质，价格敏感度较低，故这个群体可能主要以购买设备为主。这样较为全面的覆盖能够更加充分地了解VR产业两种形式的发展情况和消费者态度,从而使相关企业能够更有针对性地进行分析改进。

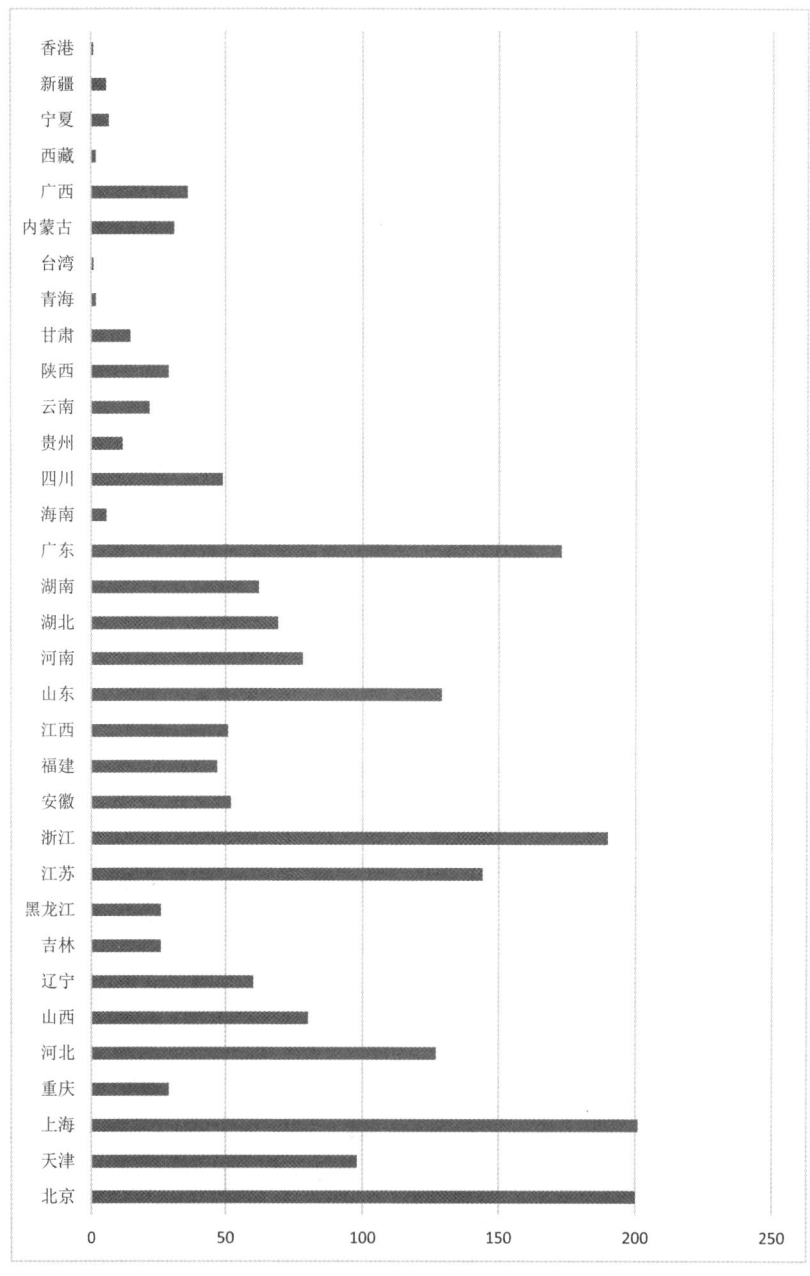

图7 居住地构成

本次调查的范围涵盖了除澳门特别行政区之外的所有省份。上海市、北京市占比最多，分别为9.6%、9.5%；同为直辖市的天津市和重庆市则占比不如前两个城市，分别为4.7%和1.4%。浙江省、广东省、江苏省、山东省、河北省相对于全国其他省份来说也属占比较多，分别为9.0%、8.2%、6.9%、6.1%和6.0%。这些地区经济较为发达，同样是商品消费的主力军，而青海西藏等地则占比很小。VR的发展是有地区差异的，所以通过对全国范围的覆盖有利于更充分地了解国内消费者对于VR的认知及使用意向现状，同时较为发达的地区的消费者看法也有利于VR产业进行借鉴并改进。

第三章　消费者对VR产品的认知情况分析

1. 超过五成的人通过"手机VR APP"了解VR

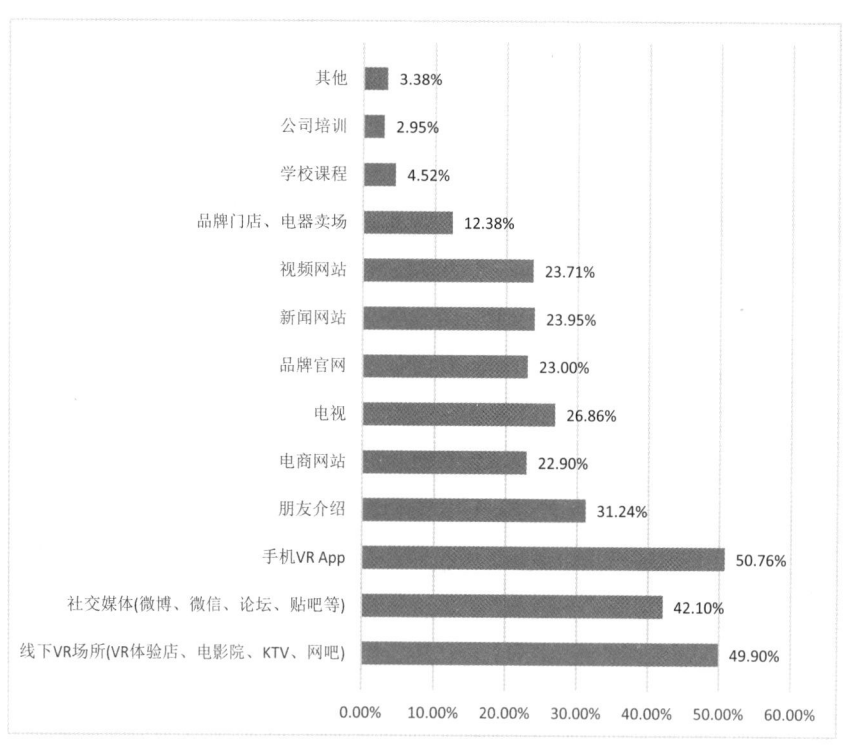

图1　消费者了解VR技术的主要渠道

通过调查显示，2100份有效样本均表示自己听说过VR。通过收集数据可以看到，有50.76%的人选择了通过"手机VR App"了解VR技术，可见"手机VR App"是消费者了解VR技术最主要的渠道，而"线下VR场所（VR体验店、电影院、KTV、网吧）"也是很多人了解VR技术的渠道，通过此类了解VR的占总人数49.90%，"社交媒体""朋友介绍"和"电视"所占比例依次降低，依次为42.10%、31.24%、26.86%；再次是"新闻网站""品牌网站"和"电商网站"，分别占比23.95%、23.71%、23.00%；最后是"品牌门店""电器卖场""学校课程"和"公司培训"，所占比例依次为22.90%、12.38%、4.52%、2.95%。由此可见，VR作为一种新媒体，人们更多是通过能够切身参与、观看和触摸到VR产品的直接渠道来了解VR，而非通过一些间接的渠道去了解。

2. 人们对国内产品的了解多于国外产品

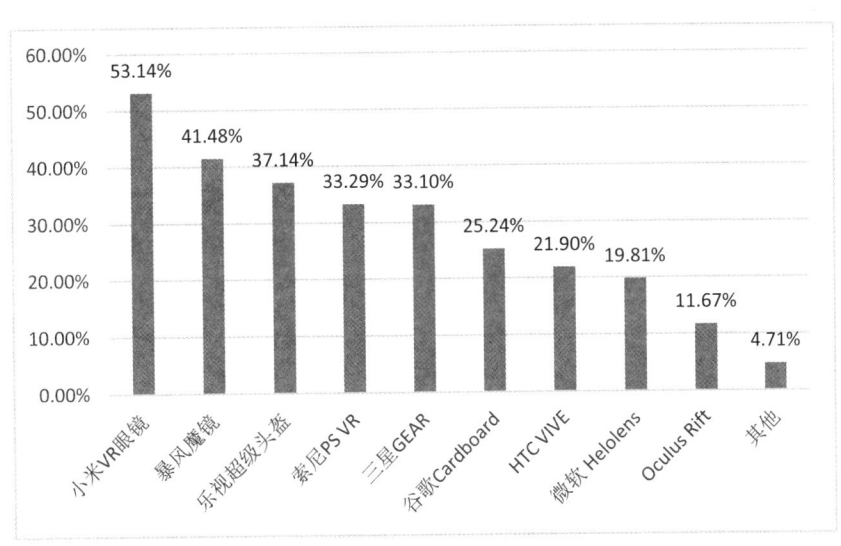

图2　消费者了解各类VR产品数量占比

通过收集数据可以看到，对于VR产品而言，用户了解"小米VR眼镜"的人数最多，占比53.14%，其次是暴风影音开发的VR产品"暴风魔镜"，占比41.48%，再次是"乐视超级头盔"，占比37.14%；"索尼PS VR"占比与"三星GEAR"相似，分别为33.29%和33.10%；而

"谷歌cardboard""HTC VIVE""微软 Helolens"占比与前面相差较多,依次为25.24%、21.90%、19.80%,"Oculus Rift"则是用户最不了解的品牌,只占11.67%。由此可见用户对于VR产品的了解,多为国产VR产品,国外VR产品了解的人数较少。国外产品的知名度较低主要由于定位高端、价格昂贵和需要英文操作等,对国内消费者来说有一定障碍。

3. VR在休闲娱乐领域更受消费者欢迎

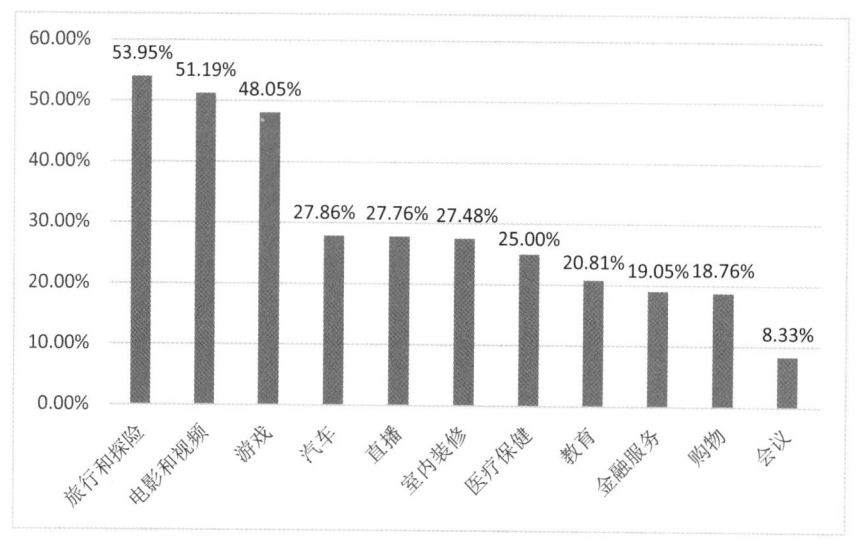

图3　消费者对VR体验最感兴趣的主题/领域

通过收集数据可以看到,消费者对VR体验最感兴趣的主题/领域可分为两个明显的梯队,第一梯队依次为"旅行和探险""电影和视频"以及"游戏";其中占比最多的是"旅行和探险",占比53.95%;"电影和视频""游戏"紧随其后,分别占比51.19%和48.05%;而第二梯队依次为"汽车""直播""室内装修""医疗保健"等,这四项占比分别为27.86%、27.76%、27.48%和25.00%。同属第二梯队的"教育""金融服务"和"购物",与前面几项相比之下就显得较少一些,占比分别为20.81%、19.05%、18.76%;会议占比最低,只有8.33%。由此可见，消费者对于VR体验在休闲娱乐等领域的发展最感兴趣。VR的沉浸感属性，决定了它更适合有新鲜感、刺激性的内容，比如旅行探险、视频游戏等，而如今新鲜度较高、较为优质的内容也在第一梯队，也就不难理解消费者为何更为青睐这个领域。将来随着VR的不断发展，其他产业+VR也是值得期待的。

第四章　消费者使用VR产品统计分析

1. 半数以上的消费者认为消费者体验感和VR沉浸感不错

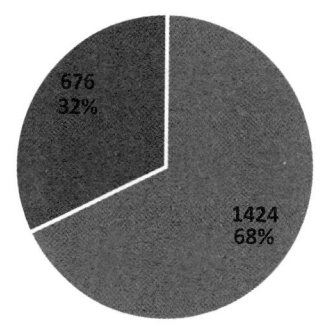

图1　是否使用/体验过VR产品

通过调查显示，在收回的2100份有效样本中，使用或体验过VR产品的消费者有1424位，占到总数的68%，接近七成，调查数据显示，VR产品已经被大多数消费者体验或使用过，但是由于VR技术面世时间并不久，市场上还有三成的消费者没有体验或使用过VR，VR仍有较大的市场发展空间。

通过调查显示，在1424位体验或使用过VR产品的消费者中，对VR使用或体验的整体感觉感到比较好（4分）的最多，有706位，占比33.62%；感到很好（5分）的有479位，占比22.81%，感到很好和比较好的消费者占到总体验或使用的消费者，人数的大多数，说明目前市面

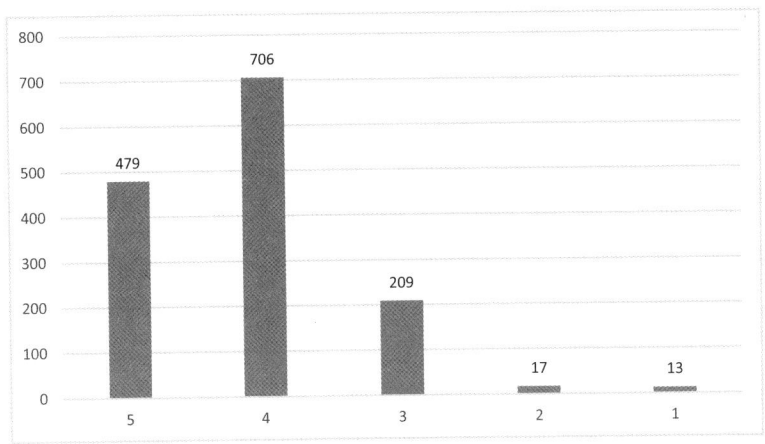

图2 对VR产品体验的整体感觉（1很不好；5很好）

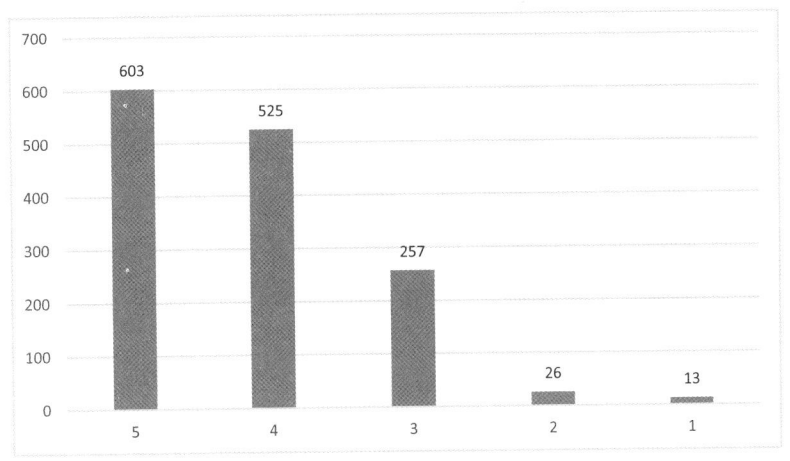

图3 对VR产品的沉浸度体验感如何（1很不好；5很好）

上的VR产品在整体体验感上比较能够满足消费者的需求。但仍有9.95%的人认为一般（3分），说明他们对当前的VR满意程度不是特别高，这部分人对于VR的发展提出了更高的要求，这也是未来VR产业发展争取的目标之一。认为不好（2分）和很不好（1分）的只有30人，只占1.43%，说明大多数消费者还是对VR持积极的态度。

通过调查显示，在1424位体验或使用过VR产品的消费者中，对VR

使用或体验的沉浸式体验感感到很好（5分）的最多，有603人，占比28.71%；其次是认为比较好（4分）的有525位，占到总体的25.00%。可见沉浸感是VR最为显著的特征，且说明目前市面上的VR产品在沉浸式体验感上也大体能够满足消费者的需求。与上一问题一样，认为一般的（3分）人占比12.24%，这部分人同样也不应忽视，他们对VR沉浸感也有着更高的期待。认为不好（2分）和很不好（1分）的只有39人，只占1.86%，说明大多数消费者还是对VR持积极的态度。

2. 影响VR体验感的因素内容和设备重要程度相似

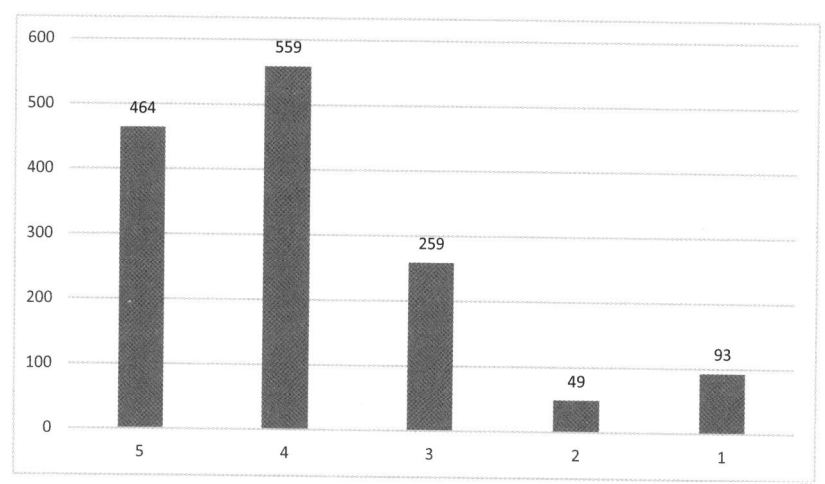

图4　VR设备在多大程度上影响用户体验感（1程度低；5程度高）

通过调查显示，在1424位体验或使用过VR产品的消费者中，认为VR产品的设备会影响到用户体验感的有1023位（包括5分与4分），占比71.84%。还有共403位消费者认为VR设备对VR产品的用户体验感的影响程度中等、影响不大和不影响，分别占比18.19%、3.44%和6.53%。证明大多数消费者认为VR设备对于VR产品的体验感有着重要的影响，且前者显然是体验过较好的VR设备才能做出对比，对于VR的认知程度也更深一些。

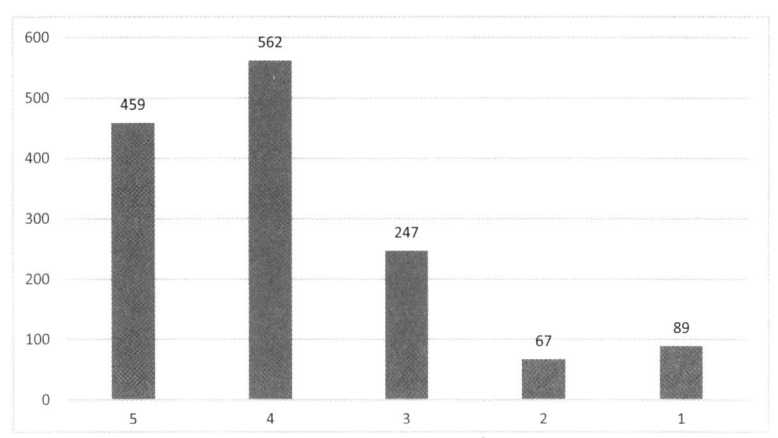

图5 VR内容在多大程度上影响用户体验感（1程度低；5程度高）

通过调查显示，在1424位体验或使用过VR产品的消费者中，认为VR产品的内容会影响到用户体验感的有1021位（包括5分与4分），占比71.70%，证明大多数消费者认为VR产品的内容对于VR产品的体验感有着重要的影响。还有403位消费者认为VR内容对VR产品的用户体验感影响中等、影响不大和不影响，分别占比17.35%、4.71%和6.25%。与设备的影响程度相比每个选项的人数占比变化较小，可见消费者对于设备和内容同样重视。

3. 大多数用户选择线下VR体验店来体验VR

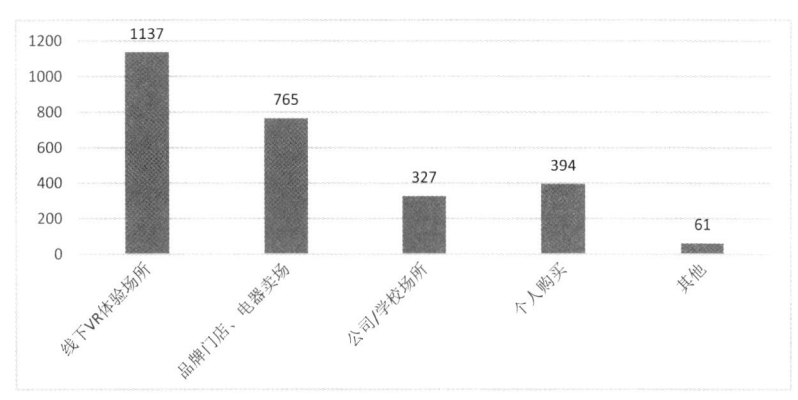

图6 用户使用/体验VR产品的渠道

通过调查显示，有1137位消费者是通过线下VR体验场所（包括VR体验店、电影院、KTV、网吧）使用或体验VR产品的，占比79.85%，证明线下VR体验场所是消费者们使用或体验VR产品的主要途径。其次，有765位消费者是通过品牌门店或电器卖场使用或体验VR产品的，也占到1424位体验或使用过VR产品的消费者中的53.72%。位列第三的是个人购买设备，占27.67%。而在公司或学校场所使用VR产品的消费者所占比例最小，只有22.96%，比起前两项要少很多。总体来说，线下VR体验场所与品牌门店或电器卖场是大多数消费者使用或体验VR产品的主要方式。而公司或学校对VR的需求较小，人们购买设备的意愿也不如直接去体验的意愿那么强烈。

4. 大多数消费者没有使用过手机VR App

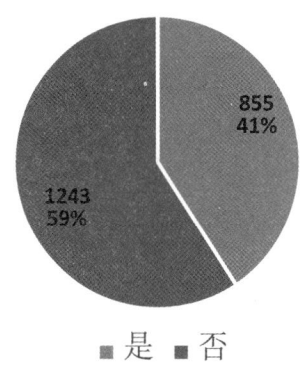

图7　是否使用过手机VR App

通过问卷调查显示，有1243名消费者没有使用过手机VR App，占到59%，接近六成，有855位消费者使用过手机VR App，仅占到四成。目前手机作为主流的智能电子设备，然而关于VR的手机App并没有让大多数消费者有兴趣亲身体验，证明VR技术在手机中的应用还有很大的发展空间，VR与手机的结合也会使方便度得到很大改善，不过同时也需要注意如何使手机VR增强沉浸感的问题。

5. 五成以上的消费者看好VR交互发展，但近四成人认为VR交互发展无法代替面对面交流

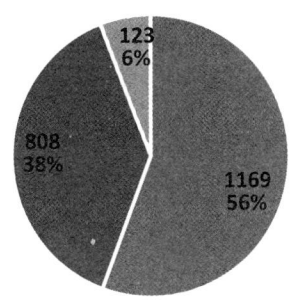

- 像面对面一样交流，感觉很棒
- 虽然感觉像是面对面，还是无法代替面对面
- 并没有什么用

图8　对VR交互发展对于人与人之间交流的看法

通过问卷调查显示，在2100名消费者中，有1169名消费者认为VR技术和产品能够实现像面对面一样的交流，认为VR技术或产品很棒，占到了总调查人数的56%，人数超过了半数。有808名消费者表示，VR技术或产品虽然感觉像是面对面交流，但是无法代替面对面的交流，占到总调查人数的38%。还有123位消费者表示VR技术在人际交流方面没有什么用，占到总人数的6%。可见VR具备一定的交互功能，让人们在其中感受到了社交的乐趣，但如今VR设备封闭的空间也会使人们产生孤独感和束缚感，难以代替面对面交流的自由感。

第五章 消费者VR设备购买分析

1. 截至目前五成以上消费者没有购买过VR设备，但其中半数以上有购买计划

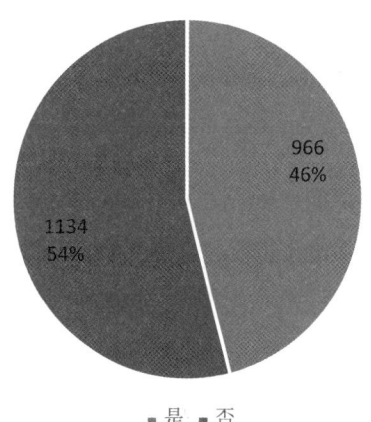

图1 是否购买过VR设备占比分析

调查显示，46%的消费者表示购买过VR设备，而前文的调查显示所有样本都听说过VR。这说明，目前多数的消费者对于VR设备并不是十分感兴趣，VR的沉浸性等特质没有发展到令消费者产生强烈欲望的程度，VR的普及程度就目前来看还有很大提升空间以及存在一定难度。

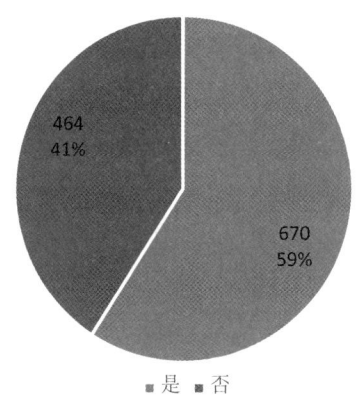

图2 是否有计划购买VR设备占比分析

在未购买过VR设备的消费者中有59%的用户有计划在未来的一段时间里进行设备购买,由上图可以看出,消费者对于VR多持观望态度,期待着有更能够满足自己需求的VR设备出现。消费者对其认知度较高,VR设备具有较大的市场潜力,随着其不断发展,消费者对于VR的认同度也会越来越高。

2. 价格成为影响消费者购买VR设备意愿的重要因素,最受消费者青睐的价格区间是1000–2000元

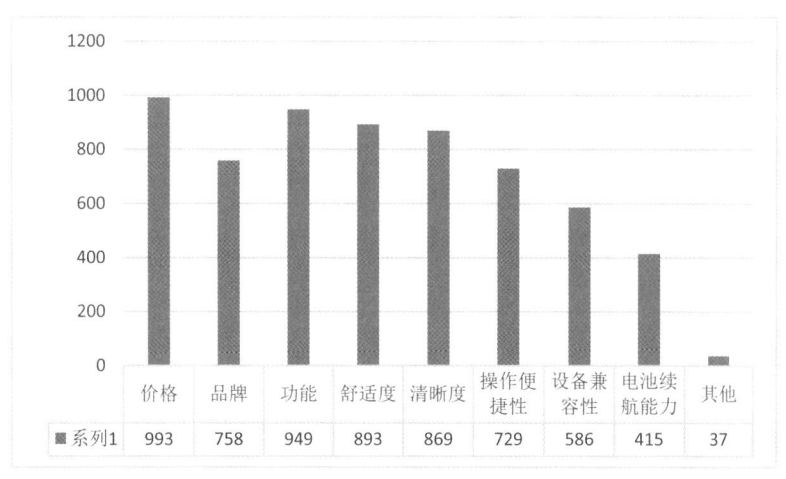

图3 影响VR设备购买意愿因素分析

调查显示,993位消费者认为影响自己购买意愿的是价格因素,占比高达47.29%,位列第二和第三的分别为产品功能和舒适度,分别占比45.19%和42.52%。清晰度在影响消费者购买意愿的因素中占比第四,为41.38%。品牌和操作便捷性也很重要,分别占比36.10%和34.71%。相比之下,设备兼容性和电池续航能力的影响就小了一些,分别占比27.90%和19.76%。这与VR设备所处现阶段市场环境有关,也与当今的技术水平有关。VR如今仍处于初步的发展阶段,无论是内容还是设备的研发,制作十分精良的企业都较少,而这些企业VR设备的价格往往也十分昂贵。而由于网络环境和技术的限制,VR的清晰度也远不及如今影视的1080p,可见,这些问题不仅是消费者重视的重要因素,也是VR设备急需提高和改进的重点。由于价格的因素,消费者往往会购买到性能相对较差的设备,这也就降低了消费者的满意度。下一节更具体地展示了价格区间的接受程度和设备的满意度。

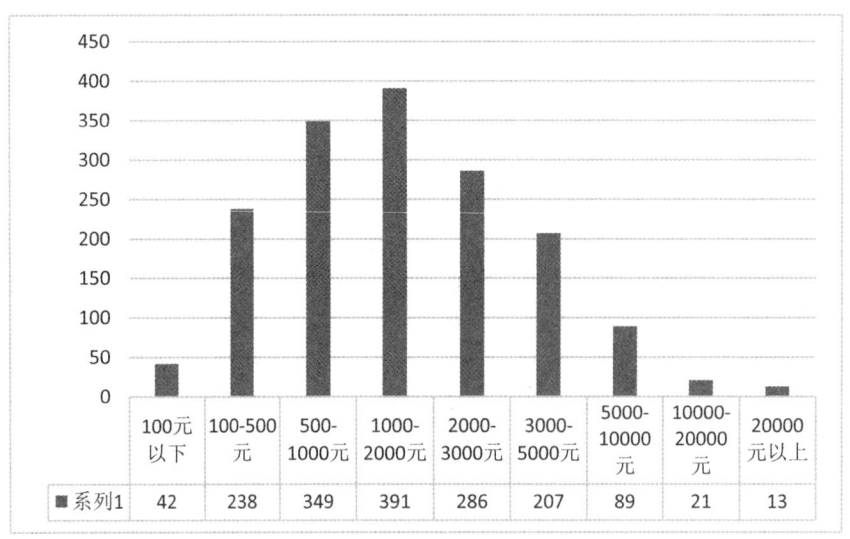

图4 VR设备接受购买价格分析

在设备价格方面，上图显示，1000-2000元的价格区间是最受消费者青睐的，占比23.91%。第二位的价格区间为500-1000元，占比21.35%，2000-3000元、100-500、3000-5000元与其相比较少，分别占比17.49%、14.56%和12.66%。只有34人选择10000元以上的设备，占比2.08%。一方面，3000-10000的收入群体占主体，无法承担过于昂贵的设备，且VR设备处于受众认知初期，消费者更想要以比较亲民的价格购买设备，另一方面，出于对设备使用体验的考虑，价格低的产品显然不能满足用户的这一需求。

3. 消费者最满意线下体验店，其次是一体机，外接设备和手机App的满意度相似

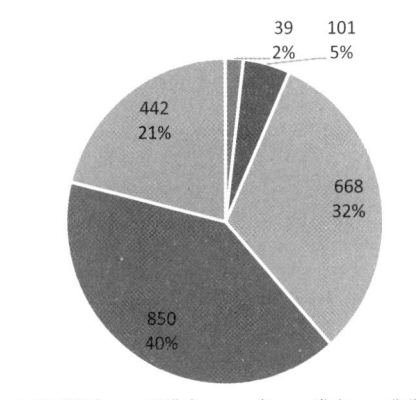

图5　购买外接设备满意度分析

上图显示的是外接设备的满意度，21%的消费者非常满意，40%的消费者满意，但仍有较大占比的一部分人（32%）认为一般，7%的消费者并不满意或非常不满意。可见人们总体上较为满意，但仍有较大提升空间。

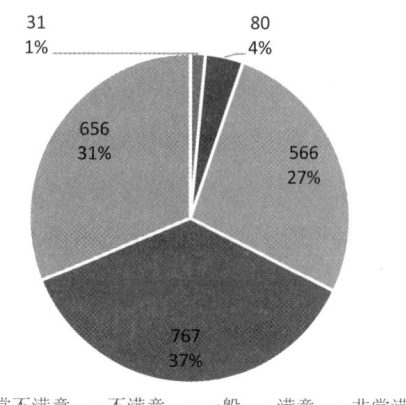

图6 购买一体机满意度分析

上图显示的是一体机的满意度，31%的消费者非常满意，37%的消费者满意，27%的人认为一般，只有5%的人不满意或非常不满意，可见人们总体上也较为满意，也有一定的提升空间。

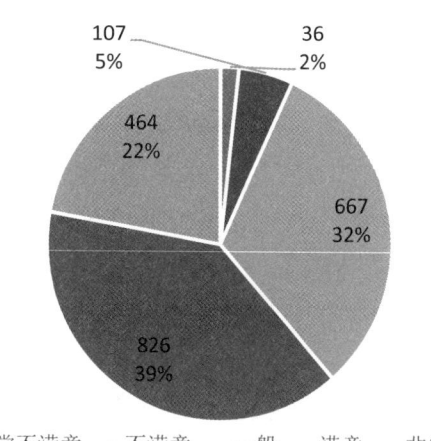

图7 购买手机盒子满意度分析

上图显示的是手机盒子的满意度，22%的消费者非常满意，39%的消费者满意，但同样仍有较大占比的一部分人（32%）认为一般，7%的人认为不满意或十分不满意。可见人们总体上较为满意，但也仍有较大提升空间。

通过三种设备对比可以发现,人们对一体机的满意程度最高,对手机盒子和外接设备的满意程度相差无几。VR一体机产品偏少,价格也较贵,无须借助任何输入输出设备,沉浸感要远远好于外接设备和手机盒子,更重视体验的消费者购买一体机之后心理预期能够得到很好的满足,但同时更重视价格因素的消费者购买价格较低的外接设备甚至手机盒子的时候,心理预期就自然不是特别高,所以满意度仍保持在60%以上也不难理解。

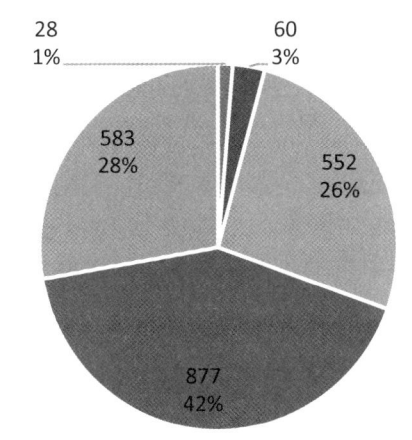

图8　线下体验店及主题乐园

调查显示,消费者目前对市场上的VR体验方式都比较满意,认为非常满意的占比28%,认为满意的占比42%,认为一般的占比26%,只有4%的人认为不满意或十分不满意。接近70%的人对线下体验店及主题乐园表示满意,一方面,线下体验店及主题乐园可以接触到更多的体验形式,丰富用户体验,另一发面,有专业从业人士的指导和讲解,消费者可以更好地进行体验,提升认知。综上可以看出,这也是未来VR体验的趋势,可进一步拓展线下体验模式,满足消费者需求。

第六章 消费者关于VR未来发展的相关态度及看法

1. 七成左右的被调查者对VR可以取代电视、投影、显示器表示认同

在本部分，主要对VR消费者关于VR未来发展的相关态度及看法进行调查，主要包括对VR技术在多大程度上可以取代电视、投影、显示器等设备的态度；对VR普及影响因素的认知；对VR产业市场前景的态度；对VR技术未来发展方向的期待；对未来VR主要传播方式的期待等五个方面。主要通过李克特五级量表设置五个选项即很不认同、不认同、一般、认同、很认同来测量被调查者的认知和态度。

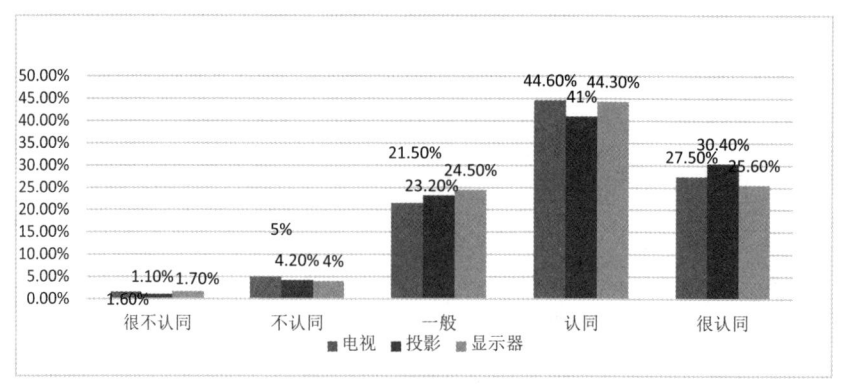

图1 对VR技术在多大程度上可以取代电视、投影、显示器设备的态度

本次调查问卷中,被调查者需要对VR技术在多大程度上可以取代电视、投影、显示器等三项传统视感装置进行打分,调查显示,大部分被调查者对VR技术能取代电视、投影、显示器表示认同和非常认同。其中,分别44.6%、41%、44.3%的被调查者对VR可以取代电视、投影、显示器表示认同,而表示很认同的被调查者则分别占到27.5%、30.40%、25.6%。只有非常少数的被调查者表示很不认同和不认同,这一比例均不超过7%。

2. 大多数人认为内容兼容性在VR普及中最为重要,且对于VR产业市场前景持乐观态度

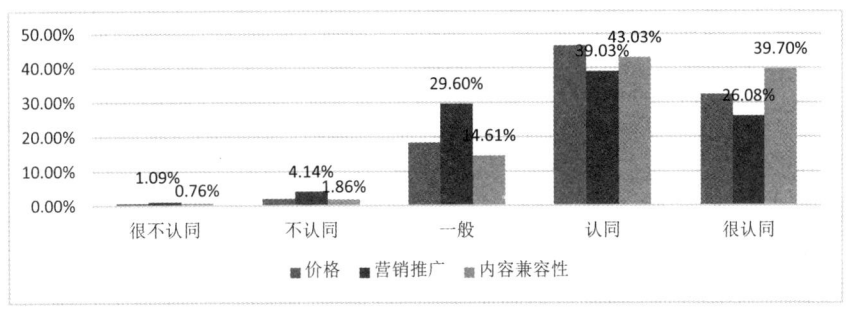

图2 对VR普及影响因素的认知

在本题中,我们要求被调查者对可能影响VR普及的三大因素价格、营销推广、内容兼容性分别进行打分。在这三个因素中,内容兼容性是被调查者们认为最有可能影响VR普及的重要因素,共有82.7%的被调查者选择了认同和很认同;居于其次的影响因素是价格,对这一因素表示认同和很认同的被调查者也高达78.8%。而被调查者们最不看重的影响因素是营销推广,65.1%的被调查者对营销推广的影响表示认同和很认同,这一比例比内容兼容性的认可度低了17.6%。可见人们认为最重要的还在于性价比的因素。营销只是起了辅助的作用。

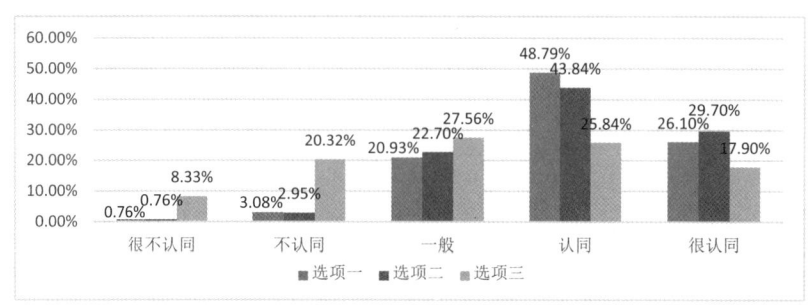

图3 对VR产业市场前景的态度

本道题我们主要调查消费者对VR产业市场前景的态度,上图中的选项一、二、三分别对应将会是一场全世界范围内的技术改革,极大改变我们的生活;还有许多问题未解决,但前景一片光明;只是暂时火热,过一段时间就会被遗忘。

通过上表可以发现,大多数人对于VR产业市场前景持乐观态度。其中,认同和很认同"VR将会是一场全世界范围内的技术改革,极大改变我们的生活"的被调查者占到了74.8%,而73.5%的被调查者对"VR还有许多问题未解决,但前景一片光明"。当然,我们也可以从上图中看出对VR产业不抱希望的消费者也是大有人在,43.7%的被调查者对"VR只是暂时火热,过一段时间就会被遗忘"表示了认同和很认同,27.6%的被调查者对此表示中立态度。

3. 更多的被调查者认为VR技术未来将往群众化方向发展

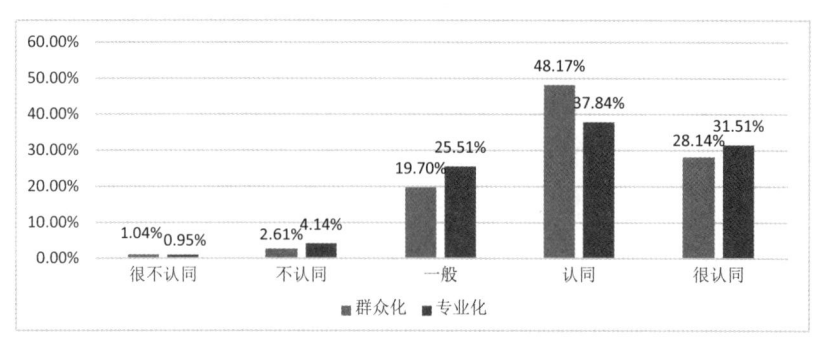

图4 对VR技术未来发展方向的期待

对于VR技术未来发展方向是应该偏向群众化还是专业化，本次调查也显示出了明确的结果。更多的消费者认为未来VR技术应该走群众化路线，在本次调查中，76.3%的被调查者对VR技术未来往群众化方向发展表示了认同和很认同，而对VR技术未来专业化方向发展表示认同和很认同的比例是69.3%。

4. 消费者对未来VR主要传播方式的期待值无较大差距

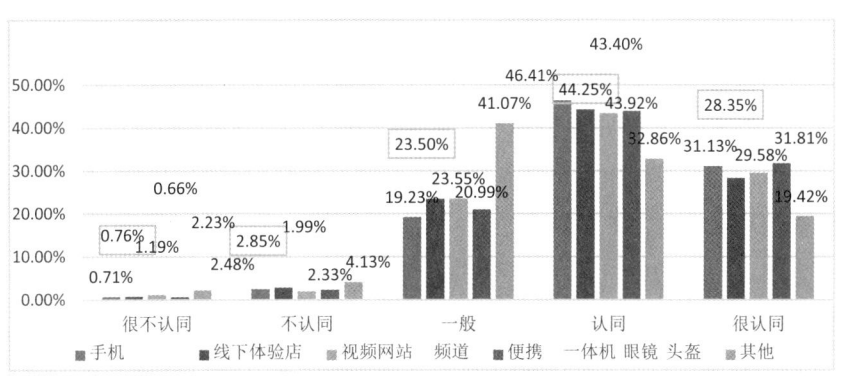

图5　对未来VR主要传播方式的期待

在本题中，通过问卷对VR未来五种主要传播方式即手机VR App、专业线下体验店、视频网站开设VR频道、便携VR一体机/眼镜/头盔和其他传播方式分别进行测量。通过上图可以发现，消费者认为手机VR App、专业线下体验店、视频网站开设VR频道、便携VR一体机/眼镜/头盔都是未来VR主要传播方式，对这四种传播方式表示认同和很认同的比例分别达到77.53%、72.60%、72.98%、75.74%，并无明显差距。

附录　调查问卷

尊敬的先生/女士：

您好，首先感谢您可以在百忙之中抽出时间来填写这份问卷。我们是来自北京师范大学新闻传播学院的研究团队，该问卷的主要目的是调查消费者对于VR（虚拟现实）设备使用意向的调查，本次问卷实行匿名制，所有数据只用于统计分析，请您放心填写。题目选项无对错之分，请您按自己的实际情况填写。再次感谢您的支持！

第一部分

1. 您的性别

 1. 男

 2. 女

2. 您的年龄

 1. 20岁以下

 2. 21–25岁

 3. 26–30岁

 4. 31–35岁

 5. 36–40岁

6. 41–45岁

7. 46–50岁

8. 51–55岁

9. 56–60岁

10. 60岁以上

3. 您的学历

1. 高中及高中以下

2. 大专

3. 本科

4. 研究生及以上

4. 您的职业

1. 下岗、待业或无业人员

2. 农民或外来民工

3. 学生

4. 国营、私营、三资企业工人

5. 自由职业者

6. 个体工商户

7. 专业技术人员/教师/医生

8. 商业服务业人员

9. 企业领导或管理人员

10. 机关/事业单位干部

11. 公检法/军人/武警

12. 其他

5. 您的收入

1. 无收入

2. 1000元以下

3. 1000-3000元

4. 3000-5000元

5. 5000-10000元

6. 10000元以上

6. 您所在的省份/直辖市/地区是

1. 北京市

2. 天津市

3. 上海市

4. 重庆市

5. 河北省

6. 山西省

7. 辽宁省

8. 吉林省

9. 黑龙江省

10. 江苏省

11. 浙江省

12. 安徽省

13. 福建省

14. 江西省

15. 山东省

16. 河南省

17. 湖北省

18. 湖南省

19. 广东省

20. 海南省

21. 四川省

22. 贵州省

23. 云南省

24. 陕西省

25. 甘肃省

26. 青海省

27. 台湾省

28. 内蒙古自治区

29. 广西壮族自治区

30. 西藏自治区

31. 宁夏回族自治区

32. 新疆维吾尔自治区

33. 香港特别行政区

34. 澳门特别行政区

35. 海外（请填写具体地点）

第二部分

7. 您听说过VR吗？

1. 是（接第8题）

2. 否（问卷结束）

8. 您通过什么渠道了解VR技术（多选）1-选中，0-未选中

线下VR场所（VR体验店、电影院、KTV、网吧）

社交媒体（微博、微信、论坛、贴吧等）

手机VR App

朋友介绍

电商网站

电视

品牌官网

新闻网站

视频网站

品牌门店、电器卖场

学校课程

公司培训

其他

9. 您听说过以下哪些VR产品（多选）1-选中，0-未选中

暴风魔镜

Oculus Rift

HTC VIVE

索尼PS VR

三星GEAR VR

乐视超级头盔

小米VR眼镜

谷歌Cardboard

微软 Helolens

其他

10. 您对哪些主题/领域的VR体验最感兴趣（多选）1-选中，0-未选中

旅行和探险

室内装修

医疗保健

汽车

金融服务

游戏

直播

教育

电影和视频

会议

购物

11. 您是否使用/体验过VR产品？

1. 是（接第12题）

2. 否（接第15题）

12. 如果有，您的体验感怎么样？

整体感觉（1.很不好；5.很好）

沉浸感（1.完全没有；5.完全沉浸）

13. 您认为以下因素在多大程度上影响了您的体验感？

VR设备（1.程度低；5.程度高）

VR内容（1.程度低；5.程度高）

其他，请填写

14. 您是通过什么渠道使用/体验VR产品？（多选）1-选中，0-未选中

线下VR体验场所（VR体验店、电影院、KTV、网吧）

品牌门店、电器卖场

公司/学校场所

个人购买

其他

15. 您是否使用过手机VR App？

1. 是（如果有，请填写VR App的名字）
2. 否

16. 您对VR交互发展对于人与人之间交流的看法？

1. 像面对面一样交流感觉很棒。
2. 虽然感觉像是面对面，还是无法代替面对面。
3. 并没有什么用。

第三部分

17. 您是否购买过VR设备

1. 是（接第19题）
2. 否（接第18题）

18. 您是否有计划购买VR设备

1. 是（接第19题）
2. 否（接第21题）

19. 哪些因素会影响您对VR的购买意愿（多选）1-选中，0-未选中

价格
品牌
功能
舒适度
清晰度

操作便捷性

设备兼容性

电池续航能力

其他

20. 您接受什么价位区间的VR设备

1. 100元以下
2. 100-500元
3. 500-1000元
4. 1000-2000元
5. 2000-3000元
6. 3000-5000元
7. 5000-10000元
8. 10000-20000元
9. 20000元以上

21. 您对以下VR产品体验方式的喜好程度是（5级量表1很不喜欢，5很喜欢）

购买外接设备

购买一体机

购买手机盒子

线下体验店及主题乐园

第四部分

22. 您认为未来VR技术在多大程度上可以取代电视、投影、显示器等设备（5级量表1很不认同，5很认同）

23. 您认为VR产品若想普及,下列因素的重要性应该是(5级量表1很不重要,5很重要)

   价格
   营销推广
   内容兼容性

24. 您在多大程度同意以下关于VR产业的市场前景的说法?(5级量表1很不同意,5很同意)

   将会是一场全世界范围内的技术改革,极大改变我们的生活
   还有许多问题未解决,但前景一片光明
   只是暂时火热,过一段时间就会被遗忘

25. 您希望这项技术的未来发展方向是面向广大群众的亲民化还是面向某些专业领域的专业化?(5级量表1很不认同,5很认同)

   群众化
   专业化

26. 您希望未来VR主要的传播方式是?(1很不希望;5很希望)

   手机VR App
   专业线下体验店
   视频网站开设VR频道
   便携VR一体机/眼镜/头盔
   其他,请填写

第三部分

2018中国VR产业现状和未来趋势专家访谈

本课题组对11位来自高校和业界的VR领域的专家学者和高管进行了深入访谈。课题组前期对中国VR产业的发展作了大量的调研，包括收集行业数据、走访企业调研、阅读相关文献等，经过焦点小组讨论后拟定深入访谈采访提纲，从市场、内容、技术、资本这四个方面去探究中国VR产业的发展状况和未来趋势。在VR市场方面，主要涉及VR技术的普及度、VR的市场潜力以及5G时代对VR产业在未来发展的影响等采访问题；在VR内容方面，主要涉及VR内容生产的大众化、技术和内容发展的不平衡问题、VR拍摄的"方法论"等；在技术方面，主要涉及VR的技术短板、眩晕问题、未来设备形态等；在资本方面，主要涉及VR资本市场的变动以及2018年VR产业的投资重点等问题。

表1 访谈提纲

VR市场方面	1. VR产业未来市场的潜力如何？VR将会在哪些行业被普及？为什么？ 2. 您觉得VR目前不能得到普及的原因是什么？ 3. 在VR技术后续发展中，您更看好VR技术在某些专业行业领域的发展还是在大众消费市场的发展？ 4. 您看好VR游戏的发展吗？您看好VR电影/影视的发展吗？ 5. 国内三大运营商均已制定了2020年启动5G网络商用的计划，2018年开始投入5G网络建设，您认为5G通信时代的到来，对VR产业的发展及普及有何意义？
VR内容方面	6. VR内容的制作会不会越来越便捷开放，如现在的短视频，每人都可以成为内容制作者？还是说会更加明确地分出消费方与提供服务方？ 7. 目前国内VR虚拟现实产业发展态势，进行"硬件设备"开发和"分发平台"建立的企业占多数，但专业的内容创造商和优质传播内容不足，呈现出供求不平衡的现状，对这个问题您怎么看呢？ 8. 国内VR虚拟现实产业的发展迅猛异常，VR作品以其独特的沉浸性和鲜活的表现力，也易得到受众青睐。但目前VR作品的拍摄还是延续传统拍摄时的思路，这无法发挥VR形式的特点，甚至会出现视觉表达上的问题。您怎么看呢？未来VR会出现自己拍摄"方法论"吗？VR适合拍什么类型的作品？

续表

VR技术方面	9. VR技术发展，目前最迫切攻破的技术短板是哪些？硬件技术方面目前有什么瓶颈？未来可能会通过什么样的方式解决？ 10. 现在的VR设备都是头盔式或者眼镜式，您认为未来VR设备会是什么形态？ 11. VR眩晕问题您觉得该如何解决？
VR资本方面	12. 之前出现过"VR投资热"，也出现过"VR资本寒冬"，近来也有"回暖"之说，您怎么看待这些资本市场的变动？ 13. 2018年VR在资本市场真的"回暖"了吗？投资侧重点较2016年相比有什么不同？

表2 受访专家一览

专家	职业	研究领域/成就
喻国明	北京师范大学新闻传播学院执行院长	主要研究方向——新闻传播理论、舆论调查原理与方法、传媒经济与社会发展、传播学研究方法。出版的学术著作有《中国新闻业透视：中国新闻改革的现实动因和未来走向》《解析传媒变局：来自中国传媒业第一现场的报告》等。
刘跃军	北京电影学院专业课程教师	主要研究方向——游戏设计、三维动画创作，发表《2005北京高校动画片受众调查分析报告》《立体动画电影空间研究》《数字三维艺术个性研究》等论文。
李晓波	北京七维视觉科技有限公司VP	在众多高校中担任虚拟现实项目实践导师，目前担任《新媒体系列丛书》顾问，图像图形学学会虚拟现实专业委员会委员等。
方淦	Janut中国首席执行官	在娱乐、体育及科技行业拥有累计超过二十年的领导及管理经验；全面开发了亚马逊中国的第三方卖家和广告平台，引导千万中国电商卖家走向亚马逊全球电商平台。
侯亚楠	虚拟世界高级市场总监	有12年消费类电子产品市场、品牌从业经历，曾操盘中移动、微软、华为等五百强企业品牌、新品上市等整合营销项目，荣获国际整合营销金奖。
张航	爱奇艺高级总监	历任多家世界500强、A股上市公司、创业公司视频产品与运营高级管理岗位，现负责爱奇艺VR产品、内容、运营及商务相关工作。
王刚	暴风科技副总裁、奇幻科技创始人、CEO	2016年创办奇幻科技，把VR和人工智能技术结合起来，把前沿科技与创意内容相融合，研发虚拟人核心技术，成为国内虚拟人的代表公司，为行业和消费者提供智能虚拟人解决方案。

续表

专家	职业	研究领域/成就
陈婧姝	VeeR VR联合创始人兼CPO	曾就职于硅谷大数据创业公司Trifacta,担任高级交互设计师。同时参与创立健康解决方案公司OhMyGreen,负责公司产品、服务、品牌设计,为美国多家包括Apple、Lyft、Twitch等的大公司及创业公司提供健康饮食服务。2016年回国联合创立了虚拟现实内容社区VeeR VR。陈婧姝及其他两位联合创始人叶瀚中、陈悦入选为2018年福布斯亚洲"30位30岁以下精英"。
祖昆仑	Pico市场VP	有10年以上市场、管理咨询经验,08-15年任IBM高级咨询经理,服务OPPO,传音等客户,曾任职于MOTO移动,拥有乔治敦大学MBA学位。
赵旭鹏	强氧科技产品总监	具有超过15年图形图像应用领域从业经验。主导设计强氧科技第一、二代360度全景摄影机并和国内众多企业成功合作。在VR影视内容制作生产工艺流程领域也有独到见解。
尚磊	强氧科技方案中心总监	设计并主导开发的《产品合规供应链管理系统RSEC》、指导研发的 Cgangs Cloud平台将强氧科技的法规技术服务朝着互联网+方向进行了推进和演化。

第一章　VR学界专家采访
——喻国明

1. 专家简介

喻国明，教授，博士生导师，教育部长江学者。1989年中国人民大学研究生毕业，法学（新闻学）博士，现任北京师范大学新闻传播学院执行院长。主要研究方向是新闻传播理论、舆论调查原理与方法、传媒经济与社会发展、传播学研究方法。出版的学术著作有《中国新闻业透视：中国新闻改革的现实动因和未来走向》《解析传媒变局：来自中国传媒业第一现场的报告》《传媒影响力：传媒产业的本质与竞争策略》等20余部，另有400余篇公开发表的学术论文和调研报告。

2. 访谈内容

VR市场方面

问：您觉得VR目前不能得到普及的原因是什么？

喻国明：就目前来看，VR技术的普及仍然面临着"鸡和蛋"的窘境。一方面，如果VR设备的保有量不高，开发者对开发VR内容和应用也会持谨慎态度。就单以游戏内容而言，目前许多顶级游戏开发商尚未公布其VR游戏开发计划，而是处于观望的状态。对于大型游戏公司来说，首先，VR技术本身仍未成熟，并未像传统PC或是智能手机一样有着较为成熟的技术标准和产业模式；其次，用户对于VR的认知度仍旧存疑，虽然很多用户表示愿意使用VR，但用户的心理价格以及热情的持续程度都有待考察；再者，各VR厂商的发展情况仍不明朗，许多游戏公司仍在考量，以确定针对哪个平台进行开发。举例来看，在国外，Steam平台上拥有3700多款游戏，而目前只有少数几家开发者计划或正在为VR开发游戏，Steam平台上的十大热门游戏，也仅有几款宣布支持VR设备；而国内大部分游戏团队都刚组建不久，没有正式产品，只有Demo。所以，如果硬件产品发展迟缓，内容和服务也很难到位。

问：您看好VR游戏的发展吗？

喻国明：好的内容可以迅速带动相关产业的高速发展，一款爆款内容将有望推动硬件和内容的同步增长。而对于VR产业而言，这样起到催化作用的爆款内容，极有可能是动漫和游戏。为什么游戏和动漫更可能成为爆款产品？在内容和技术层面上，VR游戏制作的技术门槛不高，传统端游和手游团队都具备足够的技术能力，游戏及动漫作品内容本身的虚拟性也使之更容易嫁接VR；在需求层面上，游戏的产业生态成熟，用户群体庞大，付费意愿高，宅腐消费人群对虚拟世界的向往是强烈的，VR架空场景，连接虚实，让用户在与虚拟世界的互动中寻求真实感；在应用场景上，VR游戏特有的第一人称视角操作体验，更接近人的日常行为习惯，容易给使用者带来身临其境的感受，通过高度沉浸感和交互式体验让用户在"宅"的同时感受世界。种种方面都暗示着在游戏和动漫方面极有可能出现爆款产品。

问：您看好VR电影/影视的发展吗？

喻国明：虚拟现实影视内容制作较传统内容更为复杂，它并不是简单将原有电影转换成为3D版本，而是一种新的不同形式的创作，360°全景与观众的交互都需要考虑在内。首先，是虚拟现实视频内容的捕捉问题。与传统视频不同，VR视频需要满足360°画面，VR视频的全景性要求导致在摄制过程中相机机位的隐藏，导演、演员的站位，道具的摆放等均成为全新的课题，解决这一问题需要较长时间的摸索；其次，是摄制素材的剪辑问题。传统视频同一机位下素材的剪辑只需考虑时间线即可，而在虚拟现实视频中，制作人员需要将摄制画面转换成360°全景视频，即便以专门的转换软件和后期渲染工具来制作相关内容，对计算机的运算性能要求亦远高于传统视频。上述问题带来了虚拟现实内容制作成本的居高不下，所以我认为VR影视的发展仍然需要一段较长的时间。

VR内容方面

问：目前国内VR虚拟现实产业发展态势，进行"硬件设备"开发和"分发平台"建立的企业占多数，但专业的内容创造商和优质传播内容不足，呈现出供求不平衡的现状，对这个问题您怎么看呢？

喻国明：对于众多VR厂商而言，硬件研发是市场培育期的共同选择，不论是Oculus、三星、索尼、HTC还是暴风科技，都在硬件方面投入了相当大的精力。短期来看，VR发展早期缺乏可用易用的硬件产品，各大厂商自然瞄准这一块处女地，试图通过先入来占据优势，谁的硬件产品更早被大多数消费者认可，谁就更有可能获得更大的利润。但是对于VR厂商而言，单纯的硬件、平台、内容或是服务可能都无法保障该VR企业在未来掌握真正的话语权。只有通过内容和服务吸引用户对硬件的关注和购买，通过发展硬件掌握平台优势和标准制定者优势，从硬件、软件、分发、内容和服务各方面构建VR产业链，建立生态型产业布局才是VR厂商的良好选择，只有全方位创新才有可能在未来成为大的赢家。未来的企业模式，是对内容、技术和商业运营的整合。只有硬件，没有生态构建的企业注定会没有未来；只有内容，没有渠道优势的企业很难做大——产品、渠道、内容、服务的全方位创新是VR厂商未来的发展方向。对于有意做大的VR厂商，布局生态才能在未来占据优势；而对于无力布局生态的厂商而言，可能内容是VR产业链上极具价值的一环。人们有理由相信，能够将硬件、软件、内容和用户黏性结合在一起的VR供应商将会成为这个领域的巨头。

VR技术方面

问：现在的VR设备都是头盔式或者眼镜式，您认为未来VR设备会是什么形态？

喻国明：首先，在交互性方面，现有VR设备基本上涵盖了所有信息输入方式，包括触觉、动作、语言等，未来的发展方向在于提升现有交互设备的精准度，降低其错误率，同时开发新的信号识别和输入模式，有望实现对眼神甚至脑电波的识别和应用。其次，在续航能力方面，现阶段VR产品主要为电脑连接式头戴VR设备和手机盒子类移动VR产品，电脑连接式的VR产品不存在续航问题，而手机盒子类的VR产品也在不断开发，未来移动VR产品的续航能力应当在6个小时以上。第三，在视觉效果方面，人们可以看到更高清显示屏和现实技术不断开发、视角宽度不断提升、短画面迟时间也已经达到技术标准（不高于20毫秒）。第四，在计算能力方面，随着PC和手机的CPU和GPU性能提升，VR设备的计算能力将进一步加强，从而提供更高的流畅性和更好的画面渲染能力。

VR资本方面

问：之前出现过"VR投资热"，也出现过"VR资本寒冬"，近来也有"回暖"之说，您怎么看待这些资本市场的变动？

喻国明：毫无疑问，2016年确实是VR元年，但是也有不少人对VR热潮持一种担忧态度，而这些担忧并非空穴来风。游戏引擎公司Unity的CEO里奇蒂洛2016年在旧金山参加了三星开发者大会并发表主题演讲，里奇蒂洛在演讲中提出："2016年和2017年可能是'VR令人失望的差距年'。""我们发现如此之多的炒作，它们与现实之间的差距将导致人们在2016年和2017年对其感到失望"。有学者指出，目前所有分析师和媒体都在大肆报道虚拟现实产品，但这些产品却不能使用户尖叫。如果里奇蒂洛的预测是准确的，那么到2016年末，虚拟现实技术和增强现实技术的发展可能进入一个"迟缓阶段"；到2017年之时，很可能出现一个坏消息,即媒体的态度开始反转,认为VR是被"吹嘘过度"。那么,2016年到底是"VR产业元年"还是"VR令人失望的差距年"?VR热潮对于产业发展的机会是黄金还是泡沫?这个问题值得认真思考。

第二章　VR学界专家采访
——刘跃军

1. 专家简介

刘跃军，北京电影学院游戏系系主任，北京师范大学电影学（数字动画及游戏方向）博士学位，加拿大英属哥伦比亚大学访问学者。主要研究方向是游戏设计、三维动画创作，发表《2005北京高校动画片受众调查分析报告》《立体动画电影空间研究》《数字三维艺术个性研究》等论文，主要成果有独立三维动画短片《烽火时代》获中国动画学会CCGF最佳动画短片奖、国画立体动画电影短片《姑苏繁华图》获厦门国际动画大赛最佳实验短片奖、《立体动画电影发展空间研究》获中国电影电视技术学会影视科技优秀论文一等奖等。

2. 访谈内容

VR市场方面

问：您觉得VR产业未来市场的潜力如何？

刘跃军：VR目前还处于行业应用的初期阶段，由于产品的完成度和终端数量的局限使得当前我们所看到VR尚处于产业的雏形阶段。因此根据当前尚未发育完全的技术去评判其未来的市场空间显然是极不科学的。由于未来日渐成熟的VR对于当前传统媒介形态是一种革命性的颠覆，他将成为下一个计算平台、下一代信息获取与交流平台，因此他的未来市场潜力极为广阔，简单来讲就是当前PC互联网和移动互联网所涉及的全部领域VR都必然实现，更重要的是，传统PC和手机所未涉及的更广阔的领域也将被VR广泛地拓展。

问：您觉得VR目前不能得到普及的原因是什么？

刘跃军：很简单，一个两岁的小朋友还没有广泛地出现在大学校园，因为他才2岁，他还要成长，还要逐步成熟。从蒸汽时代到电气时代到数字时代，任何生产力的革命性发展都从来不是一两年形成的。单从信息传播来讲，从书信到电报到电话到手机都不是一两年能够完成的。所以，我认为问这个问题透露出提问的人明显急躁。如果一定要探究未来VR将在哪些环节发展进而变得逐步普及，我认为主要有三个环节：舒适、功能、价格。舒适主要是指VR终端未来会发展得人们在使用的过程中非常舒适、非常方便，如同一个墨镜一样可以极为轻便地使用，在使用过程中能获得非常舒适的效果；功能是指未来的VR除了能满足当前PC和手机的基本功能外，还能开发出前所未有且欲罢不能的全新功能，就如同手机微信可以随时随地聊天、买单、出行，这使得手机相对于台式PC成为首选，VR将来必然会开发出前所未有的颠覆性功能，这些独有的功能使得人们迟早必须使用他；价格是指未来VR的价格会非常平易近人，如同几百到几千元一台的手机价格一样唾手可得，而且都能舒适地使用基本功能。当未来VR在舒适、功能和价格方面达到以上条件，VR将无处不在。

问：国内三大运营商均已制定了2020年启动5G网络商用的计划，2018年开始投入5G网络建设，您认为5G通信时代的到来，对VR产业的发展及普及有何意义？

刘跃军：5G与VR，看起来风马牛不相及，但这二者一旦联姻，信息世界将发生革命性的改变。我认为，5G不是为我们当前手里的这个手机准备的。因为4G已经很完美地解决了我们当前手机的问题。手机这个生产关系未来已经满足不了5G这个生产力的发展了。5G高带宽、低延迟对于小小2D屏幕的手机是牛刀和小鸡的关系。因此，VR、AR、

MR、自动驾驶、物联网等更高级的应用将在5G中逐步得以广泛应用。对于VR来讲，5G将推动VR从当前笨重的头戴电脑级向轻便的墨镜级发展。墨镜级VR只需要解决显示和人机交互的问题，计算和传输全都通过5G在云端解决。云端有高速的运算、海量的存储，每一个终端都可以通过5G或者wifi连到这个云的高速"机房"。也就是说在未来人们只需要带着一个小小的眼镜，然后通过5G连上云端，虽然他不带主机，但其计算性能比你现在花几万元买的超级电脑工作站还要快。而且，其清晰度和舒适感也会空前提升。毫无疑问，5G将是推动VR普及的重要推手。

VR内容方面

问：目前国内VR虚拟现实产业发展态势，进行"硬件设备"开发和"分发平台"建立的企业占多数，但专业的内容创造商和优质传播内容不足，呈现出供求不平衡的现状，对这个问题您怎么看呢？

刘跃军：我认为不能单纯地去评价硬件、平台或内容的某一个领域，他们本身是一个生态链的不同环节。只有这三个环节都发展完善了，完整的生态链才得以兴旺。现在之所以很多企业开发硬件和平台，是因为他们认为一旦投资成功了一个硬件或者平台，未来都将占据相当巨大的市场份额。比如苹果手机、华为手机、腾讯微信平台、淘宝平台等。我认为这是暴发户思维，如果没有相关领域的长期积累和雄厚实力，获胜概率是非常有限的。在手机刚刚出现的时候，很多企业做手机，今天占手机市场主导的有几家？微信和淘宝又有几个？而在手机上研发内容的企业发展壮大的倒是非常多，虽然量级偏小但数量却多了很多。

VR技术方面

问：在VR技术的发展中，目前最迫切攻破的技术短板是哪些？

刘跃军：显示分辨率、图形计算性能、人机交互形态。

第三章　VR业界高管采访
——李晓波（七维科技）

1. 专家简介

李晓波，北京七维视觉科技有限公司VP，2007年开始从事虚拟现实、增强现实、虚拟仿真领域产品研发和市场工作，在影视、广电、教育、工业仿真行业积攒了大量的虚拟现实项目开发经验。李晓波在众多高校中担任虚拟现实项目实践导师，目前担任《新媒体系列丛书》顾问，图像图形学学会虚拟现实专业委员会委员等。七维科技团队专注于顶级VR内容生产工具的打造，包括VR视频、VR交互、渲染引擎、视频传输的综合解决方案。

2. 访谈内容

VR市场方面

问：请问您认为VR目前不能得到普及的原因是什么？

李晓波：我认为VR不能得到普及的主要原因是VR的伪需求。从2014年开始，随着资本的进入，企业为了把一些行业与VR技术结合，创造了资本市场上的一些概念，从而产生了VR的伪需求。VR的真正需求的普及也要分两个层面来看：一是B端市场，虚拟现实这个行业可以与高端制造业结合，行业结合度非常高，应用也很广。但在C端却创造出很多伪需求，造成现在大众对于VR的认知存在着巨大偏差。这个偏差来源于对于技术的认知,站在从业人员的角度来看,我认为要从整个行业层面来进行一些知识的普及,让人们真正找到利用VR改变大众的生活方式的途径。

问:请问您更看好VR技术在某些专业领域的发展,还是在大众消费市场的发展?

李晓波:很多VR公司依赖于专业领域的发展,但是真正能让VR这种被誉为下一代计算平台的技术爆发的,还是要在C端迎来一个巨大的人的生活方式的改变。但只有B端不断的积累,才能够影响到C端的消费。这其实很像计算机的发展模式,在20世纪90年代的时候,计算机应用最多的是银行,后来人们发现在别的行业也能够使用。在现在的社会上工作大概占年轻人生活时间的60%以上,当60%的时间都要用到一个计算平台的时候,C端也就自然而然地会开始大面积应用,之后它就会真正成为一个计算平台。

问:请问您认为VR产业未来市场的潜力如何?

李晓波:市场潜力还是比较大的,我们未来希望构建一个平行于现实的数字世界,这时所有行业都会寻找一个属于自己的数字世界。未来的虚拟现实会像互联网一样渗透在各个领域,包括电子商务、社交、游戏、教育等。还能进行一些难以实验的操作,比如核电厂、交通事故模拟等。不过当高科技越来越发达的时候,人真正需要克服的还是心理的问题,所以我认为心理医生在未来也有着很大的发展潜质。

问:现在国内三大运营商均制定了2020年启动5G网络商用的计划,2018年投入5G网络建设,请问您认为5G通讯时代的到来,对VR产业的发展和普及有什么意义呢?

李晓波:VR这个行业发展现在不是很尽如人意,4G从2008年经过了将近8年的时间,才真正做到了普及。5G现在还没有成熟,虽然可能会比4G的发展速度更快一点,但还是需要5到6年的时间。所以5G现在只是一个起点,可能刚从零变成了一,但是想从一变成一百,就会是很漫长的过程。5G能够给VR带来很明显的优势。比如上行带宽、下行带宽、带宽的稳定性等。上行带宽来看，5G能够传输4K到8K的视频。而4G时代最高是1080p，体验感肯定会更强。5G也可以实现VR Cloud（VR云）的概念，它能够提供一个很好的高带宽低延时和高稳定性的网络，但5G现在还处于一个基础带宽架构层面上，在基础带宽的架构上构建的VR的应用可能还需大量时间以及研发的投入。

VR内容方面

问：现在进行"硬件设备"和"分发平台"的企业占多数，但专业的内容创造商和优质传播内容不足。请问您对于这种供求不平衡的现象怎么看？

李晓波：供求不平衡和中国的VR市场发展是有很大关系的。因为中国的VR的发展，是伴随着2015年资本市场投资发展起来的。资本市场需要有平台或分发的概念，这样估值会更高一些。在大量基础内容没有成熟的情况下，许多企业贸然去进行大量平台的建设，但内容没发展起来。这种发展是一种本末倒置。正确的模式应该是大家先从行业基础内容开始发展，在发展到一定规模后需要做分发平台的时候，才会有平台产生。我认为现在更多企业去做内容是一件非常好的事情，证明大家认清了虚拟现实的本质是什么，真正从行业上挖掘需求，用合适的内容去迎合市场需求，那个时候再做平台，无论是分化品牌还是方法品牌，其价值都能够突出。

问：目前国内VR作品的拍摄大多还是延续传统拍摄时的思路，无法发挥VR形式的特点，甚至会出现视觉表达上的问题。请问这个问题您怎么看？未来的VR会出现自己的拍摄"方法论"吗？

李晓波：2017年我提出了一个概念，叫作虚拟现实思维。我当时在描述这个概念的时候也提了三个特点。

第一是关于虚拟现实思维的场景式构建，虚拟现实创造了一个平行于现实的完全不同的世界，这个世界大部分都是通过视觉化、场景化来构建的。与传统的拍摄电影画面不同，这应该是360度的沉浸式场景。电影把人的视角局限在一个180度的世界，现在拍摄虚拟现实电影，或者做全景视频的时候，大家下意识地都会想到参照过去一百多年前辈们积攒下来的经验和方法论，这个摒弃度是不够的，要重新站在人的认知世界的角度上去看待人们的双眼、大脑怎么去构建这个世界。

第二是虚拟现实的强体验性，在观看线性视频的时候，人们更多理解的是导演讲的故事，画面感只是故事的补充而已。现在利用虚拟现实去完成电影拍摄的过程中，虚拟现实可以给人嗅觉、触觉的语言，还有双向交互的语言。当我们增加了五官或者是更多维度的功能的时候，肯定就要做出新的改变。现在的VR视频，只是把视角进行转换，这种表达故事的能力，还不如传统的方式来得更直接，因为360度的场景模糊了人们关注的焦点。

第三是虚拟现实的思维是传统互联网思维的继承。现在的人们已经很依赖于移动互联网，手机如果不能上网，价值会很小。而虚拟现实与互联网市场是息息相关的。互联网的社交属性，一定会延伸到虚拟现实来，只有具备虚拟现实思维的特点，摒弃一些传统的影视发展方法和影视拍摄的经验和方法论的时候，我们才能去创造一个真正适合VR领域的模式。

问：请问您认为VR内容的制作会不会更加便捷开放？比如现在短视频，每个人都可以成为内容制作者？还是会更加明确地分出消费方和提供服务方？

李晓波：当然。我认为等到消费者市场真正发展起来的时候，自然而然就会演化出来很多简化的工具，但现在的问题在于潜在的大众消费市场对于企业的利益驱使度是不够的。随着C端市场逐渐聚起来之后，会对B端市场这些企业产生反作用力。

VR技术方面

问：VR技术的发展，现在最迫切攻破的技术短板是什么？

李晓波：这个问题要从两个层面来看，一个是终端的体验，一个是内容制作。从终端的角度来看，分辨率一直是个问题。比如头显，头显是要佩戴在头部以封闭式来观看的，这还是与人和自然的交互方式有一定差距。这个差距现在可能更多通过AR的方式来弥补，AR营造了一个开放式的空间。但是AR沉浸性不是特别好。这二者之间有一个平衡度，我们也需要找到这个平衡点。

问：现在的VR设备是头盔或眼镜式，请问您认为未来的VR设备可能是什么形态？

李晓波：关于这个问题一直有两种观点，一种是未来的VR都是眼镜的形态。另外一种就是不需要人来佩戴任何设备，只需要每个人身上携带一个类似于手机这样的处理终端设备，这是2009年微软发布的对科技未来的畅想。微软认为未来将是全屏的时代，也是一个虚拟现实的时代。我个人比较倾向于第二种模式，未来的世界应该是一个充满屏的时代，到时每个人都相当于是互联网的数据交流中心，每个屏都能够识别属于每个人自己唯一的ID，识别到每个人的信息处理终端，再投射到屏幕上，其他什么都不需要携带。

问：请问您认为VR眩晕的问题应该如何解决？

李晓波：这个问题从心理、生理方面来看，从前看电视，后来看电脑，现在看手机，这是人在适应的过程，人们会不断地去适应周边环境的变化，需要自己进行生理调节。现在大部分未成年人没有形成这个固定认知的逻辑时，他看VR不会觉得晕。反而是成年人看的时候晕得会更多一点。另外从技术角度来讲，人在佩戴上一个设备后，在封闭的环境下去看任何东西的时候，那人大脑和心理都会把它刻意的放大许多倍。如果单独从头显这个层面上来讲，分辨率越高，人看起来的眩晕感会更低。所以解决方法首先是要在未来引入人工智能，包括对人的眼动识别等，还要充分发挥5G带来的优势，5G能够降低这些延迟，提高稳定性，减少眩晕感。

VR资本方面

问：之前出现过一段"VR投资热",也出现过"资本寒冬",但是近年来有"回暖"的说法,请问您认为真的"回暖"了吗?

李晓波：2014年到2016年整个投资市场都比较盲目。从大的宏观层面来讲,现在中国经济投资大环境非常低迷,那么虚拟现实行业也不可能独树一帜。2018年虚拟现实拿到的投资都是针对有刚需的B端市场,而偏C端市场的整体融资情况都非常差。投资方要求虚拟现实公司的表现越来越好,但能达到投资方要求的很少。所以在这样的标准下,虚拟现实这个行业融资只会越来越难。能拿到投资的B端市场,也需要他们真正能补充到投资方战略中间的一环,才能够拿到相关投资。比如现在比较火的贝壳找房,是链家旗下的专门做虚拟现实的公司,它的产业链是绑在链家虚拟现实产业上的。这样它的价值会更加凸显,否则估值无法提高,不会在资本市场上受到很大的青睐。而且上一波虚拟现实投资是在2014年投入的,2019年马上面临资本退出的问题,所以回暖会比较困难。

第四章　VR业界高管采访
——方淦（Janut中国）

1. 专家简介

方淦，Janut中国首席执行官，全面负责Jaunt中国在大中华区的业务。他在娱乐、体育及科技行业拥有累计超过二十年的领导及管理经验。出任Jaunt中国之前，方淦曾是东方梦工厂的首席执行官，在他掌舵时期，该公司出品的《功夫熊猫3》成为第一部中美合拍动画片。

此前，他还全面开发了亚马逊中国的第三方卖家和广告平台，引导千万中国电商卖家走向亚马逊全球电商平台。2007至2010年间，方淦担任NBA中国的董事总经理，负责竞演场地及篮球联赛开发业务。2007年前，作为微软中国董事总经理，方淦负责管理了微软1.65亿美元的在华股权投资基金及微软在中国17个省份32个城市的销售与推广业务。

2. 访谈内容

VR市场方面

问：VR产业未来市场的潜力如何？VR将会在哪些行业被普及？

方淦：VR作为新型媒介，将在未来具有无限潜力，尤其是医疗、传播、电影、游戏、时尚、旅游及教育等行业普及。VR带来的体验是沉浸式的，领先的自由度、交互、大空间、动态捕捉、触感等科技的融入让VR观影和游戏的体验比传统内容更刺激感官，更具娱乐性和探索性。以上行业都需要"身临其境"的感受，VR可以强化这一点。正如VR课堂，VR手术教学，VR时装秀等尝试正在不断证明这些可能性。

问：您觉得VR目前不能得到普及的原因是什么？

方淦：清晰度，头显设备的精度还不能达到电影级的沉浸效果，观影效果有折扣。故事性，如何用VR的方式让故事更完整是每个创作者需要探索的。认知度，大众对于VR的观念还停留在高科技一词，而非大众娱乐消费的媒介。硬件设备、头显设备的普及率不高。

问：VR技术在后续发展中，您更看好VR技术在某些专业行业领域的发展还是在大众消费市场的发展？

方淦：我认为VR的可能性是两者皆有的。专业行业如医疗、新闻传播、教育等，通过VR的科技能够让受众身临手术台、到达新闻现场、亲临一堂名校公开课，这些都是具有针对性的行业。包括VR看房、旅游景点的VR 360度影像等，都已有成功案例可循。但让VR能够普及的还是大众消费市场，只要有好的内容、好的游戏、更完善的设备，VR会在大众市场得到很好的发展。

问：您看好VR游戏的发展吗？

方淦：看好，就像电影《头号玩家》，VR游戏应该会成为大众接触VR科技的启蒙，也是最容易打开大众娱乐消费市场的契机。

问：您看好VR电影/影视的发展吗？

方淦：看好，目前如威尼斯、夏纳、圣丹斯、翠贝卡等国际电影节都在推出VR单元征集优秀作品，国内外许多优秀内容工作室也在尝试VR创作。相信更多好内容的诞生会推动VR影视的发展。

问：国内三大运营商均已制定了2020年启动5G网络商用的计划，2018年开始投入5G网络建设，您认为5G通信时代的到来，对VR产业的发展及普及有何意义？

方淦：5G信息网络可能让移动端的VR内容播放更流畅，或能够支持更大的精度。5G云服务也可能让内容创作者可将素材在云端渲染，而后直接发送至VR头显播放，当然，这只是一种可能性假设。

第三部分
2018中国VR产业现状和未来趋势专家访谈

VR内容方面

问：目前国内VR虚拟现实产业发展态势，进行"硬件设备"开发和"分发平台"建立的企业占多数，但专业的内容创造商和优质传播内容不足，呈现出供求不平衡的现状，对这个问题您怎么看呢？

方淦：VR内容创作和硬件或平台不同，它是无形的，需要创意、技术和资本。目前国内分发渠道正在起步中，线上有Veer、爱奇艺VR、Jaunt app等，但线上的普及率受到视频制式影响，分辨率不高，线上家庭娱乐的VR头显设备普及率还不够，因此VR影视线上发行的变现能力是很低的。线下VR影院、大空间、VR动椅等正在起步，需要时间。有限的变现渠道和创作需要的大量资本是很多工作室望而却步的因素之一。

问：VR内容的制作会不会越来越便捷开放，如现在的短视频，每人都可以成为内容制作者？还是说会更加明确地分出消费方与提供服务方？

方淦：正如每个人都可以通过手机、相机等设备拍摄视频并上传到快手、抖音等平台，但也有专业团队拿着电影级设备拍摄最高清的影视作品在影院发行。VR视频也会如此。日常个人使用的设备可以是insta360相机，电影级设备可以是支持单眼8K分辨率的Jaunt ONE VR相机。VR视频可以随手拍，随处可见，但也会有像电影一样高清的VR电影，只能在某些特定场所，通过专业头显设备观看。

问：国内VR虚拟现实产业的发展迅猛异常，VR作品以其独特的沉浸性和鲜活的表现力，也易得到受众青睐。但目前VR作品的拍摄还是延续传统拍摄时的思路，这无法发挥VR形式的特点，甚至会出现视觉表达上的问题。您怎么看呢？未来VR会出现自己拍摄"方法论"吗？VR适合拍什么类型的作品？

方淦：VR的创作是无限的，不局限于某一类型题材。现在的VR作品越来越多地加入了自由度、交互、动态捕捉、实时渲染等技术，这是传统拍摄无法实现的。单纯的VR影视作品创作时也会通过故事发展，引导观众去探索影片中的细节，所以并不存在所谓的方法论，反而是VR打破了传统方法论的范畴。

VR技术方面

问：VR技术发展，目前最迫切攻破的技术短板是哪些？硬件技术方面目前有什么瓶颈？未来可能会通过什么样的方式解决？

方淦：VR头显的清晰度和便携性是最影响用户体验的，然而这两者又很难去平衡。目前，要支持高清且顺畅的VR设备的体验，对电脑的计算速度、续航能力都有很高的要求，所以也无法普及全民阶层。

问：现在的VR设备都是头盔式或者眼镜式，您认为未来VR设备会是什么形态？

方淦：行业内已经有许多新型设备的概念或模型诞生，普遍还是头戴式，但会更轻便，更符合美学设计。

问：VR眩晕问题您觉得该如何解决？

方淦：清晰度和内容剪辑的流畅度是解决这个问题的关键。我们曾和蔡明亮导演合作拍摄VR电影《家在兰若寺》，用的是Jaunt ONE相机，影片全场55分钟，但在8K的画质下观众普遍反映没有晕眩感。

VR资本方面

问：之前出现过"VR投资热"，也出现过"VR资本寒冬"，近来也有"回暖"之说，您怎么看待这些资本市场的变动？

方淦：资本是逐利的，而行业是变动的，只有变动才能带来革新。VR资本的回暖状态也证明投资者普遍看好行业未来。我认为这是很正常的状态。一个新兴行业的发展势必需要摸索、失败和模式化的过程，才能成熟起来。

问：2018年VR在资本市场真的"回暖"了吗？投资侧重点较2016年相比有什么不同？

方淦：近来较多的VR行业资本主要有从线上平台转到线下发行的趋势，VR影院、VR大空间、VR综合游艺厅等是投资者较多关注的项目；另外一个趋势是内容创作，优秀的工作室依然能在资本市场占得先机，但投资者愈发看中创作内容的创意和体验。

第五章　VR业界高管采访
——侯亚楠（虚拟世界）

1. 专家简介——侯亚楠

侯亚楠，虚拟世界高级市场总监，有12年消费类电子产品市场、品牌从业经历，曾操盘中移动、微软、华为等五百强企业品牌、新品上市等整合营销项目，荣获国际整合营销金奖。2014年从事VR/AR领域至今，先后负责硬件、行业解决方案在B/C端的市场拓展和应用，并保持行业占用率遥遥领先。

2. 访谈内容

VR市场方面

问：首先VR产业未来市场的潜力如何？VR将会在哪些行业被普及？为什么？目前不能得到普及的原因是什么？

侯亚楠：首先VR产业已经经过了从2014年开始被大家所认知，到现在应该有4、5年的发展周期，相对来讲这个行业也会越来越成熟。那我们现在看到的产品形态会趋于越来越稳定的状态。从整个硬件设备来看的话，它的市场格局其实是三种形态，一种是手机盒子，就是需要将手机放进去的，它的体验门槛很低，因为它的价格就很低，但是体验效果其实并不是特别好，所以也降低了很多人对于VR它本身所带来的高科技的这种酷炫感受；另外一类产品是PC级设备，我们经常会在一些体验店或者是商场看到那种类似于HTC vive，它是需要连接电脑的，需要一个主机、一根线，那么主要在于其体验非常好，因为它所有的渲染跟运行都是依靠主机的渲染速率。那缺点在于它是需要用一根线来一直牵着你，这个在你行走时就会非常不方便。也就是说它的使用场景是比较固定的，你整个人固定在这一个空间之内，你是不能移动的。那另外一个缺点是价格比较高，所以这也是阻碍这一类产品形态本身在市场上的推广原因，因为一套下来至少成本要在2到3万左右，这可能对于一般的中国家庭或企业来讲，相对成本是很高的；还有另外一类，是我们那一类V APP，所有的运算都是在这个设备里面，它的好处在于更加轻便，适用场景非常多，你可以带着它移动，它的价格也不是很高，大概在2000到4000之间，所以说对于消费者来讲，它是能够消费得起的，所以它的潜力，依我们看一定会越来越好。从2017年的屏幕分辨率来看的话，还是2K或2.5K，但是2018年大家已经进入到了3.2K乃至于4K了，所以它的效果一定越来越好，当然整个市场对于未来产业的未来也是非常看好的。在2016年的时候，发现很多人或者整个行业，都是希望首先在C端市场能够发展起来。其实火了一段时间之后，也是受限于各个方面，例如车轴，比方说质量问题，比方说消费问题。其实一个好的作品，它的诞生周期一定会需要1到2年时间乃至更长，那么目前我们国家可能对于这种消费习惯还没有养成，所以大家更适应于一种"拿来主义"。到了2016年下半年，我们发现VR开始跟一些传统行业产生很多火花，比方说一些文旅、教育、工业等，那么在这一块P端探索来讲的话，更加受到一些市场的喜欢，因为它能够切切实实去解决一个问题。我们市场方面一直强调说VR能够解决什么问题？这是我们一起来思考的一个问题，当你跟每个行业去产生火花的时候，这个行业的痛点是怎么样的？以教育为例，其实VR本身的属性就具有沉浸感、交互性，乃至于这种想象空间及想象力，所以它在教育上面能很好地去解决传统的二维知识，二维图片、文字变成三维立体空间的知识点的展现。这两年我们看到幼儿教育在整个市场是异军突起的一个现状。所以我们跟每个行业最先被普及也好,或者说它一定会做大做强,那一定是找到了行业的痛点。

问: 那VR技术在后续发展中,您更看好VR技术在某些专业行业领域的发展还是在大众消费市场的发展?

侯亚楠: 我觉得都会有。就像回顾我们的旧电脑,从PC倒回到十年之前,那时候并不是每个家庭都有电脑,他也是在一个B端市场先去应用。随着技术的进步,它一定会向大众市场发展,比如C端市场再去一步步地分化跟突进。所以说它是具有先后时间顺序的,由此也是能够印证市场的经济规律。

问: 您看好VR的游戏发展吗?如何看待VR影视发展?

侯亚楠: 我觉得VR影视是一个特别有意思的话题,目前我们看到非常多的VI影视作品,但是说实话,到你见多了的时候就觉得总是少了点什么。其实2018年3月份,我们在北京国际电影节也专门开设了一个VR影视的单元,当时组委会邀请了几部国外微影片的团队,看完之后,真的带给我们很多启发,就对于VR影视来讲,目前都是这种所谓"嫉妒"的心理。

我可能有一个剧本,但是多数不像我们现在传统影视一样,让观众去选择一个视角,而是说我作为一个导演的思维,我给你一个视角,你可以自己去看,但是当你去前后左右去看的时候,你可能就会忽略了它提供的线索,这个目前是还没有特别好的一种探索。

那另外一个就是它可以通过声音给你一些提示,比方说我会把我们右边声音放得比较大一点,让你去找到右边的。我们在电影节上看到的那个影片,他应该是做了前后左右四个的一个分场景,就是你眼睛注视到某一个场景,它都是一个单独的画面,然后再去展开。然后其实这四个现网当中是有一定的关联的,所以说这个已经突破了我们在以往看到的VR影片里对于叙事类的故事这样的一个表现,因此我觉得更加期待的是对于影视方面。而对于游戏方面,我不是说不看好,只是因为本来他们的属性跟黏性就是很强的,所以可能没有更多值得大家去探讨的,要考虑的是游戏怎么能够产生再去付费跟黏性的方面。

问：国内三大运营商均已制定了2020年启动5G网络商用计划，2018年开始投入5G网络建设，您认为5G通信时代到来，对VR产业的发展及普及有何意义？

侯亚楠：这个意义特别大，我们说AI决定了VR它发展的一个深度，武器决定了VR发展的一个广度，就像高速公路一样，你是有汽车和车道，那大家知道我们VR为什么他一定需要高渲染？很多人之前会问到我一个问题，说为什么我们看到的手机屏幕也好，电脑屏幕也好，它是1080P的，其实已经看得很清楚了。那VR上面的设备，今天大家说他是达到2.5K也好，4K也好，为什么看着还是不那么清楚。要知道我们看分子的环境，它不会有任何的一些表示。但是在VR里面，他要是360度的一个画面，画面一定被放大了很多倍。那么在你运算了愠色这机器的因素被放大的时候，主机的运算能力是非常强的，所以为什么我们说组织预算效率一定会比一个品牌预算更好，因此武器解决什么问题？它不光光是高带宽的一个问题，它可以解决从内容方面进行云端的渲染。比如，可能未来VR的设备价格会越来越低，我不需要那么高性能的GPU就可以达到非常好的效果了。

VR内容方面

问：目前国内VR虚拟现实产业发展态势，进行硬件设备开发和分发平台建立的企业占多数，但专业的内容创造商和优质传播内容不足，呈现出供求不平衡的现状，对这个问题您怎么看呢？

侯亚楠：其实这就是这个行业发展的一个初期，首先说整个VR的讨论量也好，一些出租车司机也会谈到VR，其实目前的市场占有率并不是特别高。现在是分两部分，一部分在B端，另外一部分在C端，这种算是即刻的，或者是对于这种电子产品的高度爱好者，所以说我们对于C端要走的路还要有一段时间。一共大概两年左右，可能在C端会爆发，那么这个时候无论是内容也好，设备的体验也好，应该都会发生翻天覆地的变化，至少以我们现在的来看，它是很好的一种体验了。

问： VR内容的制作会不会越来越便捷开放，如现在的短视频，每人都可以成为内容的制作者，还是说会更加明确地分出消费方与提供服务方？

侯亚楠： 我觉得一定会的。小米推出过一款只有几百块钱的一个轻摄像机，所以它是很好的一种方向。对于自己出去旅游也好，或者所谓的拍客，他都可以使用手机加一个摄像机去拍录周围，拍入你身边所有空间感的一种故事，所以还是跟传统的媒体载体形式不同。传统媒体的承载方式是你能看到的，我给你提供什么样的视觉，你只能看到什么样的视觉。但在VR世界里，作为一个观赏者，我是可以去选择我想要看到的东西，可能主角想让我看到北面，但作为欣赏者，我觉得那边不太美，我觉得它后面更美，所以这是一个自主的选择空间。

问： 国内VR虚拟现实产业的发展迅猛，VR作品以其独特的沉浸性和鲜活的表现力也一直得到受众青睐，但目前VR作品无论是拍摄还是延续传统拍摄时的思路，无法发挥VR形式的特点，甚至会觉得视觉表达上的问题，您怎么看？未来会不会出现自己拍摄的方法论？

侯亚楠： 这个刚刚在前面几个问题有谈到，它一定会有一个探索的过程。这里面我们可能需要有以前的拍摄方法的延续，但是更多需要创新，创新是非常重要的。另外，VR适合拍什么类型的作品，其实对于戏剧类作品是特别适合的，当然纪录片也是很适合的，还有一个是新闻现场，2017年因为四川经常发生地震，四川当地的一个媒体他们要进入到地震现场，说能不能使用VR摄像机，方便他们把全程给记录下来。所以作为媒体属性来看的话，我们给读者们所呈现的是一个局部的画面，但是如果你要置身在那个环境当中，感受是完全不一样的。因此VR所赋予大家的一种魅力，就是这种沉浸感。虽然你不在那边，但依然可以沉浸在第二现场。另外，比如体育赛事，像2018年冬奥会已经采用了VR技术直播，所以未来有可能很多这种大型赛事，甚至一些演艺活动，你不需要在现场了，因为在这种第二现场跟在当场是一样的效果了,这种概念是一样的。

VR技术方面

问:VR技术发展,目前最迫切攻破的技术短板是哪些?硬件技术方面目前有什么瓶颈?

侯亚楠:目前大家去解决的第一个是信息度的问题,也就是硬件方面。就是为什么现在我们达到4K了,但消费者依然不满意的原因,因为它本身的属性是要去放大跟拉伸它的画面,所以说清晰度是目前大家急切去解决的问题。第二个关于眩晕问题也是急需去解决的,其实这是相辅相成的。越是看不清楚的东西反而会容易晕,另外就是屏幕的刷新率,每当刷新的频率越高的话,反而大家不会晕,就像我们看到一些画面时候,他"咔咔咔"的这种情况你才会晕,所以这些都是在于芯片的一个运算能力,所以就又回应了刚刚这个问题,关于5G时代的来临,5G的发展对于VR的重要性,那简直是不可言喻的。

问:现在的VR设备都是头盔式或者眼镜式,您认为未来VR设备会是什么样的形态?

侯亚楠:对于VR来讲的话,现在基本上都是头戴夹子式,有的可能是风带似的,像我们这种夹子似的佩戴会比较舒服,并且电池仓被放到了后面,它起到一个比较好的前后配重的作用。

就算长时间佩戴,大家觉得不会特别累。那对于未来这种产品形态,它一定是往更小更轻的方向去发展。就像一副墨镜一样,会通过光纤视网膜的扫描技术,就可以达到这种竞品大小,这点是未来我们应该看到它的一个形态。

VR资本方面

问:之前出现过"VR投资热"也出现过"VR资本寒冬",近来也有回暖之说,您怎么看待这些资本市场的变动?

侯亚楠：我们经历过这种寒冬，也经历过经济回暖，所以寒冬不寒冬的我们不做具体的判断。其实当行业低迷，热度没有那么高的时候，我觉得对行业是件好事。因为当所有人在很疯狂的时候，一般他做出的东西未必是正确的。所以说有很多人他急于想去赚一笔块钱，那这个完全不符合市场发展的规律。而当整个市场冷静下来之后，真正还在做的那些企业才是踏踏实实的应该让人尊重的企业，甚至这样才会有未来。

问：投资侧重点较2016年相比会有什么不同？

侯亚楠：我觉得是场景的使用，包括你所切入的方向，可能这个对投资市场来讲会更为看重的。因为在2016年的时候，教育投入就是我们所谓的资本狂热的阶段。只要你是去做VR的，你进入哪个投资？那么现在我们要看的是每个企业的商业逻辑是怎么样的？比方说，我们切入教育市场，那首先教育上怎么去做，有没有成功案例，其实大家会更加理性。当回归理性的时候，不代表这个行业或这个产业进入寒冬，而是在慢慢地上扬，这是蛮理性的一个证据。

第六章 VR业界高管访谈
——张航（爱奇艺）

1. 专家简介——张航

张航，爱奇艺高级总监，历任多家世界500强、A股上市公司、创业公司视频产品与运营高级管理岗位，现负责爱奇艺VR产品、内容、运营及商务相关工作。

2. 访谈内容

VR市场方面

问：请问您觉得VR产业未来的市场潜力如何？ VR将会在哪些行业被普及？

张航：VR是2014、2015年开始变得比较热的，那时候其实是新技术刚出来的一个过热的状态，接下来就往下走，到这两年外界对VR的感觉是比较冷，没有之前那么火热。但对于我们这些持续在VR这个方向上做的公司和团队来说，我们认为这个行业在筑底。有很多好的体验已经在线下、在行业被证明了，找到了它的需求场景，它的整个生命力现在开始往上走，对VR的前景我们是非常非常看好的。

我们是做娱乐的，首先VR对整个娱乐行业，从生产到播放都会带来极大的转变，给用户带来前所未有的沉浸体验。VR对整个电影行业的影视视听语言也提出了很大的挑战，但机会和挑战总是并存的。VR

会给整个娱乐行业带来很大的变化，这也是为什么我们爱奇艺在VR上做了很多年的布局，我们态度非常坚定，因为我们看到了VR这个行业越来越接近要爆发的那个时间点。

VR不仅仅是对娱乐行业有影响，它是很大的一个事，是下一代的计算平台。VR会让整个呈现，还有交互都会发生革命性的变化。我们知道以往的大屏幕是不可能被携带的，但这个矛盾在眼镜这个终端上被解决了。在眼镜这个终端上，你可以看到一个巨大的屏幕，它是可以被随身携带的。这就意味着即使交互方式不改变的情况下，屏幕越大，如果是一个计算终端，处理效率是更高的。所以VR一定是下一代的一个计算平台，会影响所有的行业，会议、办公、教育、医疗等。它对各行各业都会有影响，娱乐行业可能是更为普通人所知晓的。

问：VR目前不能得到普及的原因是什么？

张航：我觉得最大的原因是VR现在还停留在前期的尝鲜式人群中，还没有实现跨越。其实每个新的产业都会面临这样一个过程，这个是正常的。现在之所以还没跨越主要是由于体验不够好，这种体验包含内容等。光学技术上短期内的突破比较难，所以会导致它的佩戴舒适性有问题。如果佩戴舒适性有问题，很大的一部分女性用户就会被挡到外面。用户可能觉得戴上设备后发型就被破坏了，觉得不舒适或不适应、不安全，不够美观等，这些东西都会有影响。

佩戴的舒适性只是一个方面，此外我觉得现在的清晰度是远远不够的，还有芯片的处理能力等。因为目前的VR是寄生在手机这个行业的，屏幕和处理芯片更多是为移动场景和为手机服务的，它不是专门为VR来设计的，所以它的体验不能达到一个最好的状态。但这些会慢慢发生变化，逐步会有一些专门为VR设计的芯片、屏幕和一些新的技术等。比如Facebook最近开的关于VR的大会，有一些眼球追踪技术，配合视线点的渲染技术，那么硬件上的瓶颈很快会得到解决。

另外好的内容其实也是缺失的。目前好的内容缺失的最重要原因是它的终端体量、市场变现能力不够，所以好的内容团队不会到这个终端上去做内容。它不是一个点的问题，是有很多很多问题，但这是一个从量变到质变的过程，各个短板都在不断积累，突然到一个临界点，突破之后各方面会变得更好。

问：关于VR产业的后续发展，您更看好VR在某些专业行业领域的发展还是在大众消费市场的发展？

张航：目前看来，现阶段可能是在专业领域的发展会更快一些。因为大众市场还有很多的制约因素，例如供应链、成本的控制、用户的教育、内容的生态建设等。现在有很多行业是走在前面的，像工业、医疗、教育这些领域。包括我们也在做线下的内容，线下的沉浸式娱乐其实也可以看成一个行业。未来更大的市场肯定还是在大众市场。互联网发展带来的便捷，让用户可以随时随地去分发VR内容，这个带来的效率是最高的，那么所创造的价值也一定是最大的，这也是我们长远布局的东西。

问：您看好VR电影以及VR游戏的发展吗？

张航：我们非常看好，其实我们现在VR游戏和VR影视的制作已经是一个团队，我们会把一些传统影视行业的导演，后期跟游戏行业的人融合成一个团队。在我看来，在VR里面，影视和游戏的区分也不是那么明显。我们最近做了一款基于六轴座椅的作品《无主之城VR》，上个月（8月）入围了第75届威尼斯电影节，入围了VR竞赛单元。包括接下来还有《仙剑奇侠传》，一款VR游戏，马上也会出来。

问：国内三大运营商均已制定了2020年启动5G网络商用的计划，2018年开始投入5G网络建设。您认为5G通信时代的到来，对VR产业的发展及普及有何意义？

张航：5G最大的价值就是让运营商参与到VR这个产业里来。5G的发展肯定不是一蹴而就的，但5G让运营商参与到VR产业中，这对整个VR产业会是巨大的帮助。

目前我自己判断，在很长的一段时间内，最有可能把VR消费终端普及到普通消费者的就是靠运营商。运营商把宽带业务、流量业务和

VR进行业务捆绑，让终端更加快速地普及，去跨越发展的门槛。

VR内容方面

问：目前国内VR虚拟现实产业的发展，进行"硬件设备"开发和"分发平台"建设的企业占多数，专业的内容创造商和优质内容传播这方面存在不足，呈现出供需不平衡的现状，对这个问题您是怎么看呢？

张航：我觉得这个问题还是在于中国缺少真正的硬件公司，硬件公司不够硬。像Oculus，包括索尼当年发展主机的时候，硬件公司在早期收益是最大的。因为整个内容是基于硬件去做分发的，所以它将来的收益也是最大的。硬件公司应该在前期去承担建设生态的任务，应该对生态和内容进行一些补贴和扶持。只有有了好的内容，用户才有购买硬件的意愿。

但中国现在大部分的硬件公司都没有办法对内容进行扶持。这也是中国现在整个内容生态发展相对缓慢的原因，同时也是整个VR行业在全球发展缓慢的原因之一，很少有平台对内容进行扶持。目前投入最大的应该就是Oculus。我们作为一个视频的内容平台，也在尽我们所能去扶持一些国内顶级的VR创作团队，我们每个季度都会有一些重磅内容推出，有自己的ip和制作人团队，会组织相关的导演、编剧、美术制作等外部资源，去找国内好的承制方共同做作品。我们也在布局、投资一些好的内容团队。

问：VR内容的制作会不会越来越便捷开放，如现在的短视频，每人都可以成为内容制作者？还是说会更加明确地分出消费方与提供服务方？

张航：我觉得将来一定会更加便捷。这里面有两点，一个是工具，还有一个就是创作者自己所获得的驱动力。现在VR的制作工具还不是特别好，但是已经在不断地进步了，我们需要有更便捷的工具。将来如果手机支持360度的拍摄，它就会让整个制作变得更简洁，更能够随时随地接入。所以首先拍摄工具要优化，拍摄跟手机的结合，我觉得可能是一个方向。

另外就是VR硬件终端的数量普及，硬件普及了才会有更多的用户去看。你拍摄的视频需要有更多的人看到，这样无论是精神上还是在物质上的回报，才可以形成闭环，解决驱动力的问题。否则如果人们只是尝鲜地去做，其实不足以去支撑一个生态。

问：国内VR虚拟现实产业的发展迅猛异常，VR作品以其独特的沉浸性和鲜活的表现力，也易得到受众青睐。但目前VR作品的拍摄还是延续传统拍摄时的思路，这无法发挥VR形式的特点，甚至会出现视觉表达上的问题。您怎么看呢？未来VR会出现自己拍摄"方法论"吗？VR适合拍什么类型的作品？

张航：会有一套方法论的。我们做了两年多的自制VR内容，进行了很多尝试，也在不断地改进。整个VR的内容制作流程跟传统的影视制作流程肯定是不太一样的。现在可以明显地看到，VR在讲故事的能力上是弱的，但是它在创造一种更沉浸的体验方面是更强的。它借助一些外部的设备，包括大空间的行走，一些像风和热这种全感的设备。这些让VR技术能够带给人们独特的体验。所以我们自己现阶段的创作会更加注重用户的体验，包括在视觉上的全感的体验，以及用户沉浸感方面，在此基础上会去讲一些简单的故事。将来VR的发展肯定会有更多的叙事方法，去讲更好的故事。它会逐步地成熟，这个需要整个行业共同去探索和验证。

目前看来VR比较适合拍惊悚类、科幻类、玄幻类等作品，给用户展示一个只有在梦里才会去到的场景，我觉得这是VR的优势，它给用户带来的现场冲击力和情绪上的感染，比传统方式要强大很多。

VR技术方面

问：VR技术的发展有哪些迫切需要解决的技术短板？未来可能会有什么解决方式？

张航：我觉得比较重要的是光学上的技术。如果光学上的技术不突破，那么用户佩戴的头盔的体积和重量，只能在一定的范围内优化，没法去真正地突破。当然也包括屏幕处理等，但这些比光学相对更容易解决一些。现在整个行业其实还是美国在引领硬件和技术的创新，包括眼球的追踪技术，视线点的渲染以及一些新的方法的突破。这些都在逐步解决VR一体机在处理能力上的问题，在功耗上的问题，在屏幕分辨率上的限制，都有一些方法在往前推进。

问：现在的VR设备都是头盔式或者眼镜式，您认为未来VR设备会是什么形态？

张航：将来一定是眼镜式的，因为它更轻便。从长期来看，我觉得这种终端会替代手机，佩戴式的东西最后会代替携带式的东西。通过眼镜这种终端，整个交互效率、显示效率会变得更高。我们人类的直立行走，是让双手解放，但现在手机其实又让双手没法解放，我觉得眼镜是让双手的第二次解放。人不需要拿着手机，会更自然地交互，让双手得到解放。

问：VR眩晕问题您觉得该如何解决？

张航：一方面是硬件的问题，包括屏幕的刷新率、延迟的控制，但这方面现在已经做得很好。另一方面就是内容生产者本身在内容设计上的问题。内容设计上应该有一些规范去避免眩晕。有些东西是尽量不要去做的，比如快速地相对移动，快速的切换等，这个可以通过内容设计上去解决。另外一些体感设备也会大大降低眩晕感，我们这次做了一个座椅的VR内容，它会让你的身体感知跟你视觉看到的东西变得更一致。这种更一致的状态会让人的眩晕感得到降低，座椅式还有一些别的体感设备都能够降低眩晕感。这些都在不断改变，眩晕感可以得到很好地控制。

VR资本方面

问：之前出现过"VR投资热"，也出现过"VR资本寒冬"，近来也有"回暖"之说，您怎么看待这些资本市场的变动？

张航： VR现在是一个筑底的过程，这个行业在一直往上走。我觉得现在这个阶段投入到VR行业的，无论是个人还是公司，将来会有很大的收获，这个是我们比较坚信的一点。关于资本的回暖，其实我们并不是特别关心，我们关心更多的是我们做的产品是不是真的有需求市场，比如我们线下的产品，用户是不是觉得很值，是不是觉得给他带来了不一样的体验，是不是有区别于其他的密室、主题公园和线下游戏厅等，是不是能够被年轻人所喜欢所传播？这是我们比较关心的。资本更多的是锦上添花，当这个行业变得更好，有实实在在发展的时候，就会有更多的资本进来，这个其实不用太担心。我们的投资更多的是看这个业务本身跟我们的协同，我们会看得更长远，不会说看短期的这种波动。

第三部分
2018中国VR产业现状和未来趋势专家访谈

第七章　VR业界高管访谈
——王刚（奇幻科技）

1. 专家简介——王刚

　　王刚，暴风科技副总裁、总编辑，暴风魔镜创始合伙人，奇幻科技创始人、CEO。2016年创办奇幻科技，把VR和人工智能技术结合起来，把前沿科技与创意内容相融合，研发虚拟人核心技术，成为国内虚拟人的代表公司，为行业和消费者提供智能虚拟人解决方案。"奇幻智能虚拟人"技术获得过丹麦国家杯、亚马逊创业大赛、高通和红杉资本创新大赛等大奖，完成了"太空动物城"VR主题乐园、"虚拟人网球学院"VR智能网球系统、VR安全教育系统、虚拟人导游、"VR虚拟人STEAM教育"、虚拟人珠宝等项目，发布了DreamMaker虚拟人电影编辑系统——基于VR、AI和大数据的智能化影视云平台。奇幻科技先后获得了高通公司、暴风集团、科大讯飞、菁英汇、创业邦的投资。2018年8月奇幻科技和暴风魔镜实现整合，王刚先生成为两家公司业务合并之后的新CEO。

2. 访谈内容

VR市场方面

　　问：您认为VR产业未来市场的潜力如何？
　　王刚：要看这个未来有多长？这个未来具体指的是什么时候，如果我们指的是一个不确定的未来,也就是说未来是相对很远的一段时间的话,那么潜力无穷,具有无穷无尽的想象力。例如在大概两三个月以前,有一部电影叫《头号玩家》,由斯皮尔伯格——著名的大导演拍的一部新电影。从中你就会发现,在电影里VR技术成了人们一种主要的生活方式,不过影片最后他也讲,人们每周还是要有一定的时间需从VR里面脱离出来,回到现实生活当中来,由此依我看,未来VR真的很可能成为人们主要的且最主流的生活方式;再比如,电影《黑客帝国》的一、二、三部,这是世界上最著名的三部曲科幻电影,而在这个电影里面,未来人们活在虚幻世界里,讲述由此带来一系列的问题,甚至引发了人类跟电脑之间的战争,所以虚拟现实就是VR。同时要提到的是,VR有三个特性,第一个特性是身临其境;第二个是交互式,VR不光是在看,是有交互的,甚至交互到一定阶段使用者就是主角;第三个是虚拟现实与生俱来的一个特点叫想象力,VR本身是需要想象力的,这在体验中也很重要。我认为,在未来它已经不是一个技术、一个产品,也不是一个领域,它就是人们生活的一部分。我们通过VR在生活,VR其实给了我们无穷无尽的想象力,赋予我们人类可能永远也到达不了的、一个虚拟的现实环境。至于未来市场,从长远来看无可估量;从短期来看,它当然是分阶段的,比如现在这个阶段,我们只是处在预热阶段,刚刚才起步,需要经过很长的时间才能进入主流市场阶段,现在我们还不是主流,是非主流,还没有形成人们的刚需,人们的生活当中现在可以不需要VR,但会有一天,当我们到达一定的阶段,人们生活当中开始接受VR,再到后来成为VR主流,以至于大家离不开VR。当然,这样的阶段还需要很长的时间。所以眼前要做的事是如何能够让我们的技术和产品被市场所接受和认可,我们正在为这个阶段而努力。所以从未来市场来看的话,潜力是分阶段来看的,它是不停地在被开发。以前在科技产品里面有一个摩尔定律,摩尔是著名的科技公司,英特尔公司的创始人,他们生产CPU芯片。英特尔微软非常有名,它们奠定了IT行业的发展。而这个创始人当初提出摩尔定律这个计算机的芯片，那时候是我们整个IT工业发展的代表性的产品，它决定了我们整个IT发展的水平。而IT的PC芯片是每隔18个月，也就是一年半的时间，它的性能就会增加一倍，计算能力增加一倍，或者在相同的计算能力下，它的体积会减小一半，所以你会看到我们的芯片逐渐越来越小。如今小到手机里面的小芯片，其运算能力比当年的计算机不知道高多少了。因此，新的摩尔定律的出现可以暗指一个产品的出现，它也要经过好几个阶段，开始是预热阶段，然后到上升期，再然后有一个平台期，也有快速发展期，就像智能手机一样，它跟VR是很相似的。我们一边普遍认为下一个取代手机的就是VR产品，设想未来我们有一个虚拟装置的时候，手机可以不存在了。我们如今在一些行业里拓展VR，比如说运动方面，我们跟一个网球公司有合作，制作了VR网球这套系统，使人们可以随时随地戴上VR眼镜打网球。目前我们主要是针对儿童网球教学。我们会有一套装置，通过空间定位制造轨迹，任何时候你在家里、办公室、学校等，都可以学习打网球。

问：您看好VR的游戏发展吗？如何看待VR影视发展？

王刚：现在我们还是处在这样一个时代，我们去问VR游戏或影视，再过一段时间，我觉得就不会这样提问了，因为在VR这个平台，其实很难分清楚，什么是游戏，什么是电影？什么是你正常的生活状态？再次拿《头号玩家》举例，影片中那就是他们的生活方式，已经合二为一了。虚拟跟现实已经分不清楚了，VR变成了现实的一部分。这也正是我们现在最难的地方，在于我们怎么能够把技术和产品跟我们的创意内容真正整合起来，形成人类在这个环境里面所需要的生活状态。所以依我看，不在乎它是不是游戏，也不在乎是不是电影，甚至不在乎是沉浸在一个虚拟的场景里面还是现实真实的场景里面，重要的是技术和产品怎么为你的内容服务。从长远来看，我觉得人们在VR这个环境里面一定能找到自己想要的生活方式。这个生活方式就是由我们提供的游戏、影视或其他的应用，比如说VR旅游、VR教育等。那为什么要有电影和游戏之分呢？电影我们就是来看的，它是一种艺术，是别人已经创作好让我们来欣赏的;游戏不是艺术,它是一种互动,一种参与,是做好一个平台后,让我们来参与,电影是不需要参与的,而游戏是缺乏创作的。但未来在我们的VR里面,这些我们都会需要做到,VR既需要你参与,又要很好的创作和虚构,它需要大量的互动交互,还要感知系统,所以实际上很难去区分游戏与影视。

问: 国内三大运营商均已制定了2020年启动5G网络商用计划,2018年开始投入5G网络建设,您认为5G通信时代到来,对VR产业的发展及普及有何意义?

王刚: 5G时代,我们的计算就都可以在云端,就是在远端的服务器上面,我们通过无线传输到本地,5G是能够满足这个数据量和传输需求的。现在暂时做不到,是因为传输速度太慢。以前上网看电影就很卡对不对?那时经常卡顿,但现在几乎都没有问题了,因为在如今的网络情况下,可以顺畅看电影,但是你还没有办法顺畅地去使用VR设备。到了5G我相信是可以做到的。这也会帮助我们把那么多复杂的运算、计时渲染,所以5G是VR领域里面一个比较关键性的技术提升,是很重要的。并且5G时代来临以后,通讯可能会逐渐完全不需要手机,而取代手机的VR,我们把它叫作下一代通用计算平台,现在我们已经有很多计算平台了,就是所谓的应用,都可以基于我们这个技术来实现。那在早期是电脑,但在电脑之前我们没有形成一个技术平台,而是有各种方式进行计算、进行应用,有很多工具出现。例如我们要测量的话,我们有直尺软尺;我们需要观察的话,有各种望远镜、眼镜等,除这以外还有计算器、算盘等,那个时候还没有形成一个通用的技术平台。直到电脑时代,就是PC时代,我们就开始有了第一个通用计算平台。到下一代就变成手机了,我们用手机取代了电脑。其实好多人现在不用电脑,经常有手机就够了。那么到了虚拟现实时代后,写文章也就不需要电脑了,因为会有虚拟的输入方式。单拿手机来说,大概在2007年开始出现第一代苹果智能手机,这第一代出现的三年以后,2010年,智能手机的销量就超过了电脑,到现在它的发展也是越来越好。我相信，将来有一天VR也会是这样，我们通过某一个阶段，然后慢慢发展，总有一天它会接近我们现在的手机。

VR内容方面

问：国内VR虚拟现实产业的发展迅猛，VR作品以其独特的沉浸性和鲜活的表现力也一直得到受众青睐，但目前VR作品的拍摄还是延续传统拍摄时的思路，无法发挥VR形式的特点，甚至会觉得视觉表达上的问题，您怎么看？未来会不会出现自己拍摄的方法论？VR适合拍什么类型的作品？

王刚：VR技术最重要的一点，它是直击人心的一个技术，它跟其他技术不一样，其他技术就是技术而已。VR做的是感知，是心灵方面的沟通，像VR最早其实并不是起源于技术门派。早在30年代，就有一本小说，叫《美丽新世界》，是反乌托邦小说，是一个著名的法国作家撰写的。最初人们是利用它来洗脑，在统治阶层时期，人类很麻木、很辛苦，于是为了让人觉得生活还是开心的，就使用了VR装置，使人以为生活在一个快乐的环境中。所以在这个领域里面，现在最难的就是怎么真正了解到人性本身。

至于VR适合拍什么类型的作品，我觉得如果它真的成为一种生活方式，就没有这些作品之谈了。当然在某个阶段也可以，VR电影、VR创作、VR作品处在某阶段时，像电脑一样，某阶段之后，人人都可以拥有一个电脑的时候，那么电脑不再是一个只能做专业的事情了，我们做什么都可以用电脑。VR也是如此，在早期我们可能只用来创作一些特殊的VR作品，例如一些更适合于早期VR使用的行业里面。目前在教育领域发展比较好，尤其针对儿童教育，有关VR教育的公司现在发展得都还不错，是因为我们传统的教育存在着一些致命的问题，比如说想传授的那些知识，很多是靠背诵把它记住的，孩子可能并没有真正理解。比如历史和地理，你都不能回到那个年代，不能到达那个地方，再比如天体物理、宇宙太空，我们以前都只能是想象，也不知道太阳跟地球到底相隔多远，但是VR可以帮助我们实现，它可以带你到任何一个朝代去观看当时的情况，甚至任何一个地方，不管是天上地下，还是平原海洋。虽然现在技术不是很成熟，可能会带来一些体验上的不方便，但是当你有特定用途的时候，体验的不方便你是能够克服的。尤其是儿童是更能接受这种新鲜的东西，而且他们在生理上的不适感很低，不会像成年人很容易头晕导致受不了。然后譬如VR旅游，旅游是一个典型的场景式体验。VR旅游未来会帮助你部分地做到，使人虚拟到达某一个地方，能够融入当地环境，见识到异域建筑、街道、风景。至少在现阶段是可以帮助我们去做旅行方面，在你决定去哪儿旅游之前，能不能先通过VR提前进入到当地粗略了解，看看那是不是你想要的。因此VR在旅游行业也是有很大的发展，并且我们不是要取代旅游，而是帮助人们可以更好地旅游，预先进行虚拟的体验。

VR技术方面

问：VR技术发展，目前最迫切攻破的技术短板是哪些？硬件技术方面目前有什么瓶颈？未来可能会通过什么样的方式解决？

王刚：比如说硬件技术方面的瓶颈，我觉得整个VR从硬件到内容再到应用，技术上都还存在着很大的不足，目前还有人脸识别、表情捕捉、动作捕捉等，这样的技术都还存在着很多问题，要把它整合起来就更难了，它是一个融合的技术，在VR中这个难度会更大，这还是一个门槛，因为我们现在还是在一个相对初期的阶段。尽管前一段时间有热潮，其实大家预期过高，还需要很多的探索，技术并没有成熟到我们想要它成为的那种状态。我觉得最重要的基础的数据还没有，以VR技术为核心的一个技术平台，远远还没有搭建起来。我们还在早期的一砖一瓦的建设阶段。当今的VR就是你有钱，那就可以买一个比较贵的机器，可以玩一些相关内容，但不是人人都能玩，因为成本很高，门槛很高，但是你至少能乐在其中了，尽管体验也不太好。现在的门槛就是在于我们不能快速、大规模地去制作，使人人都能够接受，都能用得上

VR产品。再说说最核心的一个问题，比如说反应延迟导致了使用者的眩晕。为什么看VR会头晕呢？是因为显示的技术现在还不过关，有短板。因为虚拟现实是把整个世界完全隔离开了，我戴上眼镜进入了一个虚拟的空间，但是我要像看待真实世界那样，来看看眼前的虚拟环境，譬如转头的瞬间，画面要跟着转动，这其实对显示的要求是很高的。从技术上，美国的一些科学家认为，VR是永远也解决不了这个问题的，但我觉得在技术上我们很难去设定一个天花板。总而言之，目前也已经很好了，显示方面的减少延迟的方案已经做得很好，这只是其中非常细小的一个环节。而VR技术产业，它是一个综合性的技术，是跨界融合的技术，它里面有各种各样的技术，你要参与其中。它最大的问题，其实不再是某一个单项技术有多么厉害，而在于你整体的技术水准要达到很高。等到有一天，我们所说的最好的芯片诞生了，能够以很轻薄的方式呈现的时候，产品就像普通的眼镜一样，假如能做到这个级别，人类的体验自然也会变好。

问：现在的VR设备都是头盔式或者眼镜式，您认为未来VR设备会是什么样的形态？

王刚：例如《黑客帝国》里面是什么状况？就是不戴眼镜了，直接就是脑后插管，插到你的神经里面，接到你的神经系统。VR其实是给人类的感知系统创造了一种新的交互方式，比如说我们的视觉，我们非得要看到才能感觉到我们看到了吗？不是的。是因为我们有信号进入到视觉神经里，我们觉得看到东西了，听觉也是这样，由于听觉神经接收到信息，像触觉嗅觉等，甚至还有无法琢磨的。那这些信号是什么？那就是数字。所以未来不需要佩戴眼镜的情况下，我们只要能够让你的感知系统接收到数字信号，它就会把它转化成感觉。现在当然必须要有笨重的眼镜，甚至连无线技术、运算技术都还不太发达的情况下，好多VR头盔都还需要一个有线连接的、一台功能强大的PC电脑，就非常不方便，体验不够好，但这就是一个开始的预热阶段。

VR资本方面

问：之前出现过"VR投资热",也出现过"VR资本寒冬",近来也有回暖之说,您怎么看待这些资本市场的变动?

王刚：在2015年、2016年是VR处于比较热潮的时间,当时大家都在谈VR,但是到了2017年我们发现热度有所降低,很多公司就没有再做下去了,大家就陷入低潮了,资本也不再跟进。因此接下来我们等待下一个上升期、平台期、快速发展期,我们还会有很多阶段。从市场上来讲,长远期的市场一定是看好的,是大势所趋;短期的市场可能有波折、有回调、有起伏,但是它还是符合我们所说的新一代产品的新摩尔定律的发展规律。

第八章　业界VR高管访谈
——陈婧姝（VeeR VR）

1. 专家简介——陈婧姝

陈婧姝（Jingshu），VeeR VR联合创始人兼CPO。曾就职于硅谷大数据创业公司Trifacta，担任高级交互设计师。同时参与创立健康解决方案公司OhMyGreen，负责公司产品、服务、品牌设计，为美国多家包括Apple、Lyft、Twitch等的大公司及创业公司提供健康饮食服务。2016年回国联合创立了虚拟现实内容社区VeeR VR。陈婧姝及其他两位联合创始人叶瀚中、陈悦入选为2018年福布斯亚洲"30位30岁以下精英"。

2. 访谈内容

VR市场方面

问：请问您觉得VR产业未来的市场前景如何？VR将会在哪些行业被普及？

陈婧姝：VR未来的市场前景肯定是有很大空间的。因为计算的发展从PC到移动端，大约每10到15年会进入一个新的阶段。移动端发展10多年了，现在能取得的突破性进展已经变得很少。那我们就看下一代计算平台是什么，那就是以VR\AR\MR为代表的沉浸式计算平台。在目前这个阶段，VR的技术成熟度会比AR更高一些，VR现在已经基本上到了一个消费者可用的阶段了,但是AR离消费者级别的应用还有很长的距离。人与计算机的交互不会局限在一块小的屏幕上,这种沉浸式的计算平台,是一种更自然的交互方式,能开启很多以前隔着一块屏幕做不到的可能性,所以说它未来潜力肯定是非常大的。

VR基本上可以用到各行各业,只是不同行业应用VR的时间点会有先后。技术发展是一条从不成熟到成熟的曲线,不同行业对技术的需求是不一样的。比如在房地产行业,以VR现在的发展,哪怕是头显还不够轻薄、清晰度也不算特别高,它已经能在看房、家装预览等空间展示的场景下,提供远好于传统2D屏幕上的体验,那VR就会先在房地产这个行业得到很好的应用。制造业里涉及3D产品的设计,在VR里做肯定是比在平面上做更加直观,现在汽车等很多制造业都在产品设计时会用到VR。

在消费者端,短期内游戏、媒体和娱乐肯定是驱动消费者端最重要的两个动力。另一个很好的应用领域就是教育和培训,亲身体验能够极大地提升学习效率,例如以前我们只能通过书本上的图片去了解太空,现在我们能在VR里进入太空;培训中有一些高危的东西,在现实中很难做到,可以在VR里去做培训。包括最近沃尔玛也进了几万台的设备,开始把VR用到他们的培训里面。VR对社交也会有极大的改变。

问:VR目前不能得到普及的原因是什么?

陈婧姝:就像《跨越鸿沟》讲的,任何技术都是从最早期的、对技术最热衷的那些人开始,慢慢发展到早期的受众,然后再推广到大众市场。而从早期受众到大众市场之间往往有一个鸿沟。

我觉得VR现在正是在从早期受众到大众市场去跨越这个鸿沟的阶段。首先VR技术本身还有很多需要提升的地方。就像iPhone刚出来的时候,从一代二代三代,到第四代才被主流市场接受的。今天的VR,比如像一体机这样的产品,他们都相当于是iPhone第一代,它到被大众接受,还要迭代几次,比如设备变得更轻薄、清晰度更高,以及有更多的好内容。此外VR其实是一个更难去推广营销的产品,因为VR是真的要体验了之后才知道它是什么样子,这种沉浸式的体验是人们从未有过、很难想象的,如果只利用我们平面的广告,很难跟用户讲清楚使用VR是什么感觉。我们之前向做VR头显的品牌了解过,消费者在线下体验了VR一体机之后的购买比例是很高的,但是怎么去让更多人能体验到是目前的一个难点。

问:您看好VR游戏以及VR电影的发展吗?如何看待他们的发展?

陈婧姝:我很看好,因为很多技术都是游戏驱动的,游戏肯定是VR里面一个很重要的应用。消费者端的两大应用,一大部分是游戏,还有一大部分是媒体和娱乐。例如,在Oculus Go上,用户85%的时间都是在进行媒体和娱乐类的消费,包括VR视频、VR图片,还有就是我们2018年开始支持的VR轻交互体验,它跟游戏是不一样的,游戏是更重的一种交互体验,而轻交互体验是带有互动性的媒体内容。

VR电影是娱乐和媒体里的高端内容形态。其实VR里不一定是影视级的内容先发展起来。我们目前看到的反而是体验型的内容更快地被观众所接受,比如让用户在VR里体验一些日常体验不到的东西,去太空、去海底或者去世界各地。还有一些艺术类的,比如把世界名画做成一个VR的体验,让用户能够走进名画。这种体验类的VR内容制作成本没有VR电影那么高、周期没有那么长,可以更快地迭代。目前VR电影的挑战是叙事手法、镜头语言还没有完全被开发出来,没办法像传统电影一样去讲故事。现在的VR电影制作就像传统电影刚刚开始的时候,过去几年已经取得了不少进步,但会是个长期探索的过程。目前这个阶段我们认为一开始发展更快的是体验型的内容,让观众得到在传统手机和电影里完全达不到的体验。

问:国内三大运营商均已制定了2020年启动5G网络商用的计划,2018年开始投入5G网络建设。您认为5G通信时代的到来,对VR产业的发展及普及有何意义?

陈婧姝:这个肯定很重要的。在现在这个网络条件下,流畅地在线播放4k的内容不是特别容易,而4k对VR来说应该是个最低的标准。在5G时代来了之后,支持更高清内容的流畅播放肯定都不是问题了,那个时候肯定会让VR体验有很大幅度的提升。

VR内容方面

问:目前国内VR虚拟现实产业的发展,进行"硬件设备"开发和"分发平台"建设的企业占多数,专业的内容创造商和优质内容传播这方面存在不足,呈现出供需不平衡的现状,对这个问题您是怎么看呢?

陈婧姝:我们公司主要是面向全球范围的,在全球范围内看,其实优秀的内容创造者是不少的,优质的内容也挺多的。他们现在主要的问题是分发很难,VR头显现在还是很碎片化,好的内容做出来很难找到观众,所以我们要去提供这样不同于VR头显的内容平台去帮创作者解决分发问题。现在创作者都在探索阶段,很需要观众能够实际观看之后的反馈,不管是定量的还是定性的,有了数据和反馈他们才能去迭代自己的内容,这也是我们一直在帮创作者去做的事情。

我们还发现在VR里面其实并不一定是影视级的大制作,有很多独立的艺术家或者小的工作室做出来的内容,观众是很爱看的。从内容创作到分发到观众观看和反馈,这个闭环需要闭起来。我们在做的不只是提供一个平台给他们分发,我们也跟这些创作者一起去做很多内容上的探索。平台上有观众的相关数据,我们会提供给创作者。我们也在调研什么样的内容真的适合在VR里面看、什么样的手法在VR里更适用,并且把这些分享给我们的创作者。此外,我们也有扶持优秀创作者的计划。我觉得好的创作者不少,关键是他们做的内容能够被观众看到,并且能够形成有效的反馈闭环让他们能继续迭代自己的内容。

问:VR内容的制作会不会越来越便捷开放,如现在的短视频,每人都可以成为内容制作者?还是说会更加明确地分出消费方与提供服务方?

陈婧姝:我觉得随着技术的发展,任何媒体的创作和分发会越来越去中心化、分布到每个人身上，VR也是一样。我们现在也在做内容创作软件工具去降低VR内容的创作门槛。其实我们平台上有很多人不是专业的创作者，但是他们也可以做出有意思的内容来。所以我觉得以后应该是每个人都可以成为制作者。一方面我们会提供更简单好用的工具，另一方面我们也在做VR学院，提供教程让大家上手制作。

其实VR制作跟传统视频制作还是有不少区别的，比如说要考虑观众的角色、运镜要匀速、切镜头不能过快等，不是说随手就拍一个。但也没有很复杂，每种媒体都有一些自己的规范，就像我们要教别人摄影，要教构图技巧一样。所以提供了好用的工具，再配合教程，大家是可以做出好内容的，像我们现在做的是VR编辑器，在手机上就能编辑VR内容，非常方便。当然在创作门槛降低的同时，更高端更专业的创作肯定会永远存在，并且会占很大的比重。

问：国内VR虚拟现实产业的发展迅猛异常，VR作品以其独特的沉浸性和鲜活的表现力，也易得到受众青睐。但目前VR作品的拍摄还是延续传统拍摄时的思路，这无法发挥VR形式的特点，甚至会出现视觉表达上的问题。您怎么看呢？未来VR会出现自己拍摄"方法论"吗？VR适合拍什么类型的作品？

陈婧姝：VR肯定会有自己的拍摄方法论。现在全球各大电影节基本都有VR单元，大家都在探索VR的手法，过去几年我们看到了很多手法上的进步。传统的拍摄，镜头语言是基于我们有这么一个画框，近景、中景和远景都是基于这个框的构图。VR是第一个打破了这个画框的媒体，一定会发展出来跟传统平面媒体不一样的镜头语言。

现在大家已经总结出来了也发展出来了一些手法和语言，比如在VR里面怎么去引导观众的视角。在VR里你是不能主动去转镜头的，因为那样观众会很晕，很多创作者会是通过主体的移动、声音的引导以及光线等各种方式去引导观众的视线。其实在VR里也有近景、远景的区别，比如说如果想让观众去关注主体，那镜头可以是对着主体一两米的距离内；如果想让观众去看更大的环境，可能就会把镜头放在一个角落。当然VR镜头也可以转动，但是运镜要很平缓、尽量匀速，传统的那种很快速的镜头移动是不适用的。包括VR里面镜头的节奏，每个镜头之间，观众至少要好几秒钟才能适应这个环境，所以特别快的剪辑也不太适用。

我们最近在研究VR适合拍什么类型的作品，它未来的空间是很大的。我们认为VR适合拍的一定是能够利用好这种沉浸感体验。一种是偏体验性的内容，比如讲关于太空、海底的纪录片，甚至是现实生活中很有的体验，像6×9那个体验，把人关在一个小的空间里，然后跟你讲述被重度隔离会给人带来什么样的感受和创伤。还有很多内容是开脑洞的体验，完全不受任何限制去做，创造出来他们自己想象中的那些世界，比如说走进一幅世界名画里面去。这些是VR很适合做的，并且现在的平面媒体都做不到的。

第二类是能跟人营造出亲密感的内容。如果你在手机或电视上看到一个人，你不会觉得你在看一个人，会觉得你还是在看电视，电视里有一个人。但是在VR里如果有一个人站在你的面前就觉得像真的人在面前。VR里很妙的一点就是眼神接触，这也是VR拍摄要利用好的一点，不能把观众当成一个不存在的角色，要考虑在VR里观众是什么样的角色，里面的主体跟观众是什么关系。VR里的眼神接触、互动的真实感受能建立观众与内容的情感连接和亲密感。这很适合拍走心的纪录片，或者是想接触的明星，你会觉得这个人就陪在你身边。

第三种我觉得就是现场感强的，比如演唱会，这种特别强调现场沉浸感的内容，还有近景演出、小剧场演出。比如话剧，你把它拍成平面视频其实还挺无聊的，因为话剧是个特别强调现场氛围的形式，它就很适合VR拍摄的。此外我觉得故事性的内容其实也是适合VR拍的，但是现在在VR里讲好故事比较有挑战，因为它的叙事手法没有那么成熟。

第三部分
2018中国VR产业现状和未来趋势专家访谈

VR技术方面

问：VR技术的发展有哪些迫切需要解决的技术短板？未来可能会有什么解决方式？

陈婧姝：VR这个行业很大，它有硬件端和软件端。我们做VR媒体最急切要解决的就是高清内容如何流畅在线播放的问题。当然可能到了5G之后，这个又不是问题了。对VR头显来说，重要的有清晰度、分辨率、视场角等。其次就是怎么在VR里去重建人的模型，现在我们看到的模型都是一些特别简单的，并不能通过面部表情很精细地表达人的感情。他们也在花很多精力去研究这些技术。这次Oculus Connect 5时候，他们就放了一个建模的人脸和一个真实的人脸，其实已经很难看出区别了，但是这个技术最后要放到实际应用中还会有一段时间。我觉得硬件最重要的还是清晰度、视场角，它们直接影响观看体验的。VR里面很重要的技术是Foveated rendering，因为现实生活中人看东西只有焦点附近是最清晰的，如果Foveated rendering成熟了，利用眼球追踪技术，根据人的视线去调整渲染效果，减少视野外的画面细节，这会在已有的硬件条件下让VR显示效果进一步提高。

问：现在的VR设备都是头盔式或者眼镜式，您认为未来VR设备会是什么形态？

陈婧姝：形态应该还是这种头戴式形态，但是它应该会变得越来越轻薄，以后可能就像我们现在正常人戴的眼镜一样轻、一样薄。

问：您觉得VR眩晕问题该如何解决？

陈婧姝：早期的VR眩晕是因为刷新率不够，导致用户明明转了头，但是VR的画面没有跟上，会眩晕，但这个现在已经基本解决了。现在VR里的眩晕问题，更多还是因为视觉上看到的东西跟身体的感觉有差异，比如你的视觉看到的你在加速，但是你的身体没有感觉到，这个是要从内容设计上解决。所以在VR里镜头运动尽量避免有加速度，要保持用户视觉的感受跟身体的感受是一致的。还有一些设计方法，例如在VR里加一个框——把用户放到一个车里，这也会减少眩晕。此外,创作者在拍3D内容的时候,如果主体离镜头太近,在VR里用户的眼睛会聚不上焦的,这个也会造成眩晕。所以VR拍3D画面的时候要有一定的安全距离,不能离主体太近。这些造成晕眩的原因都能通过使用恰当的拍摄手法避免。

VR资本方面

问:之前出现过"VR投资热",也出现过"VR资本寒冬",近来也有"回暖"之说,您怎么看待这些资本市场的变动?目前的投资是一个什么状态?

陈婧姝:我能明显感觉到现在在回暖。我们看Gartner的技术成熟度曲线会发现,任何一个新技术出来,都会经历一个S型的曲线发展过程。新技术刚出来的阶段会有大量的媒体曝光,大家都会觉得这个技术特别厉害,对它抱有过高的期望,超出了当时这个技术的成熟度所能满足的。在过了过高期望的峰值之后,人们对技术的期待会慢慢回归理性,媒体的关注会下滑,那在这过程中有很多公司会死掉,其实也就是挤泡沫的过程,然后到一个泡沫化的低谷。但是过了低谷后,会再开始进入一个稳步发展的过程,这其实是个回归理性的过程,然后进入实际生产的高峰。VR现在已经过了泡沫化的低谷,开始进入稳步发展的过程。所谓之前的资本热就是在过高期望的峰值。所谓的资本寒冬,其实是一个回归理性、挤泡沫的过程,每一个技术都会有曲线,VR、区块链、AI等都会经历这样一个过程。我们自己感觉到VR投资在从2016年底到2017年其实是回归理性冷却的过程,2018年开始回温了,不管资本和媒体的冷热,这个行业过去几年其实一直是在发展的,2018年因为随着一体机产品的出现及普及,以及越来越多的好内容被开发出来,VR又开始得到更多的关注,进入稳步爬升的阶段。

第九章　VR业界高管访谈
——祖昆仑（Pico）

1. 专家简介

祖昆仑，Karen，Pico市场VP。Karen有10年以上市场、管理咨询经验，2008-2015年任IBM高级咨询经理，服务OPPO、传音等客户，曾任职于MOTO移动，拥有乔治敦大学MBA学位。2015年正式加入VR行业，在Pico任市场VP。

2. 访谈内容

VR市场方面

问：VR产业未来市场的潜力如何？VR将会在哪些行业被普及？为什么？

祖昆仑：其实中国早在2015年就有人说是"VR元年"，当时，无论资本还是媒体都十分乐观，恨不得到2016年人手一个VR设备，但其实不是这样的。就VR本身，我仍然相信它是一个平台级的技术。"平台级"就说明很多行业都可以运用这种技术，因为它是一个视觉方面的突破。VR之前，虚拟图形的交互界面基本上是2D界面，或者是3D图形以2D界面展示，但VR将人类享受视觉的方式往前推了一大步。目前，3D图形的展示已经渗入到很多行业，但所有3D渗入的行业未来VR都会进入，而且还不止于此，因为VR的沉浸感更强烈。现在的教育、医疗、展览展示，以及几乎所有的虚拟产品，或者不需要1∶1还原的产品或服务，都可以用VR提前展示。还有房地产这种受制于场地，不能展示所有产品的这些行业，在概念上也可以用VR来记录。当然，目前看到的比较明显的有教育、医疗等行业。但还有一大块是消费者市场。不仅有刚才提到传统的to B 的行业，to C的行业也有先期的应用场景出现。

问：目前VR不能得到普及的原因是什么？它存在的问题什么？

祖昆仑：首先我们看一个完整的VR产品，它到底需要产业链上哪些东西做好了，它才能成为一个产品。

第一是B端的应用。如果说VR是一个平台级的技术的话，当你把一个VR产品呈现给受众，不管是B端还是C端，你都需要一个硬件设备。但这个硬件设备不是之前任何一个技术就能呈现的，它需要一个新的硬件设备，并且是智能的。从芯片到显示屏，以及所有的核心算法，都跟过去不一样。因为它是把一个图形从原来传统的2D图形变成360°的。在硬件上，这就跟之前我们享受过的、应用过的所有的智能硬件都不一样，所以它在硬件技术上就有门槛。但其实从过去的三四年来看，硬件发展也是非常快速的。

第二是操作层。比如拍电影，哪怕你是大导演，VR场景下之前的传统方法都将被颠覆，原来所有的影片内容制作方不再是一个绝对的leader。在内容制作方还有操作系统层方面，所有的应用，一定有一个平台把它接入进来，这是非常复杂的系统性工程。之前让大家十分兴奋的可能就是智能手机了，但是智能手机的普及也是用了好多年。原来最早做智能手机的有一家黑莓公司，它出现了很久之后规模依然很小，黑莓之前有摩托罗拉，都是智能手机的雏形。所以一个平台级的一个产品，因为它的复杂度和涉及面的广度，这本身就是需要时间的。所有这些环节，只要有任何一个环节没足够成熟、足够好，甚至比如说我的硬件很好，但眩晕感还没有那么完美解决的时候，这就足以阻止它发展。

第三是市场端。每个行业有它自己的发展规律，例如教育行业，

PC进入其中也有一个漫长的过程。因此，我们认为虽然市场端在各个领域里前景广阔，但每个领域采取新技术有自己的节奏，再加上这是一个复杂技术，比如教育内容的开发者到底应该开发什么样的教育内容，这种技术进入成熟产业本身又是一个过程。

所以从本质上来说，一个复杂的新技术进入各个产业本身需要时间，但大家都疑惑为什么它还没爆发，我认为是因为大家原来的期望不太合理，本来也没有这样爆发过，大家误会了。如果冷静地再去审视一个新技术被各行各业全部采用的过程到底有多长，你就会发现VR好像没有大家期望的那么长，但对于新技术来说，我认为它是一个合理的发展过程。

问：您更看好VR在行业方面的市场还是大众消费的市场？

祖昆仑：这个不矛盾。我们说VR、AR是平台级的技术的话，我认为B端和C端都会很好，因为它不是那种重型技术（按我自己的解读），重到只能在实验室，或B端出现的东西。这个技术是人类的五感延伸之一，它是一个贴身感受，所以它在B端C端都是成立的，这两端都会发展得很好。当然，在不断的演进过程中可能会有一些产品上的分化，因为一旦进入C端，B端一定要求更精确或渲染能力更强，但从技术本身来说，我认为B、C端都是主力。

问：5G时代的到来，对VR会有什么影响？

祖昆仑：首先运营商为什么会这么兴奋？因为5G架设是一个非常昂贵的系统工程，需要把所有的网络系统升级，但实际上你觉得现在使用手机有什么不适吗？"还好。"对，我们并没有强烈要求说要更快一点。现在只要大家愿意付流量费，加上大王卡这些，在使用过程中几乎没有任何的需求，也不觉得卡顿。那我为什么要用5G，还可能要付更贵的资费？这就是运营商的尴尬。大家都知道技术已经在那里，有更快的高速路，我的车开不了那么快，我干吗要去你那个高速路上还要付更贵的高速路费。但如果一直不修高速路，业务就死在这儿了。还要不断维护现有的公路，要提速、降费。所以运营商必须去找合理的应用，在这个应用下需要更快速的传输,这才能让5G成立。

其实在5G时代,VR的内容消费就是一个头部应用。因为原来传一个图片,这么快的渲染速度就够了,可是VR要求更快的速度,所以如果要有大量的VR应用,为了VR,用户愿意去享受5G。还有一种说法是,如果5G架设的话,可能会替掉WiFi,如果资费够低、够友好的话,会取代家庭WIFI。这是一个好像人人都知道要去那里,但去那里的理由还不是很充足。因此不仅仅是国内,还有国际上所有的运营商都在谈VR,所以VR变冷这件事大家不要听一时一事。

首先要看这个孩子是不是给他足够的营养,还在健康发展,如果说这个孩子已经是一个脑瘫了,或者说它不长了,那它可能就是一个过气产品。但VR行业我认为它还在成长,我们的C端用户虽然很少,跟手机不能比,但是C端用户的黏性、热情和满意度越来越高,这是一方面。另一方面,比如一个创业公司或者技术产品公司,我们把它比喻成学龄前的一个小孩,外面的世界是不是允许它长得更大,其实运营商就是一个。中国的智能手机是谁烘托出来的,运营商推了一大把。当时的千元机出来的时候,运营商和手机供应商沆瀣一气,强强联手把千元智能手机一下推到了普通大众面前,后来腾讯、网易才发展起来。

总之,我认为:第一,运营商是有业务需求的。这个并不是VR给他们的,是他们自己活下去的需求,所以他们的热情比我们还要高涨,而且海内外的运营商都是这样子的。因此运营商一定是VR产业的一个助力。第二,产业本身的发展对运营商也有助力,它们相互推动。

VR内容方面

问:现在VR产业的发展态势是一方面进行硬件设备开发以及分发平台建设的企业占了很多,另一方面,内容创作上优质的传播内容短缺,供不应求。你怎么看这个问题?

祖昆仑:你提及的可能是一年前或更早的状况,现在硬件开发、分发平台的公司都没有那么多了,尤其是分发平台,国内国外估计不超过五家。硬件国内也就三四家,全球老老实实做硬件的也不多。硬件端有智能手机的带动,不管是芯片还是显卡。VR现在是两种形态,一刀切的话,一种是插PC的,一种是依托移动端的,但其实底层技术的提供商和手机没有大的区别,或者和PC没有大的区别,显卡还是英伟达、AMD,芯片还是手机芯片厂商高通。应用层的话Facebook是新的入局者,谷歌原来也做这个。硬件端无论如何它还是一个大厂游戏和驱动的过程,只要投技术,它一定会越来越完美。因为大厂在原来成熟技术上对VR做定向发展,所以只要他们投这个,迭代就非常快。这是很明显的过程。但是内容创作就不是。如果不是一个成熟产业,大的内容厂商会试水性地投,投入非常大,而且内容比硬件平台、内容分发平台的偶然性大得多,传统内容投资就算一掷千金未必有相应的回报,但更不确定的是这是新技术,没有人知道到底制作什么样的内容。尽管传统内容有多年的积累和心得,但VR内容是一个全新的颠覆。就在前几年,连卡梅隆都说不知道怎么做VR电影。你要重新开始摸索,但如果硬件不准备好,内容制作方不知道依托什么样的技术制作内容,只有硬件成熟了之后,他们才可能开始思考。所以它本身就不是一个均衡发展的过程。现在的传统内容,电影、电视剧、动画,也是在固定的平台上面繁衍生息的过程。并不是有了摄影机的那一天,最好的内容就已经出现了。

如果大家能够冷静下来,看一看我们原来的这些内容是怎么发展的,可能就不会对VR内容这么苛刻了。VR只是在体验上让人很兴奋,VR不可能抛弃所有历史的必然规律一夜爆发。在我看来,这个有点像是产业、资本家、媒体互相烘托起来的一个虚火。此外,从2016年下半年其实就开始唱衰VR,可是在行业里我要非常负责任地说,VR一直在发展。虽然我们公司到目前为止还是一个创业的小众公司,但是公司的营业额一直在涨。VR技术产品越来越成熟,内容也越来越好,只是它没有那种迎风一下长成巨人的速度,但它一直在良性生长着。但大家不看它的发展,反而看它发展得不够快。

问：VR内容的制作会不会像短视频一样，越来越开放便捷，比如每个人都成为内容的制作者，还是说会更加明确地分出消费者和内容的提供者？

祖昆仑：VR也会像短视频一样出现在大众狂欢的平台。当然，这里面有很多是运营的问题。但是到目前为止，真正好的VR内容和我们自己能做的VR内容，是有制作设备的门槛的。好的VR内容的制作设备，它的相机、拼接是比较昂贵的，但现在也有一两千块钱的360度摄像头，只照一个全景，就非常简单，但大家要思考的是，这里面仍然需要一个行业的先驱者或引领者。现在，大家都觉得拍视频很轻松，但实际上这是被之前传统的电影、电视剧甚至综艺节目教育的，它本身需要有内容的引领者，这还是要专业的内容制作者来做，但内容制造方和享受方，会越来越向专业方向发展。

而且我在观察一个趋势，不知道什么时候有真正的VR影院出现。一旦出现，才会有大量真正的VR专业团队去制造专业的VR内容，那个量级应该会慢慢地像大片的这种量级，这才是真正的优质内容的提供者。这种内容永远会放在专业这个水平，因为它是行业或者人类精神享受的引领者，就像看一个大片，你认为是视觉和精神上的饕餮盛宴。但抖音上的那种碎片化时间的、UGC内容也会慢慢出现。

而且现在国内有好几家360度相机拍摄的，以后可能手机也会出现360度的拍摄情况，这就非常简单了。而且上面除了有拍摄端，还有内容制作端，就像现在的美图秀秀，或者是抖音上给你一些小工具，自己就可以拍得很不错，这些也会都出现。但这仍然是一个过程，手机发展到今天，都快瓶颈、饱和的时候才出现了抖音。

问：国内VR虚拟现实产业的发展迅猛异常，VR作品以其独特的沉浸性和鲜活的表现力，也易得到受众青睐。但目前VR作品的拍摄还是延续传统拍摄时的思路，这无法发挥VR形式的特点，甚至会出现视觉表达上的问题。您怎么看呢？

祖昆仑：我们可以想想3D电影是哪部作品给我们带来的，大家都异口同声说《阿凡达》。我们需要这种天才去帮助这个产业链，等哪天这种天才做一个新的内容出来，第一个天才出来了之后，第二个马上出来。《阿凡达》之后，3D电影井喷一样出现了，是因为你给了他一个tips，很多人就会幡然领悟，所以我觉得这个是相同的道理。《阿凡达》之前，3D电影也出现了很久，并没有特别好的让大家觉得惊艳的。而且我第一次去看《阿凡达》的时候，周围的人有一大半是看到1/2或1/3就开始晕了。我也有眩晕的感觉，后来犹豫要不要看第二部3D电影。但发现看到第二部的时候就没有这种感觉了。基本上所有的新技术、新系统，都有一个时间过程。没有真正一炮而红，只不过在经历这个过程的时候，大家没有看见，只看见一炮而红了。所以我觉得这是正常的过程，而且这个新技术本身，有一些核心问题还没有被回答。

VR技术方面

问：现在VR的发展，你认为最需要攻破的短板是什么？在技术方面的短板呢？

祖昆仑：最需要攻破的是内容，一定是内容。技术短板的话，这已经不是秘密了，一定是更清晰、更轻薄、交互更自然，就这三点，而且在相当长时间是这三点。

问：现在的VR设备都是头盔式或者眼镜式，你认为未来VR设备会是什么形态？

祖昆仑：最好是比戴的眼镜要轻。

问：VR眩晕问题您觉得该如何解决？

祖昆仑：技术上需要更强大的处理单元、屏幕的响应效率，再加上一些算法。今天，我们可以看到眩晕感已经在某些人群里极大降低了，但有些易感人群是很难攻克的，短期内有些人群是不能完全解决的。

VR资本方面

问：之前出现过"VR投资热"，也出现过"VR资本寒冬"，近来也有"回暖"之说,您怎么看待这些资本市场的变动?

祖昆仑:中国资本都跟风,而且国内资本投资潮是跟着国外的。为什么2015年是投资热,因为2014年Facebook以20亿收购Oculus,大家都觉得Facebook是做to C社交的,就一定会把这个平台烧得热热的,就都要跟进。但发现到2015年下半年的时候,还没有人手一台VR,大家就认为是寒冬。现在科技圈里面的几个热点,VR完了转AR、AR完了转AI,AI完了转区块链。其实说2016年下半年是VR寒冬的时候,紧接着就是AR、AI都顶上来了,现在2018年过了一半多,AI的风潮都过去了,那个热潮的周期比VR还要短,大家都是不太理智和长线地去看任何技术的发展。

问:2018年VR在资本市场真的"回暖"了吗?投资侧重点较2016年相比有什么不同?

祖昆仑:我不是特别地长期去关注这个问题,因为Pico本身是7月份刚完成了A轮,我们的投资方都是大的财务投资。但我觉得投资是有它的规律和驱动的,它往往和产业有一个时延,所以在产业里不能完全去看投资的风潮,有时候投资反而在看产业,在产业里还是需要有自己独立的判断,所以没有特别的关注投资风潮。

但在我看来,VR已经发展3、4年了,在国内再投资的话,首先硬件技术,基本上只能看头部公司了,因为不太可能再拿创新型技术说做什么了,已经过了窗口期了。内容方面的话投优质内容,至于分发平台,现在基本上是大玩家才可以玩,分发平台从一开始就不好做。

第十章　VR业界高管访谈
——赵旭鹏、尚磊（强氧科技）

1. 专家简介——赵旭鹏

赵旭鹏，强氧科技产品总监。中国人民大学项目与工程管理研究生毕业，资深影视后期网络架构设计师，数字影像行业产品经理，职业经理人。具有超过15年图形图像应用领域从业经验。主导设计强氧科技第一、二代360度全景摄影机，并和国内众多企业成功合作。在VR影视内容制作生产工艺流程领域也有独到见解。

专家简介——尚磊

尚磊，强氧科技方案中心总监，首都经济贸易大学计算机统计研究生毕业，设计并主导开发的《产品合规供应链管理系统RSEC》、指导研发的 Cgangs Cloud平台将强氧科技的法规技术服务朝着互联网+方向进行了推进和演化。超过15年图形、影视后期领域的从业管理经验。主导全国地区各大电视台、高校信息中心、国家级影视实验中心方案规划建设。

2. 访谈内容

VR市场方面

问：请问你们认为VR目前不能得到普及的原因是什么？

赵旭鹏：主要的原因在于受众使用不是很便利，使用门槛过高，造成使用人群很少。而且现有的内容,没法吸引受众来体验这种设备。比如我们公司主要做视频类的VR,现在问题还是很大,人们戴上VR设备之后虽然有沉浸感,但是不能交互,也就缺少了触觉,所以受众就只有新鲜感,没办法持续投入。CGVR会相对好一些。但CG现在的问题是制造成本太高,全球的游戏动画公司都不会在VR上面投入很多,因为体验起来很麻烦,很难普及。而且高端的游戏设备普通玩家可能买不起,游戏种类也不如PS、Xbox多。因此普及起来还是很麻烦的。

问:请问你们认为VR产业未来市场的潜力如何?

赵旭鹏:当然这个前景是确认的,只是需要有一些突破性的技术。随着设备形态不断地迭代下去,变得越来越方便,我相信会越来越好,VR肯定是未来的方向,这是毋庸置疑的。但是VR可能会伴随着AR这类混合现实的应用继续发展。因为单独拍摄VR需要在一个完全虚构的或实拍的一个不同的环境,这其实是很难构造的。如果在现实环境中增加一些虚拟的东西,就比较有意义。不用非常复杂地构造一个虚拟世界,这样的话成本低,入门的门槛也比较低。 纯VR可能更多在游戏领域,还有一些专门针对高端消费者的VR影院也会多一些。

问:请问你们更看好VR技术在某些专业领域的发展,还是在大众消费市场的发展?

赵旭鹏:初期肯定是专业领域,因为初期专业领域能解决很多以前不能解决的问题,比如培训,特别是跨国企业,或者是建筑类的行业,这些建筑类的培训以前很难进行,因为构建培训环境是非常昂贵的。但是有VR之后可能就会很便宜,比如手术等。大众消费的发展态势取决于是否更利于消费者使用,是否体验更好。

尚磊:专业这种细分的,首先也是最应该能够让VR先蓬勃起来的。 比如教育课件这方面,有很多传统的课件是二维的,达不到VR、AR形式这么方便,甚至地产业、旅游业、设计业和制造业、教育行业等,肯定都是一些专业市场。对于大众消费的市场,其实目前最大的门槛还是价格和内容的精彩程度。

问：现在国内三大运营商均制定了2020年启动5G网络商用的计划，2018年投入5G网络建设，请问你们认为5G通讯时代的到来，对VR产业的发展和普及有什么意义呢？

赵旭鹏：5G肯定对VR产业的发展有帮助，比如我们2014年在澳门做的第一场演唱会，当时直播的技术本身能做到4K，但受限于传输技术只能传输高清。高清分辨率放在VR里面看，就会很模糊了，因为用眼镜看VR的时候相当于整个分辨率的1/6到1/9，但是5G具有传输4K甚至8K的这种能力，这个还是提升比较大的，可以制作更精细的内容，体验也会大幅提升，这才有意义。当然这个中间衍生了很多技术，比如固定点渲染，它会根据你的习惯，只渲染你看的这部分，当播放8K视频时，只有人们看的这个分组传输降低带宽。很多厂商都采用不同的技术来解决，但是体验感都不是特别好。如果带宽足够大的话，各种现场直播就会发展得更快。

VR内容方面

问：现在进行"硬件设备"和"分发平台"的企业占多数，但专业的内容创造商和优质传播内容不足。请问你们对于这种供求不平衡的现象怎么看？

赵旭鹏：在VR发展初期，2014、2015年的时候，出了很多内容，但都不是有意义的内容，无法流传于世。现在大家都去做硬件的迭代，只是为了做的内容会更好一些。为什么优质内容产生不足，是因为这个设备不那么容易得到。VR摄像机都十分昂贵，普通企业无法负担，只有真正拍电影的人能拿到。当然NOKIA OZO已经和传统摄像机很类似了，但是使用起来还是比较难。另外就是VR的拍摄手法和原来的手法完全不同，毕竟是360度全部可见，四周什么都不能有。所以硬件如果不迭代出来，变得非常容易使用的话，内容创造就会越来越少。

尚磊：因为到目前为止，VR产业的90%的利润都是来自硬件和平台，内容基本处于逐渐发展的趋势，无法盈利。他们没有办法通过内容直接变现，这也是前期VR优质内容发展滞后的原因。

问：请问你们认为VR内容的制作会不会更加便捷开放？比如现在短视频，每个人都可以成为内容制作者？还是会更加明确地分出消费方和提供服务方？

赵旭鹏：便携的VR设备很多公司都在做，价格也越来越便宜，但是VR的拍摄手法如果是个人使用的话会很难拍出很好的效果，所以就不好普及。还有一个原因就是VR的分享比较复杂，这个过程时间很长，而且很多平台不支持VR，人们就会失去乐趣。终端体验如果不提升，这些主流平台不兼容，就很难发展。2017年我们就基本开始把VR这部分从设备到研发到活动全部慢慢取消，因为我们认为这个市场肯定会缩小。但是和学校的合作会一直有，因为学校未来对这个技术一直会进行研究，所以专业市场或者教育这部分市场肯定是一直在前进的，只有这部分前进了才能推动新的民用的增长。现在还有一个问题，就是如果想做一场VR直播，找不到一个免费的平台，这也极大地限制了发展。

问：目前国内VR作品的拍摄大多还是延续传统拍摄时的思路，无法发挥VR形式的特点，甚至会出现视觉表达上的问题。请问这个问题你们怎么看？未来的VR会出现自己的拍摄"方法论"吗？

赵旭鹏：肯定是这样，我们有一个导演，专门在这个行业工作大概有二三十年了，他采用的这种拍摄手法，可能是后续比较主流的拍摄手法。目前这个导演拍了很多这些东西，比如I max影院和VR影院，都是电影实拍出来的。我认为不会存在太多障碍，但也要考虑设备端是什么样子。所以想拍出内容不是难事，不过投入巨大，投入产出可能会出现问题。

问：请问你们认为VR更适合拍什么类型的作品？

赵旭鹏：初期恐怖片比较适合，其实VR如果能解决体验人的移动问题，就任何类型都可以。比如最早的时候，PSVR是CG的，演示片段是属于养成类的游戏，人们带着VR眼镜，可以走动，当你贴近他的时候，你们之间会有互动，这可能是最吸引人的地方。如果在视频里单纯地看，就不够有趣。恐怖片、极限运动比较合适，因为代入感很强，风光片也非常适合，容易欣赏，让人放松精神。还有做自闭症的治疗，也是采用这种方案，很多领域都在考虑利用VR技术。

VR技术方面

问：请问你们认为VR眩晕的问题应该如何解决？

赵旭鹏：现在新的顶级的VR设备基本上刷新率、分辨率也足够，比如有8K的、有超过90赫兹的，这样的话看起来就会非常舒服，当然拍摄的时候尽量镜头不要晃，镜头移动也一定要尽量慢，因为人体很难在瞬间产生被动的大范围移动的落差，通过眼睛来看时，可能就会出现眩晕呕吐的感觉。

尚磊：主要原因是分辨率不高，刷新率过低，延迟比较大。再有就是每个人的视差不太一样，所以戴着头盔、眼镜或者一体机的匹配不太好，虽然有调整的旋钮，但毕竟不像每个人去眼镜店配的眼镜那么精准。再就是内容方面景深的制作，内容的真实感不能欺骗人体眼睛的感官认识。可能在近端的这个物体离得远时有虚焦、实焦的，但是它一样很清楚，时间长了以后再加上这个延迟性，人体会很容易产生眩晕感。所以现在VR最佳的观赏时间不会超过十分钟。

问：VR技术的发展，现在最迫切攻破的技术短板是什么？

赵旭鹏：我认为还是在体验端，其他的我认为问题不是特别大。无论是VR的摄影机，还是VR游戏制作，都没什么太多需要解决的。

问：现在的VR设备是头盔或眼镜式，请问你们认为未来的VR设备可能是什么形态？

赵旭鹏：我认为会有点类似电影《头号玩家》中的形态，因为要沉浸在VR里面，就不能不戴眼镜。可能会有其他的更先进的方式，但是目前的状态还是要通过眼镜来看。真正像生活在虚拟世界才有意义。现在有很多方案，比如球形影院，中间有个可以站立的平台，观影时这个平台会升起来，人们会感觉自己身处另外一个世界，这是球幕，人们看的都是360度的内容。但是这种球幕毕竟只有科技区、旅游区才有，不适合个人在家里体验。所以我认为还是眼镜的形态。

VR资本方面

问：之前出现过一段"VR投资热"，也出现过"资本寒冬"，但是近年来有"回暖"的说法，请问你们认为真的"回暖"了吗？你们怎样看待资本市场的变动呢？

赵旭鹏：现在其实不叫回暖，应该叫理性对待。大家都比较理性对待这件事情，不会轻易地投资，所以真正有技术含量的才能凸显出来。不像从前一样盲目，大家都是针对真正有突破性的进行投资。

尚磊：2014年时，大家都比较盲目，都在跟风广投，只要有VR、AR、MR的概念，就会去投资。但是经过这一两年的筛选，所谓的投资寒潮也是他们看到了所有的投入并没有变现，或者没有那么容易变现。并不是说衰退了，也不是说复苏了，而是变得越来越理性，从以前的广投慢慢地转变成这种深耕定向性的投资，比如高质量的内容、先进的设备等，都是趋向理性化的投资。

第四部分

VR：具有巨大发展价值空间的未来媒体

VR：具有巨大发展价值空间的未来媒体

喻国明

本文原刊发于《新闻与写作》，2018年第7期，52-54

摘　要：研究表明，影响中国传媒业发展变化的三个基本维度是：政府规制、市场发展、技术革新。换言之，无论是传媒业所面临的发展的机遇，还是其发展中面对的困扰或危机，都是源自于上述三个维度的变化和发展。其中，技术发展是我们这个时代具有原生性意义的变革因素。在互联网时代，如何透过对于核心技术逻辑的把握实现业务发展的弯道超车，是当前传媒的机遇和责任。本文以VR(虚拟现实)技术对于传媒业态的重构作为探讨的重点，对未来媒体发展的潮流提出了理论性的分析与思考。

关键词：VR；中国传媒业发展；技术逻辑；互联网发展"下半场"

中图分类号：G21　　　　　　**文献标识码**：G

作者简介·

喻国明，教育部长江学者特聘教授、北京师范大学新闻传播学院执行院长、中国人民大学新闻与社会发展研究中心主任。

第四部分
VR：具有巨大发展价值空间的未来媒体

一、VR（虚拟现实）将成为改变未来互联网应用的关键技术

所谓VR(Virtual Reality)，即虚拟现实，是一种可以创建和体验虚拟世界的计算机仿真系统。它提供一种多源信息融合的交互式三维动态视景，使用户沉浸其中，带来一种身临其境的感觉。它的命名是由美国VPL公司创建人拉尼尔（Jaron Lanier）在20世纪80年代初提出的。其具体内涵是：综合利用计算机图形系统和各种现实及控制等接口设备，在计算机上生成的、可交互的三维环境中提供沉浸感觉的技术。其技术关键是它的多感知性：即除一般计算机所具有的视觉感知外，还有听觉感知、触觉感知、运动感知，甚至还包括味觉、嗅觉、感知等。理想的虚拟现实应该具有一切人所具有的感知功能。因此，VR被认为有沉浸感、交互性、想象性三个基本特征。所谓沉浸感是指让人沉浸到虚拟的空间之中，脱离现有的真实环境，获得与真实世界相同或相似的感知，并产生"身临其境"的感受；所谓交互性是通过硬件和软件设备进行人机交互，VR用眼球识别、语音、手势乃至脑电波等多种传感器，与多维信息的环境交互，逐渐趋同于同真实世界的交互；而所谓想象性是指在虚拟世界中，用户根据所获取的多种信息和自身在系统中的行为，通过逻辑判断、推理和联想等思维过程，对其未来进展进行想象的能力。为什么说VR（虚拟现实）将成为改变未来互联网应用的关键技术呢？研究表明，影响中国传媒业发展变化的三个基本维度是：政府规制、市场发展、技术革新。换言之，无论是传媒业所面临的发展的机遇，还是其发展中面对的困扰或危机，都是源自于上述三个维度的变化和发展。这是分析中国传媒业发展动因的基本框架。其中，技术发展是我们这个时代具有原生性意义的变革因素。在互联网时代，如何透过对于核心技术逻辑的把握实现业务发展的弯道超车呢？在中央网络安全和信息化工作座谈会上，明确指出要把握三个方面：一是基础技术、通用技术；二是非对称技术、"撒手锏"技术；三是前沿技术、颠覆性技术。具体地说，未来传媒业的发展，很大程度上依赖于前沿性技术、颠覆性技术

的发展。技术进步不仅形塑了整个传媒业的业态面貌,也在微观上重塑着传媒产业的业务链。VR技术正是这种最具有前沿性和颠覆性的新技术。

二、VR能提供更宽、更密、更深、更厚的社会性连接

从政府规制的维度上看,由于网络已经并且将越来越成为社会生活展开的基础设施,政府管理的重点也日趋向着网上在转移。网络政务、网络消费、网络社交、网络就业……越来越多的社会生活和社会实践在网上展开,因此,网上的工作也就顺理成章地成为政府规章关注和施政的重中之重。习近平总书记指出,老百姓上了网,民意也就上了网。群众在哪儿,我们的领导干部就要到哪儿去。现在群众都上网了,我们的工作重心也就更多地转移到网上了。网络的社会性连接的数量和质量是决定将线下生活在多大程度上搬到线上的关键。VR技术能够提供更多更广的网络社会性连接,并可能让更多的人、物从线下搬到线上。因此,研究好利用好VR,或许能帮助我们更好地完成政府相关的网络管理与服务工作。VR作为一种连接的技术形态,比包括微信在内的任何一种连接网络具有更宽、更密、更深、更厚的社会性连接,它不但能够很好地了解人与人、人与信息和知识、连接人与物等,形成与环境和对象物连为一体的沉浸式传播的巨大优势,实现场景分享、角色控制等种种新的人类实践连接性和自由度的扩张,而且还是一种现实世界与虚拟世界的连接,使人的生命展开形式不仅限于现实维度,还可以在多条虚拟维度上展开,并且提供虚拟维度与现实维度的交互与叠加,成为人类生命的新的存在形式。

三、VR技术可以构造出新型的高维度连接平台

从市场发展的维度看,我们已经进入到互联网发展的"下半场",而"下半场"的关键性技术逻辑是数据化和智能化,VR则是承载数据化与智能化的最好的互联网平台。过去二十年,是互联网发展的第一阶

第四部分
VR：具有巨大发展价值空间的未来媒体

段，即互联网发展的"上半场"，这是"连接一切"的网络化过程，所追逐的是网络效应价值。所谓网络效应，是指一个网络的价值和使用的人数的平方成正比的价值效用关系。换言之，使用的人越多，这个网络的价值就越大。这本质上就是一种规模经济的模式。在这一发展路线的竞争中，BAT等巨型平台性媒体成为本轮竞争的优胜者。随着规模经济效应进入发展的"天花板"，我们再去追求规模以赢得效益会变得越来越难，规模扩张的成本也越来越大，而效益产出却越来越小，以至于成为"规模不经济"。因此，必须要实现发展的转型。这就是互联网发展"下半场"所开启的一个新的时代。互联网发展的"下半场"，其实质就是要将互联网发展"上半场"所形成的较为粗放、价值有限的网络化连接进一步加细、加厚、以及加宽，让越来越多的线下生活和社会实践搬到线上来更好地实现，使网络的价值越来越丰厚。如何造成网络价值的日益丰厚？这就需要实现网络的"协同效应"，而协同效应的本质是一种全社会范围内的多角色、多层次、数据导引、智能匹配的社会化协同方式所创造价值的全新范式。它不同于以往封闭性、大规模、标准化、流水线式的价值生产范式。协同效应的价值范式要求我们：1. 信息的分享从串联走向并联。即分布式并行处理海量数据和信息，在海量的人群范围内实现实时互动与协同，这是互联网发展"下半场"在信息的社会结构与沟通范式上所带来的真正的范式改变。2. 从一个相对封闭的供应链体系走向未来的开放协同的分工协作体系。它追求的是一种实时动态的全局优化，以实现个性化、低成本、快速响应等维度上的全新价值组合，是传统时代无法满足的长尾需要和利基市场的有效开发。3. 从传统的自我管理模式走向一个更为高效快捷的社会化协同的模式。建立共享的基础设施，以便使更多的人与社会主体能够用社会化协同的方式来创造更多更大的价值。所有这一切的实现都有赖于对互联网、云计算、大数据和人工智能的充分开发和利用，而VR技术所构造起来的新型连接平台（即未来媒介）无疑是比现在任何一种连接平台更具技术升维、平台升维的新型技术平台。因此，我们说过，VR是一种具有巨大发展空间和价值的未来媒体。

四、5G将成为VR爆发式成长的"催生婆"

从技术革新的维度看，5G技术的普及将成为VR技术广泛应用的"催生婆"。在过去的两年里，VR技术的媒介化应用经历了一段较为艰难的"寒冬"，但随着一系列的相关技术的进步与突破，尤其是5G技术在若干大城市先期试验的展开，对VR技术的应用，尤其是媒体化应用对技术瓶颈突破带来了巨大的可能。众所周知，人工智能是一种正在迅速崛起的一项技术，大数据是制约其发展的要素之一，但这只是人工智能的技术要素，而它的落地应用的最好的媒介形式就是VR。5G技术表面上看是一种更快的通信速度，但实质上由此带来的一系列改变远远超出了人们直观感受的范围。速度，不仅仅意味着信息流动的速率，更多的是蕴含着一场由此带来的互联网"革命"。因为在"连接一切"的互联网的世界里，信息传输的速度是一种最为底层的技术基因，基因的改变所带来的内容和现实的改变对时代的影响是相当巨大而深刻的。在2G时代，我们在互联网上用文字传输（读网时代）；到了3G时代，我们就可以方便地进行图片传输（读图时代）；而到了4G时代，直播和视频分享就已经变得非常自由方便了，因此我们进入了时间消灭空间的"共享时代"。而5G带来的更高的传输速度，不但能够使我们未来的硬盘趋于越来越无用，并且所有用户端的应用软件都在云端存储，在众多的新型应用技术里，受益最大的实际上就是需要更高速度、更多大数据和人工智能技术支持的VR。VR在5G技术的催生之下，可以实现"场景共享"和情感互动的"共情时代"，这使我们进入到一个社会生活的新境界。中国人讲，要成就一件大事，要讲天时地利人和。从上述对于政府规制、市场发展，尤其是技术变革这三个维度上的考察中，我们可以得出一个重要的结论：5G将成为VR爆发式成长的"催生婆"，而VR技术的社会化落地的过程，正是我们的社会与生活发生巨大改变的过程。人与人、人与物、人与信息和知识、人与环境、人与虚拟世界，将越来越"无缝"地连接在一起，使我们的资源聚集、价值构造、权力分配、生命展开都登上了一个全新的平台，其中对于媒体、对于媒体人而言，这里面所蕴含的巨大机会是无论如何估计都不为过的。如果说，任何重大的技术改变都是产业发展的"风口"的话，今天，VR将成为未来包括媒体产业在内的互联网全产业发展的巨大"风口"。

5G时代的VR社交会取代微信吗?

张洪忠　丁磊

本文原刊发于《新闻与写作》,2018年第7期,46-49

摘　要: 通信传输技术的升级往往带来互联网媒介生态的变革。受网络传输速度和带宽制约的VR技术,随着5G时代的到来必将迎来新的发展机遇。本文提出VR社交具有高度沉浸化、交互方式场景化、实时性和可以进行非言语传播的特点。虽然还无法判断VR社交什么时间真正取代微信,但VR社交是5G时代社交媒体发展的一个趋势,是技术驱动下一个不可避免的潮流的观点。

关键词: 5G;VR社交;社交媒体

中图分类号: G21　　　　**文献标识码:** A

作者简介·

张洪忠,北京师范大学新闻传播学院教授;丁磊,北京师范大学新闻传播学院研究生。

第四部分
VR：具有巨大发展价值空间的未来媒体

2018年5月22日在福州举办的首届数字中国建设峰会上，工业和信息化部信息通信发展司司长闻库发布了中国5G发展的"时间表"，具备示范应用能力的5G终端最早将在2019年下半年推出。[①]5G的商业化应用是一场新的互联网技术升级。一是网速更快，5G用户体验速率可达100Mbps至1Gb-ps，峰值速度至少是4G的10倍以上甚至100倍，支持移动虚拟现实等极致业务体验；二是连接数量更多，连接数密度可达100万个/平方公里，流量密度可达10Mbps/平方米，可以有效支持海量的物联网设备接入，支持未来千倍以上移动业务流量增长；三是通信过程中的时延会越来越低，传输时延可达毫秒量级，满足车联网和工业控制的严苛要求。[②]对于传媒业而言，每一次互联网传输技术的升级都会带来媒介生态的变革。可以预见的是，VR、AR技术将因为5G的到来突破瓶颈期，进入新的发展阶段。以VR为代表的新技术在5G时代会获得怎样的发展？尤其对目前以微信为代表的社交媒体生态会有怎样的影响？这是我们在未来几年内将遇到的一场最大的媒介生态变革命题。

一、5G给VR发展带来新的机遇

加拿大学者麦克卢汉提出的"媒介即讯息"观点在互联网时代尤为突出，依托信息技术发展起来的互联网媒介本身就是科技发展的符号。第一代移动通信技术（1G）制定于20世纪80年代，主要用于提供模拟语音业务；第二代移动通信技术（2G）以数字语音传输技术为核心，短信文本能够被执行；第三代移动通信技术（3G）与2G的主要区别是在传输声音和数据的速度上得到提升，它能够在全球范围内更好地实现无线漫游，并处理图像、音频、视频等多种媒体形式；第四代移动通信技术（4G）能够以100Mbps以上的速度下载，几乎能够满足所有用户对

---

① 海外网：《工信部发布5G发展时间表：终端2019年下半年推出》［EB/OL］，http://finance.haiwainet.cn/n/2018/0528/c354342031324514.html.
② 《5G经济社会影响白皮书》［R］，北京：工信部中国信息通信研究院，2017：2.

于无线服务的要求。从2G到4G技术的发展，相对应的媒介形态也由文本到图片、再到视频应用，由PC互联网发展到移动互联网，由雅虎、新浪为代表的门户网站发展到Facebook、微信为代表的社交媒体。而即将到来的第五代移动通信技术（5G）更是充满想象空间，5G将带来更快速度和更多连接，它不仅限于文本、图像、音频、视频，它可以借助云端获得更强大的处理能力，是可以支持VR形态的技术。VR（虚拟现实）是基于动态环境建模技术、立体显示和传感器技术、实时三维图形生成技术等建构的一种可以体验虚拟世界的计算机仿真系统，通过计算机生成的模拟环境让人可以感知三维动态视景，并可以产生交互行为，让使用者有身临其境的沉浸感。长久以来，网络传输速度和带宽是制约VR技术市场发展的一个重要原因。在当前的3G、4G条件下，VR设备显像会卡顿，这是由于当前带宽限制导致数据传输不够快，捕捉到的数据来不及处理和显示，因此人的动作不具备连贯性，显得僵硬和死板，这样就丧失了面对面交流的感觉。另外，佩戴VR设备时也会产生眩晕感。眩晕感一定程度上产生的原因是因为VR设备要实现avatar重现，会追踪用户的脸部表情、头、手等身体多部位，由于网速的传输速率不够快，当VR体验者进行动作时，整个设备从动作捕捉采集到反馈视野是有一定延迟的，由此导致晕眩。根据华为iLab的数据显示，VR入门体验阶段，需要家庭接入带宽200M；VR进阶体验阶段，需要家庭接入带宽1G；VR极致体验阶段，需要家庭接入带宽5G。[1]要想获得更好的VR使用体验，就需要超过Gbit的带宽速度，但目前的宽带速度是远远达不到的。即将到来的5G将以一种全新的网络架构，提供峰值10Gbps以上的带宽、毫秒级时延和超高密度连接，实现网络性能新的跃升。[2]VR目前出现的卡顿与眩晕等问题也就迎刃而解。一旦基础平台得到解决，在目前技术基础上，市场力量就会快速推动VR这一媒介形态的快

---

[1] 《面向VR业务的承载网络需求白皮书》[R]，北京：华为iLab，2016：29.
[2] 《5G经济社会影响白皮书》[R]，北京：工信部中国信息通信研究院，2017：1.

速发展。

二、VR社交已初露端倪

社交是人的一项基本需求，人需要依靠社会交往来获取信息、建立社会网络、消遣和实现自我价值。社交媒体的广泛应用将社交从线下带到线上，并且扮演越来越重要的角色。社交媒体的功能随着互联网技术的发展逐渐扩展，具有新功能的社交媒体兴起都伴随着老一代社交媒体的衰落。考察5G时代的VR社交可以从通信技术发展逻辑将社交媒体划分为四个阶段。最早的1.0时代社交媒体是以PC互联网的QQ、贴吧、论坛等为代表，这是基于2G通信技术的社交媒体形态，用户可以通过文字、图片、表情符号来进行交流。虽然利用互联网技术突破了地域限制，建立了跨空间的人际沟通网络，但每个用户只能固定在电脑前进行文字符号的传递。随后2.0时代的社交媒体是以移动互联网的微信为代表，这是基于3G技术的社交媒体形态，用户可以采用语音、图片等符号进行移动空间的信息沟通，能更加明确兴趣和需求进行一对一的社会关系建构。3.0时代的社交媒体是以抖音、快手、秒拍等短视频产品为代表，这是建立在4G通信技术基础之上的社交媒体形态，用户之间可以直接进行视频交流，可以根据标签寻找有针对性的内容。而4.0时代的社交媒体将是以VR社交为代表，建立在5G通信技术基础之上的传播形态。这一社交媒体形态已经有SpacesVR、Alt-space、VRChat等探索应用，在Steam平台上已经有"桌球国度"等几十款游戏加社交的产品。

三、VR社交的特点

VR社交与2.0、3.0时代的社交媒体相比，呈现四个明显特点。一是VR社交高度沉浸化。当前2.0、3.0时代社交媒体的使用，人与人之间的交流始终隔着终端的屏幕，人与机器之间只能是交互作用。但VR社交是用户戴上显示头盔和数据手套等交互设备，进入虚拟环境中并成为其中一员，可以和虚拟环境中的各种对象互动，就如同在现实世界中一样。VR设备封闭了用户的视觉和听觉，使用者全身心投入其中，产生身临其境的体验感。二是VR社交的交互方式场景化。当前2.0、3.0社交媒体是基于文本、图像、音频、视频等表现形式的信息沟通与分享，还不能像真正的社交那样在消遣、游戏活动中建立彼此的认知与社会关系。但VR社交的用户可以使用更加多样的交互方式，彼此之间可以进入场景中一起看电影、画画、做各种游戏，在虚拟场景中建立社会交往关系。场景化将是社交媒体发展的一个新高度。三是VR社交具有实时性。当前2.0、3.0社交脱离了人的情景，不论是文本还是图片都有一定的延迟性，发出信息到接收信息之间是有时间间隔的，没有办法即刻地还原现实的情景，即使是视频社交也是在一问一答之间有时间的间隔。但利用VR可以达到和现实世界交往相同的感觉，比如用户在运动时，设备会捕捉跟踪到变化，并且经过计算机计算avatar重现，在虚拟世界输出现实的实时变化场景。四是VR社交可以进行非言语传播。在现实生活中人际交往的语言手段可以分为言语传播和非言语传播，美国心理学家伯德惠斯特尔（Bird whistell）对人际对话的研究发现，非言语传播的目光语、手势、身体姿势、面部表情、举止动作以及触觉等占了人际交流的70%，而言语传播只占30%。[①]也就是说，当前的2.0、3.0社交媒体只是完成了小部分的言语传播功能，无法进行更多信息的非言语传播。但在VR社交上，人面部细微的表情变化、身体姿势、动作等是可以被捕捉并实时呈现在虚拟社交场景中的，人的社交是可以采用非言语传播方式进行的。

四、VR社交是真正的社交

从2.0、3.0社交媒体的"人机交互"将变为4.0社交媒体的"人机交融"，VR将实现线上社交的再一次升级换代。VR社交已经不仅仅是传

---

① 宋昭勋：《非言语传播》，2008.06，复旦大学出版社.

统的人与计算机机械式的"输入""输出"对话,它为用户打造了一个媲美现实生活的世界。用户可以把现实生活搬到虚拟世界来,在这个世界里唱歌、看电影、玩游戏、逛街、旅游,真正融入其中,人会逐渐走入到虚拟世界里。也就是说,VR社交真正实现了"在场"。不管是微信还是各种直播软件,都无法真正跨越空间的距离,让远距离的用户相聚在一个地方。VR打破了屏幕制造的空间障碍,能够将不同地方的人连接到同一个空间中,实现在场的沟通。以Alt-Space为例,进入应用创建角色后,会发现应用包含一些常用场景,例如聚会、开会、BBQ等;在主舞台类型的房间,用户可轮流上台发言,也能通过表情来传达想法,例如鼓掌、发出爱心等互动。用户既可以与陌生人沟通与交流,也可以和现实中认识的朋友一起聚会。这些场景布置虽然还很简单和初步,但这种趋势开始展露。更为重要的一点是,VR社交的未来让我们充满想象。VR并不是完全百分之百地复制现实,它能够提供给用户自由可控的空间,这些空间很多是在现实中也无法达到的。在VR虚拟现实的社交中,用户可自行选择使用真实形象或者虚拟形象,真实背景或者虚拟背景。在最开始创建角色,开发商提供了包括发型、肤色、服饰等多种搭配供用户打造自我的卡通形象,进来后也有各种活动提供给用户,可以围坐在月球上唱歌,可以在撒哈拉沙漠里喝咖啡,可以在白宫草坪上烤肉,只要能想到,VR都可以创造场景去体验。[①]甚至VR可以让用户真实地融入二次元的世界,和自己心仪已久的动漫人物交朋友。VR社交从来不是一成不变地复制线下的生活,它的存在在于为用户生活提供更多的可能性。

五、VR社交的发展

一方面,我们应该清醒地认识到任何技术的应用都有一个过程,美

---

① 卿琦、陈金鹰、陈俊凤、李鑫:《基于VR/AR的网络社交研究》[J],《通信与信息技术》,2018年第1期,第37-38页。

好想象和现实之间是有距离的，现在就下判断说VR社交要取代微信为代表的当前社交媒体形态还为时尚早，VR社交还面临系列技术问题需要解决。VR社交是一种更高层次的社交需求，它对人的满足更全面，但相应的要求也更高，即便5G到来把数据传输的问题解决，还有硬件、产品形态、算法等问题要逐一解决，还有市场的接受程度问题等。同时，VR的使用环境限制较多，由于使用过程中封闭了人的视觉、听觉，这样就把VR设备的使用环境限定在固定的空间中，如家庭、办公室、特定安全场所等。但人需要在现实各种空间穿梭，在移动空间中的VR使用也是问题，而这点恰好是目前微信等当前社交媒体形态的优势。但另外一方面，5G时代的到来让我们对VR社交的应用充满期待，VR社交是5G时代社交媒体发展的一个趋势，是技术驱动下一个不可避免的潮流。在即将到来的5G时代，现有的社交媒体如何升级到VR形态将对其市场份额产生影响。每一次通信技术升级，总会产生新的互联网领头羊，如国内的新浪门户、微博、微信，到今天的抖音和今日头条旗下短视频产品等，都是不同通信技术时代的领先者。在此，值得我们思考的是，5G时代会不会有新的互联网巨头产生？或者说会有什么样的基于VR技术的社交产品形态产生呢？除了VR技术之外，AR、MR技术在社交媒体中的应用也是值得关注。更进一步来说，我国的互联网企业能否像苹果公司一样为未来布局，在一波波技术浪潮中总能处于技术开发与应用前沿，而不仅仅停留在商业模式的创新上？因为只有单一的商业模式创新是不会持久的，总会被技术的进步淹没在浪潮中。

肉身的逃逸

——VR数字实践的技术现象学分析

王颖吉　黄端

本文原刊发于《新美术》，2017年第10期，54-60

摘　要：对于当代艺术实践来说，VR标举沉浸、自由、交互、情境等种种技术特点，被认为能够赋予普通人肉身实践的权力，从而推动解放观众身体的民主文化实践，但此一视野却遮蔽了植根于VR的技术意识形态——VR使用中以身体直接知觉的环境实际上是信息化环境，由此导向身体体验的信息化；VR所解放的身体意向性，实际上以提交肉身控制权沉浸于虚拟世界中来达成，本质上是一种"被动"的"我能"；VR所促进的人与人"主体间"的了解，实际是以"表象"僭越"他者"，最终否定"他者"的虚伪的主体间性；而VR所构建和打开的情境化"存在"，实际上是以"虚拟"取代真实"在场"。以承诺肉身解放的VR数字实践带来的是一场更彻底的肉身逃逸。

关键词：VR；技术意向性；数字实践；肉身

> **作者简介**·
>
> 王颖吉，北京师范大学新闻传播学院教授；黄端，北京师范大学新闻传播学院研究生。

对于当代数字艺术实践，如何理解技术已成为首要问题。艺术探索要摆脱沦为简单的技术应用和商业化实践，就需要超越对技术的简单化描述，深入把握其内在机理及美学效应，这决定了艺术家以何种态度、何种方式处理所面对的技术形态，为整个创作奠定逻辑起点。虚拟实境技术（Virtual Reality，简称"VR"）是当代数字艺术实践所面对的最新技术形式，有着复杂的技术机制，引起的讨论和观点颇为多元，甚至呈现分裂状态。本文拟从技术哲学的视角对之进行分析阐释，厘清VR技术的运作逻辑，以期将对VR的理解推向更深层面。

一、VR的技术意识形态偏向

VR艺术家Chris Milk在以"VR的诞生：新艺术形式的崛起"为题的TED讲演中分享了他对VR技术的看法，他回溯人类媒介技术发展史，认为VR是人类"最后一个媒介形态"，并强调VR是一种"自然化机器"[natural machine]，其特性在于把人们"带回世界"[back to the world]。[1]Chris Milk的论述有何依据？我们应当如何理解？实际上，这些说法关系到对人的在世存在模式及其与VR技术的关系的理解。

在现象学的理论传统中，人以"身体"在世，人的主体性模式并非笛卡尔式身心二分的主体性，而是物质存在、精神存在不可分割地统一其中的知觉的主体，现象学家梅洛-庞蒂称之为肉身化主体，并将之作为"世界上存在的媒介物"[2]，他认为，"身体的运动体验不是认识的特例；它向我们提供进入世界和物体的方式，向我们提供'实际认识'，这种认识必须当作是始源的，大概也是第一位的。我的身体有自己的世界，或者理解自己的世界，无须经过我的'表象'或'客体化的

---

[1] 参见"VR的诞生：新艺术形式的崛起" http://open.163.com/movie/2016/7/A/J/MBRL8T8SU_MBRST7NAJ.html.
[2] [法]梅洛·庞蒂著、姜志辉译，《知觉现象学》，商务印书馆，2001年，第113页.

第四部分
VR：具有巨大发展价值空间的未来媒体

功能'。"[①]也就是说，身体在与世界打交道的过程中使得意义得以自发显现。

实际上，"肉身"正是当代艺术在处理技术问题时的焦点所在。在当代数字艺术实践中，技术往往被视为激活艺术创作的工具，是"对一种美学创新潜能的增强和重新配置"[②]，而这种美学潜能的释放正是通过技术与身体之间的互动来实现的，技术被认为暗示了一种对身体经验进行创造性配置的可能，对这种可能性的期待在VR技术这里被放至最大。VR标举沉浸性、互动性，让观众以参与虚拟情境的方式获得某种身体体验，这就是Chris Milk所谓"自然化机器"和"返回世界"的真义。VR突破了以往再现式、媒介化的交流模式，让人回到了以现象学式的肉身实践获取意义的状态。进而，VR甚至被期冀赋予观众参与权，成为解放观众身体的民主文化实践的手段。

这种从美学视角的阐释往往强调其对艺术实践带来的可能性，但却容易滑向技术乐观主义。这种技术乐观主义态度放大了技术对肉身的还原与解放效应，却忽略了技术对肉身的中介乃至控制效果。正如我们可以质疑Chris Milk，作为一种技术的VR如何自然？虚拟情境真的能等同于"世界"吗？VR使用被期待能恢复现象学意义上的身体体验，让人回到类似于前媒介时期的具身认知状态。但是，VR所创造的身体体验也只能是"类似于"而非"等于"纯粹肉身体验，要理解其中微妙而隐蔽之处就必须注意到VR对人的肉身体验的技术中介效应。技术对人的知觉进而对人的存在的构造效应被技术现象学家唐·伊德称为"技术意向性"。所谓技术意向性，"并非指代技术具有能够直接构造对象的能力，而是指其自身所体现出来的某种物质特点对人之知觉和行为模式的

[①] 舒红跃撰，《从"意识的意向性"到"身体的意向性"》，载《哲学研究》，2007年第7期。

[②] [英]苏珊·布罗德赫斯特撰、叶斯译，《数字化实践关于身体的新写作》，载《新美术》，2013年第6期.

转化，从而在无形中'引导'着人们看待世界的方式和处事模式。"①技术功能的实现，乃是协调、转化人对世界的经验感受和行为模式，技术并非中立，而是处在人与世界之关系的中介的位置上。

我们可以将这种技术的意向性效果视为技术意识形态的一个本质特征。媒介学家尼尔·波斯曼认为，任何技术都真实潜藏着意识形态偏向，这种偏向会导致人们在理解技术的时候，更多地采取要么视而不见，要么歪曲颠倒的视角，从而产生天真无邪和乐观主义的理解。通常情况下，"在技术垄断时代，我们陷入了机器神奇效果的重重包围之中，我们受到的鼓励是忽略机器里嵌入的理念。这就是说，我们对技术隐含的意识形态意义视而不见。"②正是由于VR的这种意识形态偏向，它被寄予了一系列有关人类自由和解放的幻想，如沉浸式体验、身体意向的自由、高度还原的交互性以及媒介经验的情境化等，这些特征都无一例外地将VR体验与人们的原初经验相联系，因为它们是对原初经验的模拟，但如果通过现象学分析，我们更容易看出这些技术特征的本质，它们实际上并不是对原初肉身经验的贴近，而是对这种经验的逃逸。

二、沉浸体验：身体知觉信息化

在现象学传统中，主体的"肉身性"首先体现为知觉在人的在世存在中的基础作用。梅洛-庞蒂认为我们被感知的世界已然是一个有意义的世界，相较于理智，知觉是更加古老的、与世界的一种交往方式。也就是说，身体知觉以一种潜意识、前反思的方式为人的在世奠基。身体不是一个能被理智清晰构想的观念身体，而是一个知觉和体验中显现的前对象身体。

而VR数字实践的技术意识形态首先表现为它对人的这种肉身知

---

① 刘铮撰，《从两种意向性到两种伦理学：现象学视域下的身体、技术与伦理》（硕士论文），苏州大学，2015年.
② [美]尼尔·波兹曼著、何道宽译，《技术垄断：技术向文化投降》，北京大学出版社，2007年，第53页.

第四部分
VR：具有巨大发展价值空间的未来媒体

觉交流方式的迷惑性模拟。VR的特殊性就在于，它不是一种再现式媒介，在VR数字实践中，人通过在虚拟情境中直接的知觉与活动获取体验，VR数字实践创造了一种沉浸体验，让人仿若回到直接以肉身经验的方式与世界交流的状态。但VR这种知觉体验是对纯粹"信息环境"的知觉，此即"虚拟"这一定语的含义。如果说VR情境下的身体体验与现实环境下的身体体验有何不同，关键区别就在于前者全然是一个信息环境，在其中我们以对模拟信息的视觉体验取代了全身心的对现实世界的感知体验，由此导致身体感知的信息化。在VR旅行中，我们能看到风景，但却感受不到风，听不到那些偶然飘来的鸟鸣，我们只能感受到VR创造者为我们建构的内容，在此，信息环境取代了自然。在VR博物馆中，我们能自由地闲逛，享受无须排队、没有吵闹的博物馆，但我们所见到的文物和艺术品只是信息模拟制做出的图样，而非真实的文物本身，在此，信息取代了历史。在VR的社交中，我们能够和遥远的人交往拥抱，在此，信息取代了肉身。总而言之，虚拟现实意味着，时间、自然、他人、肉身，都为信息所取代。

技术哲学家家鲍尔格曼将这种信息化的环境称为"超现实"。"超现实"有三个方面的特点，首先，它是技艺高超的，有包括一切的一面，也有排除一切的一面。也就是说，它一方面竭尽全力模仿人的自然感知，另一方面又排除一切不想要的信息，比如前述博物馆嘈杂的环境被排除了，只剩下想要观赏的展品。其次，超现实是丰富的，它能以高分辨率的技术特质生动地模拟人多种多样的感官体验。最后，超现实是能变通的，受人类的欲望与操作的支配。"超现实的逻辑的终极目的，可能是制造出极富魅力的模拟装置"[1]。由于在超现实中获得的经验是在超现实背景中产生的，"经验的力量便是可以随意使用的、不连续的，也就是说，它便毫无真正力量。"[2]鲍尔格曼认为，技术所创造的

---

[1] [美]艾尔伯特·鲍尔格曼、孟庆时译，《跨越后现代的分界线》，商务印书馆，2003年，第105页。

[2] 同上书，第116页。

流动的信息环境与稳定的现实之间是不可共存的,"不可能有脱离现实的、毫不费力的魅力与深刻的参与性的融合"①,因此VR必定由对现实的模仿走向对现实的解构。如果说,在海德格尔所处的工业时代,现代技术是一种"促逼",人成为无所不能的主体,世界被把握为资源,万物除了作为资源之外,不再有自身的意义。那么,信息时代诞生的VR技术背后的隐喻就在于,世界被把握为信息,世界可以随意创造,随手调用,人游戏于他自己创造的乐园,这无疑消解了现实的艰难性、严肃性。

在原初的身体—世界关系中,肉身主体以丰富、细腻的知觉体验着世界,VR数字实践却将人对世界的体验转化为一种纯然信息流的体验,人的丰富的、活生生的知觉体验被磨光擦亮的同时也被简化过滤。

三、自由:身体意向被动化

作为肉身主体的人并非物理生理意义上的肉身,不是一个死物般的实体存在,而是一个朝向世界去存在的活生生的知觉身体。人的肉身存在不仅能够在各种情境中活动体验,而且能够敏感地意识到正在进行体验的肉身知觉,超出对知觉的自然态度,发现身体的主体性,此即所谓身体意向性。这是一种"我能"的感觉,也是人的"自由感"的形成机制。

据说在VR数字实践中,人也能够形成这样一种身体意向性的知觉,所谓前所未有的"自由"感。有从事VR创造的内容商这样描述VR使用体验,认为"沉浸感体现在用户在观看时的'自由度',观看者在这个视频里的自由度有多大,带给你的沉浸感就有多强。"②这个描述清楚点明了VR数字实践中"沉浸"与"自由"的相关性,也就是说,

---

① Borgmann Albert, *Holding onto Reality: The Nature of Information at the Turn of the Millennium*, University of Chicago Press, 1999, P. 191.
② 参见 "VR热播张庆浩:在虚拟现实中享受'自由'" http://bingganjiazu.baijia.baidu.com/article/379651.

第四部分
VR：具有巨大发展价值空间的未来媒体

VR数字实践中的"我能"是通过传者为观众制造的"沉浸"体验来达成的，从根本上说，使用者要获得"沉浸"感以及由此而来的"自由"感，只有在放弃自我对媒介使用的把控性前提下，才能达成，这种放弃包括对媒介使用对象和媒介使用主体两个方面的放弃。

首先要放弃对"媒介对象"的控制权，这也就是使用情境"封闭"化。这是从"界面"到"空间"的惊险一跃。VR数字实践要求使用封闭式的眼罩，达成对"肉眼"的进逼，从而将余光"封锁"起来。肉眼的"余光"有着扩展人的视觉范围的功能，使人在"关注"对象的同时，仍有散视其他存在物的可能性。"余光"的消失带来"界面"的消失。在VR之前，所有的虚拟情境的塑造都是有边框的二维存在，"边框"同时也意味着"边界"，它在视觉对象所呈现的世界与现实世界之间划下一道鸿沟。在VR的视觉体验中，虚拟与现实之间的"边界"消失了，人不是被"吸纳"到"虚拟现实"之中，就是隔绝于"虚拟现实"之外。选择进入"虚拟现实"就意味着跨越虚拟与现实的"边界"，这意味着交出主体对媒介使用对象的把控性，只留下一个象征性的"摘下眼镜"的权利。

除了放弃对媒介使用对象的控制权，还必须放弃对使用者主体，也就是其自身"身体"的控制权。无论是文字、图片还是影像媒介，我们都仅仅是以视觉或听觉等方式局部性地进入媒介，而VR则要求一种全息具身的使用方式。身体对于人的存在处于基础地位，它以一种前反思的方式构造着主体，也就是说，经由身体与环境相互作用形成的体验能够更深刻地影响、转变着人的存在感知。正是因为身体与人的主体存在之间的关联如此紧密，以身体方式进入VR一方面意味着由此能够获得沉浸与自由感，另一方面却极有可能对人的主体性产生渗透乃至颠覆性的影响。VR艺术家约翰·纳乔普·詹森依据其制作VR艺术的体会认为，"……VR有很多好的地方，但是也有一些副作用。因为VR是非常强的一种媒介，它拥有一种力量将你从一个现实转移到另外一个完全不同的现实里——那是一个我们所创造的、我们控制的一个现实；而且它能够让你在这个虚拟现实之中忘记自己。"①也就是说,"自由"的代价是"忘记",甚至被"吞噬"。

使用"VR"就仿佛是一个"交易",人们只有同时交出他对媒介使用对象和作为媒介使用主体的他自身的控制权,才能获取身体的"我能"感觉,因此,从根本上说,VR使用情境下所体验到的"身体意向性"的解放是以牺牲现实身体对媒介使用把控权的自由为代价而获得的,这种"我能"根本上是一种"被动"的"我能"。在这个层面,VR就像一个"异在"的他者,有着相对于人的自主性,人通过臣服于这一对象性技术来获得所谓身体意向性的解放。VR数字实践所承诺仅是一种虚假的身体意向性的解放。

四、交互:表象化存在的"他者"

"肉身"主体也是发现他人,发展主体间性的基础所在。梅洛-庞蒂认为,从"我思"出发把握他人只能将他者对象化而走向唯我论,要理解真实的他者,只有基于肉身知觉。"如果我没有一个身体,而且如果他们没有一个他们借以能够滑入我的场、能够从内部多样化我的场,并且在我看来能够被同一世界所吞噬且同我一样着迷于同一世界的身体的话,对于我来说,就既不存在着别人,也不存在着别的精神。"②在前反思的身体知觉中,我能够在当下直观到他者的身体存在,把握到一种与他人共在之感。

正因基于肉身能有助于通达他人,VR的3D全息投影技术被视为能够用于探索主体间交往的天然利器。目前有许多虚拟现实实验室试图借助VR的身体感知技术来探索主体与他者的边界。如一家叫作BeAnotherLab的实验室使用虚拟现实设备让两个用户分别带着虚拟现实

---

① 参见"CAFA论坛 | '技术伦理'主题论坛第二场:当游戏进入艺术,虚拟与现实的边界在哪?"http://www.cafa.com.cn/c/?t=218994.

② [法]梅洛-庞蒂著、杨大春译,《世界的散文》,商务印书馆,2005年,第155页.

第四部分
VR：具有巨大发展价值空间的未来媒体

头戴设备，同步各自的运动，然后他们就能够通过眼睛感受到并看到对方的身体。通过创造出幻觉，让使用者感觉自己与别人交换了身体，并让大脑相信他们拥有了另一种肤色、不一样的身体器官以及他人的意识。①

实际上，在媒介发达社会中，再现他者的"虚拟形象"已成遍在现象，模拟技术不断进步，VR正是其极致形态，几乎能实现对他者的完满再现。但再现技术的进步是否能够促进主体间交往走向更深层次？关于他者的"表象"并不等于"他者"本身，甚至有可能更进一步地阻止、妨碍人们直接地面向他者。列维纳斯对"他者"与"形象"之间的矛盾有清醒的认识，他认为，"他者"是一种绝对存在，而形象就是阴影和偶像，"最美满形象中包含着无法克服的漫画，而作为偶像而呈现出愚蠢之相"②，这是因为一旦将异质性的他者化为表象，"他者将失去神秘，成为一个世俗的存在物"③，VR相较于此前媒介在呈现"他者"的技术上的确取得了巨大的突破，但它本质上仍只是关于"他者"的表象，只不过这种表象更加生动化、具体化，VR技术只是"表象"僭越"他者"的新的胜利。

试图借助肉身模拟技术通达他者的尝试只能导向虚假的主体间交往。德国哲学家马丁·布伯认为，"人执持双重的态度，因之世界于他呈现为双重世界……其一是'我-你'。其二是'我-它'。"④只有当人悬置因果必然性的时候，方能与"你"相遇，进入本真的关系世界，而当人将世间万物包括他人作为对象化的客体方式进行把握时，世

---

① 参见 "虚拟现实让你体验性别交换 感受他人身体" http://tech.163.com/16/0219/07/BG5V2OMV00094P0U.html.

② Emmanual Levinas, "Reality and its Shadow", in The Levinas Reader, Camelot Press, 1989, P. 137.

③ 胡继华撰，《虚拟他者——列维纳斯的伦理诗学与媒介文化批判》，载《文艺研究》，2015年第2期。

④ [德]马丁·布伯著、陈维刚译，《我与你》，生活·读书·新知三联书店，1986年，第17页.

界于我就是它性世界。VR交互的实质是"我-它"关系，但却被误识为"我-你"关系。通过VR技术促进"主体间"相互理解的实质是否定他者的"他性"，试图将他性融入我的自身同一性之中，仍然强调的是我的主体的主动性。

五、情境：存在方式的虚拟化

作为肉身主体的人同时也是一种"境遇性"存在。海德格尔认为，"此在本质上就包括：存在在世界之中"[①]世界与存在不可分离，此在的存在是在世界中的存在，是在具体的历史时空中与万物相遇并形成互动交往关系中的存在。"世界"是存在的境域，是存在的基地和背景。而在梅洛-庞蒂的知觉现象学中，人的在世存在的基点被落到肉身，人以肉身知觉并在世界中行动，由此开启不同的存在视域。自我总是处于一定的处境之中，我们只能在肉身实践中确立自己的现实性和发现自己。

依据现象学对"世界"和人的"存在"的理解，VR的确提供了一种技术可能，通过创造不同情境，将人以肉身体验的方式在不同的"世界"中穿行，由此打开人对存在可能性的新的认知。但从整体的视角来看，关键或许并不在于VR能够创造出多少个虚拟"世界"，以及由此呈现出多少种相应的"存在"可能性，关键在于，VR技术本身的存在论意义，VR技术本身所解蔽的"世界"，也就是说，不断制造"世界"、不断生成"世界"的VR技术意味着什么？不断地为我们展示各种有异于我们自身生存世界的"世界"的VR技术意味着什么？这样一种技术将如何重构我们的生活世界，如何影响人的存在状态？

不断生成"世界"的VR技术意味的是"世界"不断地自我生成，作为"世界"制造机的VR技术是海德格尔所谓"世界图像化"的新一代助推器。如果说，由交通工具等创造的现代性的空间体验是把人的身

---

① [德]马丁·海德格尔著、陈嘉映译，《存在与时间》，三联书店，1999年，第16页.

第四部分
VR：具有巨大发展价值空间的未来媒体

体"推"出去，运送到另一个时空来感知，那么VR所带来的空间体验的转换就是把所有的空间"拉"到身边来。即不是我的身体去到，而是时空场域来到，而且这种来到是"瞬间"实现的，这和电视、电影的机制是内在一致的，但VR相较于电视、电影的区别就在于，它以3D呈现的方式实现了更加空间化、时间化的转换，以全息体验的方式将人的肉身置身其中。

这种对时空情境便捷的调动功能看似带来的是"拉近"，而实际上是不断地把人从自身在世存在中拉扯出去，从在地生活跳出去感知另一个时空领域的情境。VR技术是所谓奇观社会发展的巅峰形态，"奇观"已经不再仅是人类凝视的对象，更成为人以肉身到场的方式逃逸的去处。如技术哲学家海姆所言，"虚拟实在会威胁我们经验的完整性""虚拟实在中的身体会进一步扰乱一种业已岌岌可危的存在论平衡"[①]。VR技术试图通过情境构建打开人对"存在"的领悟，但实际上是以"断裂"体验取代"连续"体验，以"虚拟"取代真实"在场"。

VR是当代艺术实践面对的最新技术形态，如果仍停留在传统接受美学的框架内，难免将之视为解放观众身体的技术神器，这样，VR技术机制及其技术效应的问题却被搁置了。技术哲学视角的阐释不仅仅是数字艺术批评的一个新的理论侧面，而应当是其整体基础和背景，这种批判也是新媒体美学实践的前提所在，它决定着我们如何理解新媒体进而采取何种态度对待新媒体的整个基点。与其他数字实践相比，VR的使用体验灵活地窜动于技术与肉身之间，或虚或实。但以技术哲学的角度来看，VR数字实践看似解放了人的肉身，但解放的其实是一个虚伪的肉身，本真的肉身则被遮蔽了。VR技术给我们开出种种肉身还原的支票，但最终兑现只不过是"肉身的逃逸"。

---

① [美]迈克尔·海姆、金吾伦等译，《从界面到网络空间：虚拟实在的形而上学》，上海科技教育出版社，2000年，第135页.

谁才是风险的"放大镜"?
——一项关于不同视觉媒介可视化方式对受众风险感知影响的实验研究

周敏　侯颗　王荟萃　兰美娜

本文原刊发于《新闻与传播研究》，2018年第7期，34-48+126-127

摘　要： 本文采用3*2的前、后测实验，考察不同视觉媒介的可视化方式对受众风险感知的影响。研究发现，普通视频能够有效提升受众的风险感知程度，图片、普通视频和VR均能有效增强受众对风险的熟悉程度，VR视频能够显著增强受众对风险后果严重性的认知。但是，不同视觉媒介可视化方式下受众的风险感知程度变化未出现显著差异。此外，个体的沉浸程度与风险的可控性程度呈负相关关系。本文认为媒介的叙事功能是影响受众风险感知的一个重要因素。

关键词： 风险感知、沉浸感、虚拟现实、媒介研究

作者简介·

周敏，北京师范大学新闻传播学院副教授；侯颗，北京师范大学新闻传播学院研究生；王荟萃，北京师范大学新闻传播学院研究生；兰美娜，北京师范大学新闻传播学院研究生。

第四部分
VR：具有巨大发展价值空间的未来媒体

一、研究背景

社会的发展总是与风险相伴，风险意味着一种不确定性，而这种不确定性大多与潜在的损失相关。按照人们认识风险的传统观念来看，风险=风险发生的概率*后果的大小，但它无法解释所有现代风险事件中受众的反应，尤其是大众媒介对受众感知风险所产生的影响，因此我们必须正确理解"风险"的内涵。风险既包括看得见的、可被量化的危险，也包括由心理认知所建构的危险，后者便隶属于风险感知（Risk Perception）的领域。风险感知指的是个体对存在于外界环境中的各种客观风险的感受和认识，且强调个体由直观判断和主观感受获得的经验对个体认知的影响。对于Risk Perception，国内学者将其译为风险感知、风险认知、风险知觉等概念，其属于心理学范畴。当应用风险评估来估计各种有危险的事物时，一般人主要是依赖直觉的风险判断，即称为风险认知。[①]广义上，它也包括人们对风险的一般评估和反应。也有学者认为风险感知指对特定事故概率的主观评价，以及我们同这个不利结果有多少关联。认知的风险既包括对概率的评估，也包括消极结果的严重性。[②]

通过梳理媒介对受众风险感知影响的相关文献，目前诸多研究所涉及的自变量包括媒介接触程度、媒介类型、信息呈现方式、信息类型；因变量主要包括环境风险、疾病风险、食品风险；研究方法包括实验法、内容分析法和问卷调查法。不同研究方法所侧重研究的方向也有所不同。其中实验法大多用于测试不同的媒介类型、不同的信息呈现方式、不同的信息类型对公众风险感知的影响；[③]内容分析法主要用于分

---

① Slovic P., "Perception of Risk," Science, Vol.236, No.17, 1987, pp280-285.
② Sjberg L., Moen B E, Rundmo T., "Explaining Risk Perception. An Evaluation of The Psychometric Paradigm in Risk Perception Research," *Rotunde publicasjoner*, 2004, pp3-20.
③ 谢晓非，李洁，于清源：《怎样会让我们感觉更危险——风险沟通渠道分析》，《心理学报》，2008年第4期，第456-465页。

析不同媒介的报道内容对受众风险感知的影响。① 而问卷调查法和深度访谈法则多用于调查受众的媒介接触程度、满意度以及受众使用某一特定媒介时所产生的认知、情绪和行为反应对风险感知的影响。②

二、文献综述

关于视觉媒介的研究，与视觉文化传播研究紧密相连。20世纪20年代，电影学者贝拉·巴拉兹最早提出了"视觉文化"这一概念。20世纪80年代，以电视、电影和互联网为代表的新媒体的发展，使视觉传播研究逐渐由"语言学转向"到"图像转向"。有学者把视觉研究看作媒介研究，数字媒体即为一种复杂的视觉文化形式混合，③视觉化表征在本质上是图像符号，主要运用图像元素对被表征的对象进行相对形象的描绘。视觉媒介是视觉表征形式的载体，从文字到图片再到视频，信息的呈现越来越直观。文字媒介虽然具备深度和理性，但也不免显得过于单调和抽象，此外还受到地域民族之间文化差异的限制。图像则将抽象的文字信息转化为最直观最易感知的影像信息，帮助读者简化乃至省去了对文字符号的思维过程，更加直观形象和更具互动性。而兼具声音和动态图像的视频则进一步放大这一特征，并产生了更加多样的艺术表现形式。在此基础上，有一些研究开始关注知识可视化的视觉表征，2004年，有学者提出了知识可视化这一概念，即采用什么样的图解手段来促进知识创造和知识传递，其中并不只包括图解表征，而是包括各种能够促进知识创造与传递的各种视觉表征手段，如知识动画等。④ 如有学者探

---

① 全燕：《技术与民主：风险在科学与环境报道中的传播进路与思考》，《国际新闻界》，2015年第5期，第94-105页。

② 曾繁旭，戴佳，王宇琦：《风险行业的公众沟通与信任建设：以中广核为例》，《中国地质大学学报》（社会科学版），2015年第15卷第1期，第68-77页。

③ Poster M., "Visual Studies as Media Studies," *Journal of Visual Culture*, No.1, 2002, pp67-70.

④ Eppler, M. J., & Burkhard, R. A. "Knowledge visualization," Università della Svizzera italiana.2004.

第四部分
VR：具有巨大发展价值空间的未来媒体

究视觉化的传播形式对学生在线学习的影响。通过实验发现，相比于音频-文本、只有音频组，接受声频-视频结合的学习材料的学生完成度最高。[1]不同的信息表现程度和方式会使受众对信息产生不同理解。与知识可视化类似，风险同样能够被可视化，不同视觉媒介所带来的可视化方式的不同也会影响受众对风险信息的理解。

随着VR（Virtual Reality）技术的发展，其所带来的可视化方式与以往相比具有很大的不同。VR（Virtual Reality）虚拟现实技术存续时间已久，指利用电脑或者其他智能计算机设备模拟产生一个三维空间，为用户提供关于视觉、听觉、触觉等感官的模拟，让使用者没有限制地感知虚拟空间内的事物，其具有三个核心特征：沉浸感（Immersion）、交互性（Interaction）和想象力（Imagination）。[2]目前学界也有关于VR媒介的研究，大多集中在心理学和社会学领域。有学者已开始进行关于VR这种新型媒介对个体生理认知等方面的影响，如VR对个体的眼神交流、方向感、注意力集中的影响，[3]以及关于个体对物体在VR环境和现实环境中运动感知研究。[4]VR自身所具备的沉浸感等特征，使其在传递风险信息时会产生与以往媒介不同的效果。有学者使用VR这一媒介来探究个体在高风险环境中的自我调节情况。在一个实验中，63名女性参与者佩戴上VR眼镜后，将遇到一位具有侵略性的虚拟男性，研究人员发现她们对虚拟环境中遇到的风险认知等同于现实

---

[1] Lehtola W I, Gemignani S M, Sutherland J T, et al. "Not All Visual Media Are Helpful: An Optimal Instructional Medium for Effective Online Learning," *Proceedings of the Human Factors & Ergonomics Society Annual Meeting*, Vol.58, No.1, 2014, pp1351-1355.

[2] Grigore Burdea, Philippe Coiffet, *Virtual Reality Technology*, EBSCO Publishing (Firm), New Jersey: J.Wiley &Sons, c2003, pp4-6.

[3] Evelyn K. Orman, "Effect of Virtual Reality Exposure and Aural Stimuli on Eye Contact, Directional Focus, and Focus of Attention of Novice Wind Band Conductors," International Journal of Music Education, Vol. 34, No.3, 2016, pp263-270.

[4] Reggie Kehoe, Martin Rice, "Reality, Virtual Reality and Imagery: Quality of Movement in Novice Dart Players," *British Journal of Occupational Therapy*, Vol. 79, No.4, 2016, pp244–251.

环境中遇到的风险。① 在此基础上，我们认为VR所带来的360度全息浸入的可视化方式，与图片、视频相比有很大的不同，因此可能会对受众认知风险，理解风险信息产生更大的影响。

关于风险感知研究理论流派的划分，目前学界出现了几种不同的划分方式，第一种将其归纳为三种范式：公理化测量范式（The Axiomatic Measurement Paradigm）、社会文化范式（Socio-cultural Paradigm）以及心理测量范式（The Psychometric Paradigm）。② 第二种划分将风险的知觉研究分为风险评定研究（Risk Evaluation）和风险识别研究（Risk Identification），其中风险评定研究主要集中于各种社会事物和个人自发行为中包含的风险程度的评定方式，侧重于人类认知风险量的测量方法和风险知觉结构的建构研究，以斯洛维克（Paul Slovic）的心理测量范式为代表。风险识别研究则侧重某一特定领域和该领域中的特殊事件及情境中所潜伏的危险源的识别等方面的研究③。第三种划分方式是把风险感知研究分为个体水平上的研究方法和社会水平上的理论导向两个层面，前者包括理性行为者模型、心理测量范式；后者包括文化理论和风险的社会放大。④ 后来又有学者直接将其归结为两大流派，一是以斯洛维克、伦纳特（Lennart Sjoberg）等人为代表的心理测量流派，他们主要运用心理学方法研究风险问题，侧重对风险根源的主观特征和主观感受的测量。二是以人类学家道格拉斯（Douglas）、迈克汤普森（Mike Thompson）等人为代表的文化理论流派，该流派试图从认知主

---

① Kniffin T C, Carlson C R, Ellzey A, et al, "Using Virtual Reality to Explore Self-regulation in High-risk Settings," *Trauma Violence & Abuse*, Vol. 15, No.4, 2014, pp310-21.

② Weber, E. U., "*Decision and choice, Risk, empirical studies,*" In N. J. Smelser & P. B Baltes (Eds.), International Encyclopedia of the Social and Behavioral Sciences, Oxford, UK: Elsevier Science Limited. 2001, pp. 13347-13351.

③ 田丽丽，郑雪，刘海涛：《风险知觉研究的历史回顾与展望》，《心理与行为研究》，2005年第4期，第310-313页。

④ 李红锋：《风险认知研究方法述评》，《安庆师范学院学报（社会科学版）》，2008年第27卷第1期，第19-22页。

体自身的生活方式理解风险感知及与风险有关的行为。①

关于风险感知这一概念的测量,大量研究都从心理测量范式出发,运用各种心理测量量表,获得有关风险认知的数据。心理测量范式作为一个整体的理论框架,它的一个基本假设是:个体能够对各种问题,包括一些困难的问题做出有价值的回答。但这个假设也存在一定局限性,从数据中得到的信息仅仅代表个体对风险事件的某些认知状况,并不能反映个体实际的行为反应。②心理测量范式还认为风险具有主观性特征,即不同个体会对风险做出主观性的评估。有学者受到"人格理论"的启发,赋予风险事件以个性特征,风险事件的个性特征可以反映每一种风险在不同维度上的风险认知程度。下图为核能、X射线在几个风险特征维度上的主要轮廓。③

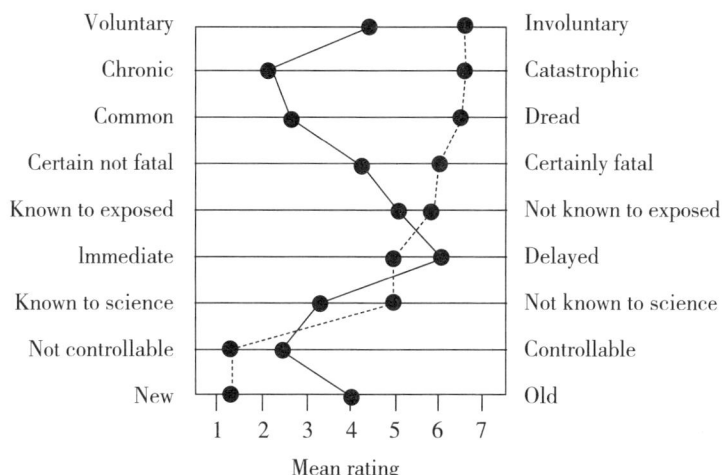

图1　菲斯科霍夫(Fischhoff)和斯洛维克等人于1978年描绘的核能和X射线在风险特征上的差异

① 王锋:《当代风险感知理论研究:流派、趋势与论争》,《北京航空航天大学学报(社会科学版)》,2013年第3期,第18页.

② 谢晓非,徐联仓:《风险认知研究概况及理论框架》,《心理科学进展》,1995年第3卷第2期,第17-22页.

③ Fischhoff. B, Slovic.P, S.Lichtenstein, S.Read B.Combs, "How Safe is Safe Enough A Psychometric Study of Attitudes Towards Technological Risks and Benefits," Policy Sciences, 1978, 9, pp127-152.

在这一理论框架下,斯洛维克等学者在研究中尝试了诸多方法对风险感知进行测量,如等级评价量表(Numerical Rating Scales)、传统的态度问题测量(Traditional Attitude Questions),非传统的单词联想(Nontraditional Word Association)以及情景法(Scenario Generation Methods)等。[1]越来越多的研究者主张从不同维度对公众的风险感知进行测量。菲斯科霍夫等人提出影响人们对实际风险和可接受风险感知的九种维度,分别是自愿性(Voluntariness of Risk)、直接性(Immediacy of Risk)、熟悉性(Knowledge of Risk to Those Who Are Exposed)、了解程度(Scientific Knowledge)、可控性(Control Over Risk)、新颖性(Newness)、潜在危害性(Dread Potential)、可怕性(High Severity of An Incident)、后果严重性(Number of People Killed in An Incident)等。[2]谢晓非、徐联仓(1998)认为风险感知的维度测量可划分为影响程度、熟悉性、可控性、持续性、可能性、严重性六个维度。[3]还有学者在探讨居民对洪水的风险感知时,主要从恐惧程度、后果严重性和可能性三个方面测量风险感知。[4]

在新闻传播学领域,已有学者尝试采用实验法探究媒介对风险信息的呈现和传递对受众风险感知的影响。有研究发现,形象性的信息呈现会提升受众的风险认知水平,但不同感觉通道的信息输入对风险认知没有影响。电视比网页唤起更高的风险认知。[5]国外有学者探讨媒介对

---

[1] 谢晓非,徐联仓:《风险认知研究概况及理论框架》,《心理科学进展》,1995年第3卷第2期,第17-22页.

[2] Fischhoff. B, Slovic.P, S.Lichtenstein, S.Read B.Combs, "How Safe is Safe Enough A Psychometric Study of Attitudes Towards Technological Risks and Benefits," *Policy Sciences,* 1978, 9, pp127-152.

[3] 谢晓非,徐联仓:《一般社会情境中风险认知的实验研究》,《心理科学》,1998年第4期,第315-318页.

[4] Terpstra.T.Emotions, "Trust, and Perceived Risk: Affective and Cognitive Routes to Flood Preparedness Behavior," *Risk Analysis*, 2011,pp31.

[5] 谢晓非,李洁,于清源:《怎样会让我们感觉更危险——风险沟通渠道分析》,《心理学报》,2008年第4期,第456-465页.

环境传播的影响，媒体对环境信息的设置和呈现将影响受众具体的环保行为。研究发现，和不带框架的虚拟环境相比，带有框架的虚拟环境设定会有效提升实验对象的行为动机。和低交互性相比，参与者在高交互性条件下的环保行为更明显。①也有学者探讨在环境风险面前，受众的情感、风险感知与媒介的叙事结构之间的关系，叙事性信息比纪实性、虚构娱乐性的信息呈现形式更能唤起受众的情感及风险感知。叙事性的信息先影响受众的情感，进而影响受众对环境风险的感知及政策选择偏向。②不难看出，风险信息的形象化程度、媒介对信息加工的叙事结构以及信息的虚拟化表达都会影响受众的风险感知水平。

结合上述既有研究的主要观点，我们认为不同视觉媒介的可视化方式会影响受众的风险感知水平。据此，本文提出如下研究假设：

假设1：图片、普通视频和VR三种媒介不同的可视化方式会对受众的风险感知水平产生影响。

假设2：不同视觉媒介的可视化方式下，受众风险感知程度存在显著差异。

假设3：相比图片和普通视频，VR最容易唤起受众的风险感知。

此外，研究者还发现受众在使用媒介时会不自觉进入到一种沉浸状态，威根德（Wigand）等人（1999）对沉浸的定义如下：当一个人参与一种行为并且完全融入、专心和享受其中，体验其内在的兴趣，同时

---

① Sun Joo (Grace) Ahn, Jesse Fox et.al, "Framing Virtual Experiences: Effects on Environmental Efficacy and Behavior Over Time," *Communication Research*. Vol. 42, No.6, 2015, pp.839-863.

② Kathryn E. Cooper, Erik C. Nisbet. Green "Narratives: How Affective Responses to Media Messages Influence Risk Perceptions and Policy Preferences About Environmental Hazards," *Science Communication*.2016, Vol.38, pp626-654.

产生扭曲的时间感即形成最优体验。①沉浸可看作一种暂时性的、主观化的经验，同时这也是人们为什么愿意继续从事某活动的原因。霍夫曼（Hoffman）和诺瓦克（Novak）以WEB网站的浏览者作为研究对象，研究用户浏览网站时的沉浸体验。他们从1996年开始对网络浏览活动进行了一系列的沉浸体验研究，提出并不断修正了网络沉浸体验的模型，最终把沉浸体验划分为8个维度。②

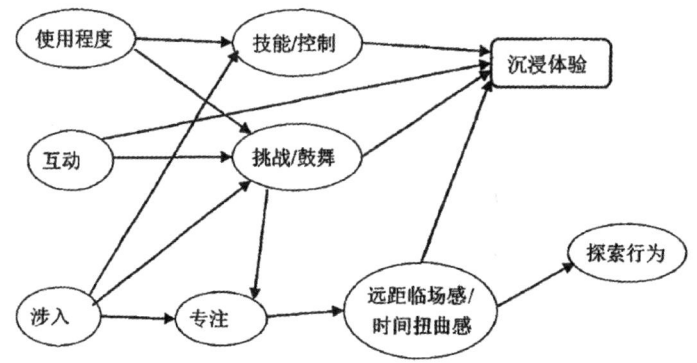

图2 霍夫曼和诺瓦克于1996年提出的经典网络沉浸模型

在上述基础上，笔者猜想个体在接受基于图片、普通视频、VR视频三种不同媒介可视化形式所呈现的风险信息时的沉浸程度也会成为影响其风险认知水平的一个重要因素。据此，本文提出如下假设：

假设4：受众接受风险信息时的沉浸程度与风险感知水平具有相关性。

---

① Chen H, Wigand R T, Nilan M S, "Optimal Experience of Web Activities," *Computers in Human Behavior*, Vol.15, No.5, 1999, pp585-608.

② Hoffman, Donna L. and Thomas P. Novak, "Marketing in Hypermedia Computer-Mediated Environments: Conceptual Foundations," *Journal of Marketing*, 60 (July), 1996, pp50-68.

三、实验：图片、普通视频、VR对受众风险感知水平的影响程度比较

（一）实验设计

实验采用3×2设计，自变量为视觉媒介可视化类型，即图片、普通视频和VR视频以及沉浸感水平；因变量为受众风险感知程度。实验目的一是研究图片、普通视频和VR视频这三个单独的自变量对受众风险感知程度及其子维度的影响；二是在于检测视觉媒介可视化类型对受众风险感知程度及其子维度的影响；三是探究受众观看材料时的沉浸感水平是否和风险感知水平具有相关性。

1.实验被试与随机分配

本研究于2016年12月在中国北京一所综合性大学展开，实验时间为2016年12月20日至2016年12月24日。实验共招募被试88名，其中男性45名（51%），女性43名（49%）；文科生44名（50%），理科生44名（50%）；本科生61名（69%），硕士生23名（26%），博士生4名（5%）。随后，研究者采用随机数表将所有被试随机分配到三个实验组当中，分配结果如下：

表1　各组被试分配情况

	总人数	女生	男生	文科生	理科生
图片组	29	14	15	15	14
普通视频组	29	14	15	14	15
VR组	30	15	15	15	15
总计	88	43	45	44	44

为验证被试分配的随机性，尽可能排除实验对象个体本身风险认知水平的影响，同时更好地检验被试实验前后风险感知程度的变化，在实验开始前三天，研究者分别对图片组、视频组和VR组的被试人员进行

前测,单变量因素分析(ANOVA)结果显示,三组被试风险感知程度分布均匀、差异不显著,说明三组被试分配随机性良好。

表2 各组前测风险感知程度方差分析

	图片	普通视频	VR	F值	显著度
前测风险感知程度	4.4421（29）	4.3162（29）	4.4890（30）	0.370	0.692

df=2 p>0.05

2.实验材料选择、处理与评定

本次实验的材料以环境风险为主题,所选择的风险事件为苏联切尔诺贝利核电站事故。选择这一事件的原因有以下两点:第一,2016年是切尔诺贝利核事故发生30周年,媒体有关此事故危害的呈现等信息较为完整;第二,这一事故发生时间久远,不会产生因被试对该事件了解程度不同而形成的风险感知差异。实验图片及普通视频的材料均来自2016年网易对切尔诺贝利核事故所做的专题报道,其中图片全部由普通视频材料的截图组成,VR视频由波兰某游戏团队制作,该视频沉浸效果精良。三组材料的拍摄对象相同,即切尔诺贝利核事故发生30年后,距离事故发生地3公里内的核电站员工居住地普里皮亚季的城市内外景,为最大程度地保证三组材料所传递的信息量一致,我们进行了如下加工:1)保证三组材料传递给受众关于此事件的背景相同。我们将有关切尔诺贝利核事故的背景介绍分别以图注、视频字幕和VR视频字幕的方式展现,且三组材料使用相同的背景音乐。2)保证三种媒介的播放时间一样,播放时长均集中在1分50秒左右。3)尽可能保证三种媒介所呈现的画面内容一样。为此我们的图片为普通视频的截图,对视频和VR视频内容也进行了剪辑,最大程度地保证三种媒介所展现出的画面内容、视觉元素以及出现的先后顺序、频次等保持一致。VR实验组所使用的VR设备为pico neo dk标准版一体机。

在实验进行前,三组材料均接受了实验材料评定,评定内容为实验材料是否适合测量受众风险感知这一变量、实验材料是否将材料误差降至最低、实验材料的信息量是否一致、实验材料的被理解程度是否一致。评判对象为该大学的15位学生,这15位学生未参加后续实验。

3.实验程序

实验开始三天前,研究者给所有被试发放在线问卷,完成前测。12月23日-24日,实验进行。研究者首先给被试播放一段事先录制好的音频,内容是切尔诺贝利核事故的背景资料(500字左右,2分钟)。接下来,三组被试分别观看图片、普通视频和VR视频。观看结束后,每组被试填答七点式心理量表,实验者进行问卷收集。

控制检查:每次操作中均加入控制检查,包括两个问题:

(1)对刚才呈现的信息材料,你理解程度是?(7点评分)。

(2)这份材料让您联想到了有关核电站建设的哪些问题?

控制理解程度的目的是为了排除由于理解不充分对风险认知造成的影响,并能够在保持理解程度一致的情况下分析不同视觉媒介造成的风险认知差异。从而确认被试对于题目的理解与实验操作一致。

4.变量测量

(1)自变量测量:沉浸感

本研究关注的另一个变量,借鉴诺瓦克和霍夫曼于1997年编制的量表,包含了专注度、控制度、挑战水平、技能等八个维度。[①]采用五点李克特量表进行测量,具有较好的测量信度。(Cronbach's Alpha为0.903)

(2)因变量测量:风险感知水平

本实验关注的因变量,从心理测量范式中,选择在环境风险认知测量中经常采用的认知评价维度,分别是:A焦虑程度、B熟悉性、C后果严重性、D可控性、E影响程度。所有测量题项均采用李克特七点量表

---

① Novak, T., Hoffman, D., "Measuring the Flow Experience Among Web Users". Manuscript. Project2000, Vanderbilt University. ARTI CLEIN PRESSE.M.Pilke / Int. J. *Human-Computer Studies* 61 (2004), 1997, pp347-357-356.

形式。由于实验量表为在前人基础上进行改编后的自编量表,所以需在实验前对量表信效度进行检验。在前测过程中,研究者随机发放问卷90份,回收有效问卷89份。

信度分析

风险感知量表一共包括五个维度,每个维度对应若干指标。为了验证维度内的指标是否共同反映了该维度所指的概念,需要对每个维度分别进行信度检验。检验量表内部一致性通常采用Cronbach's α系数。在检验前,已将量表内的反向描述统一处理成同一方向的描述,保证了条目与条目间的一致性。利用SPSS的"可靠性分析"功能检验,总体量表以及各维度的Cronbach's α值如下表所示:

表3 风险感知量表可信度分析

可靠性统计量		
维度	Cronbach's Alpha	指标个数
A焦虑程度	0.829	4
B熟悉性	0.831	3
C后果严重性	0.77	4
D可控性	0.719	3
E影响程度	0.76	2
总量表	0.8	16

由上表可见,风险认知量表各维度和总体Cronbach's Alpha值在0.719-0.831之间,均大于0.7。一般认为Cronbach's Alpha值达到0.7以上表示量表信度较好。本量表具有较高的信度,即量表内部一致性较好。

效度分析

效度一般分为表面效度、内容效度、结构效度等,由于量表是依据前人研究所用量表加以改造,因此具有较好的表面效度和内容效度。而结构效度需要用软件进一步检验。因子提取方法采用主成分分析法,以特征值大于1为提取标准。大于1的因子有五个,解释的总方差为

70.062%，大于70%，说明此量表具有一定的解释力（见表4）。采用正交旋转法，量表中的各指标旋转后因子负载情况见表，指标的负载值在0.546–0.853，每项指标均大于最低标准0.4，说明量表具有较好的结构效度（见表5）。

表4　解释的总方差

成分	初始特征值			提取平方和载入			旋转平方和载入		
	合计	方差的%	累积%	合计	方差的%	累积%	合计	方差的%	累积%
1	4.709	29.432	29.432	4.709	29.432	29.432	2.998	18.739	18.739
2	2.656	16.597	46.029	2.656	16.597	46.029	2.46	15.375	34.115
3	1.64	10.25	56.279	1.64	10.25	56.279	2.408	15.048	49.163
4	1.204	7.527	63.806	1.204	7.527	63.806	2.04	12.753	61.916
5	1.001	6.256	70.062	1.001	6.256	70.062	1.303	8.146	70.062

提取方法：主成分分析。

表5　旋转成分矩阵（a）

维度	成分				
	1	2	3	4	5
C1	0.835				
C3	0.794				
C6	0.75				
F1	0.693				
A1		0.853			
A2		0.838			
A3		0.836			
B2			0.818		
B3			0.747		
C5			0.72		
C4			0.546		

续表

维度	成 分				
	1	2	3	4	5
B1				0.84	
B4				0.793	
D1				0.547	
C2					0.824
E1					0.667
提取方法：主成分。					
旋转法：具有 Kaiser 标准化的正交旋转法。					
a. 旋转在 5 次迭代后收敛。					

（二）研究发现

1. 理解程度的控制检验

理解程度的检验结果发现，图片组、普通视频组和VR组的被试理解程度都无显著差异。因此，本实验在被试对实验材料理解程度一致的前提下，研究不同视觉媒介对受众风险感知的影响。

2. 图片、普通视频、VR对受众风险感知水平影响程度分析

为证明假设1是否成立，本文借助SPSS软件中的配对样本T检验来分析数据。通过数据分析后发现：总体而言，三组被试风险感知程度均有所提升，其中普通视频组提升幅度最为显著（差值=0.4877，$P=0.013<0.05$），说明普通视频能够有效提升受众的风险感知程度；VR次之，且变化不显著（差值=0.3527，$P=0.095>0.05$）；图片提升幅度最小，前后变化同样不显著（差值=0.2325，$P=0.217>0.05$）。具体数据如表6所示：

表6 不同媒介类型风险感知程度及各分维度前后测差值

	风险感知程度	焦虑程度	熟悉性	后果严重性	可控性	影响程度
图片	0.232	−0.051	0.954	0.344	−0.195	0.137
Sig	0.217	0.891	0.002*	0.071	0.573	0.553

续表

	风险感知程度	焦虑程度	熟悉性	后果严重性	可控性	影响程度
普通视频	0.487	0.474	1.241	0.379	0.459	0.275
Sig	0.013*	0.184	0.000*	0.097	0.872	0.234
VR	0.352	−0.066	0.900	0.591	−0.122	0.600
Sig	0.095	0.843	0.004*	0.020*	0.672	0.108

在子维度方面，三组被试的熟悉性、后果严重性、影响程度指标全部上升。经配对样本t检验，图片、普通视频、VR均对受众熟悉性的提升发挥了显著作用（图片P=0.002<0.05，普通视频P=0.000<0.05）。VR视频除对受众核风险熟悉性的提升发挥明显作用外（P=0.004<0.05），还对受众对核风险后果严重性的评估产生了显著影响（P=0.020<0.05），说明VR视频能够使受众更加强烈地感受到核风险后果的严重性，由此证明假设1部分成立。

为证明假设2、假设3是否成立，本文借助SPSS软件中的单因素方差分析（ANOVA）进行数据分析，在采用该方法进行数据分析前，需通过单样本K-S检验，检测三组样本是否服从正态分布，将三组的前后测差值进行单样本K-S检验，检测结果如表7所示：

表7　单样本 Kolmogorov-Smirnov 检验

		图片组	普通视频组	VR组
N		29	29	30
正态参数[a, b]	均值	.2324	.4524	.3523
	标准差	.99434	.93808	1.12009
最极端差别	绝对值	.125	.104	.092
	正	.125	.086	.092
	负	−.072	−.104	−.081
Kolmogorov-Smirnov Z		.673	.561	.506
渐近显著性(双侧)		.755	.911	.960
a. 检验分布为正态分布。　b. 根据数据计算得到。				

图片组、普通视频组、VR组的近似相伴概率值分别为0.755、0.911

和0.960，均大于一般的显著水平0.05，则接受原假设，认为三组前后测差值频数服从正态分布，可以采用单因素方差分析法。

单变量方差分析（ANOVA）结果显示，三组被试的风险感知程度提升幅度差异不明显（F=0.139，p=0.646>0.05），说明媒介类型没有影响受众风险感知的因素，假设2、假设3不成立。同时，在风险感知的各个子维度上，图片、普通视频、VR三组前后测差值差异同样不显著。

表8　不同媒介类型风险感知程度前后测差值方差分析

	图片	普通视频	VR	F值	显著性
风险感知程度前后测差值均值	0.2325（29）	0.4877（29）	0.3527（30）	0.439	0.646

df=2　p>0.05

以上数据表明，普通视频能够有效提升受众的风险感知程度，三种媒介均能有效增强受众对核风险的熟悉程度，VR视频能够显著增强受众对风险后果严重性的认知，假设1部分成立。但是，不同视觉媒介下受众的风险感知程度变化未出现显著差异，假设2、3不成立；即三种媒介类型对于受众核风险熟悉程度的增强作用差异不显著；VR视频虽然能够显著增强受众对风险后果严重性的评估，但经单变量方差分析（ANOVA）检验，其增强作用与图片和普通视频相比差异仍然不明显。同时，三种媒介对风险感知中影响程度的提升作用差异同样不显著。

3. 受众接受风险信息时的沉浸程度与风险感知水平相关性分析

通过SPSS相关性检验后发现，个体在接受风险信息时的沉浸程度与风险感知水平并无显著相关性。但本文发现二者在某些具体维度上存在相关关系，具体结果如下：

个体沉浸感水平与风险感知中可控性维度具有显著的负相关关系，如下图所示，相关系数为-.405，sig=0.001<0.01。具体结果如表9所示：

表9 总体上沉浸程度与风险感知水平相关性

		沉浸感平均值	可控性均值
沉浸感平均值	Pearson 相关性	1	−.405**
	显著性（双侧）		0.001
可控性均值	Pearson 相关性	−.405**	1
	显著性（双侧）	0.001	
**. 在 .01 水平（双侧）上显著相关。			

此外，沉浸感中的控制维度和风险感知中的可控性维度呈显著负相关关系，相关系数为−.475，sig=0<0.01。具体结果如表10所示：

表10 沉浸程度中的控制力与风险可控性的相关性

		控制维度平均值	可控性均值
控制维度平均值	Pearson 相关性	1	−.475**
	显著性（双侧）		0
可控性均值	Pearson 相关性	−.475**	1
	显著性（双侧）	0	
**. 在 .01 水平（双侧）上显著相关。			

以上数据表明，个体的沉浸感水平与受众的风险感知程度的可控性维度存在显著负相关关系。假设4部分成立。

四、结论与讨论

本研究以切尔诺贝利核事故为例，采用3*2的实验设计，考察不同视觉媒介的可视化方式对受众风险感知的影响。研究发现，普通视频能够有效提升受众的风险感知程度。图片、普通视频和VR三种不同的媒介类型的可视化方式对受众的风险感知水平变化并未产生显著影响。这一结论虽然和本实验原有假设和预期结果有一定出入，但也能从侧面说明一些问题。我们认为，媒介的叙事功能是其影响受众风险感知的重要因素。有学者曾提出："VR虽然提供了360度无死角的全景影像，但这并不代表影像中所有的内容都是关乎叙事的主要内容。与传统视频相比，虚拟视频在同一个瞬间会展示更多的信息。但不可避免地，全方位的信息涌现会对重点信息造成干扰，相比之下，会显得叙事主线不够突出。"①图片主要以静态、断裂式的呈现方式传递信息，相比之下，视频的镜头叙事功能更强，其带有主观的创作目的，预设好一个固定视角为受众呈现更为连续的、带有主题性的信息。VR媒介虽在感官冲击上凌驾于前两种媒介，但叙事性的缺乏仍旧是VR在当下发展阶段中的一个致命问题。VR在带来360度全息沉浸体验的同时，也给予受众无限自由的视角。VR视频无法像普通视频那样明确告诉受众看什么，受众容易遗漏重要信息。因此在保证媒介承载文本内容一致的情况下，受众对于有效信息的获取仍旧会因为媒介自身叙事功能的差异不尽相同。此外，VR作为一种新型媒介，其在受众中的普及程度有限。相比图片和普通视频，VR更具新奇性，因此受众对于VR设备本身的好奇程度可能会影响沉浸体验。

目前新闻业在面对 VR 技术冲击之下还未找到较为有效的信息传递模式，基于以强大沉浸感著称的 VR 技术之上的内容创作不免显得滞后。虽然已经出现了一些专门探索虚拟现实新闻叙事策略的网站如 Immersive Journalism、Empathetic Media 等，但虚拟现实技术和文本相结合的报道模式尚处在探索初期。哥伦比亚 Tow Center 数字新闻中心近期发布的一项有关虚拟现实新闻的调查报告称，虚拟现实新闻仍旧无法将沉浸感和新闻叙事较好地协调一致。目前主要通过两种策略将新闻叙事与使用者经历结合在一起：其一，将情节构思融入虚拟现实视频的拍摄过程中。此种方式希望同时兼顾新闻叙事，但目前对于直接叙事还缺乏有效的技术支撑。其二，增补法（supplement）。即通过后期在沉浸视频上增添其他形式的内容来补充新闻叙事，增加的内容多为经过电脑合

---

① 贾盛云，董小染，曾祥敏：《全景视频叙事的特点与策略研究》，《电视研究》，2017年第6期，第10-13页。

第四部分
VR：具有巨大发展价值空间的未来媒体

成的图表，或者是在2D视频片段上生成的360度全景视频。这种后期增补的方式可以更全面补充事件背景并能提醒使用者哪些是重点。但是，此种方式会削弱观看者的沉浸感。[①]不难看出，当前的虚拟现实技术与新闻文本仍存在很大的矛盾，二者处于相互妥协的状态。技术无法满足虚拟现实新闻进行直接叙事的需要，而以叙事为目的背景补充又会大大降低观看者的沉浸感。

此外，图片、普通视频、VR均对受众熟悉性的提升发挥了显著作用。这也从侧面印证了媒体关于风险的社会放大理论，即通过媒介呈现后的风险信息会提高受众对某一风险事件的认知及风险感知水平。VR视频能够显著增强受众对风险后果严重性的感知水平。本实验还发现个体的沉浸感水平与其风险感知中的可控性程度呈负相关关系。相关研究表明，沉浸感有助于个体降低对反面信息的主观思考和判断能力，[②]沉浸感会使个体在心理上更加容易接受信息，更容易被说服。[③]因此，结合本实验的结果不难发现，当个体在观看材料时的沉浸程度越高，越容易受到风险信息的影响，其本身对风险信息的判断能力会减弱，个体会倾向放大该风险的严重性，更容易认为该风险是难以控制的。

沉浸感作为VR媒介的主要特征之一，其所带来的"身临其境"会在某种程度上使受众"感同身受"，未来VR如果能平衡感官上的沉浸与叙事二者间的关系，或许会对受众的风险感知水平产生更为显著的影响。需要承认和澄清的是，鉴于VR当下在新闻业的运用仍旧不太成

[①] Taylor Owen, Fergus Pitt, et.al: "*Virtual Reality Journalism*", 11, 2015, https://towcenter.gitbooks.io/virtual-reality-journalism/content/authors/index.html，1,2017.

[②] Green, M., & Brock, T, "The Role of Immersion in The Persuasiveness of Public Narratives," *Journal of Personality and Social Psychology*, 79, 2000, pp701-721; Slater, M., Rouner, D. "Entertainment-education and Elaboration Likelihood: Understanding the Processing of Narrative Persuasion," *Communication Theory*, 12, 2002, pp173-191.

[③] Dunlop, S, Wakefield, M, Kashima, Y, "Pathways to Persuasion: Cognitive and Experiential Responses to Health-promoting Mass Media Messages." *Communication Research*, 37, 2010, pp133-164.

熟，笔者前期未能找到题材更为多样、完成度较好的风险类VR作品，因此该实验可看作一种具有开创性质的探索。此外，"核泄漏"本身也是一个高风险的话题，实验对象局限在大学生群体中，这也是本次实验的局限性，后续研究应当在本研究的基础上，扩大样本量，增加更为多元的风险类议题，以使实验结果更具稳定性和外部推广性。

虚拟技术的在场效应认知：
基于隐喻抽取法（ZMET）的研究

杨 雅

本文原刊发于《国际新闻界》2018年第7期，122-144

摘　要：随着虚拟媒介技术的发展，"随时在场"正在成为人们的日常生活状态，并影响着人们对于外部世界的认知。为研究受众对于虚拟技术在场效应的认知，本文首次采用隐喻抽取法，结合半结构化访谈进行分析，通过开放式编码、关联式编码、核心式编码这三级编码，抽取受访者关于"在场"认知的内心构念；随后，通过分析构念间进行连接的"关联构念"，抽取具有共同代表性的"终至构念"，进而描绘受众对于"在场"主题的心智地图，更加深入地洞察受众的想法。研究发现，受众关于在场的认知主要围绕"身临其境"和"距离拉近"两类效果，经由"媒介技术、心理需求、社会交往"三个关联构念，集中于四个终至构念，即"便利与否、有趣与否、意义/无意义、真实/虚拟"。其中，研究将前两者归纳为正向因素，后两者归纳为复杂因素。最终，研究将四个终至构念返回到访谈的具体文本之中，对于人们的"在场"认知进行有效阐释。

关键词：在场效应；隐喻抽取法；构念；心智地图

> **作者简介·**
> 杨雅，北京师范大学新闻传播学院讲师。

一、研究缘起

在《未来之路》中，盖茨（1988）曾经预言过技术所带来的便利，未来我们可以实现智能设备的自动定位、通过手机软件随时随地转账给他人、观看电影时亲自体验明星的视角、亲自进入地图之中方便地找到每一条街道或每一座建筑。其中的很多场景，在当下已经成为人们的日常状态。互联网技术在开放的连接与再连接过程中，为我们打开生活中种种无法设想的界限，超越传统界面的薄膜，跨越当下与未来、现实与虚拟。因此，"技术可以说是遗忘存在的最终极形式"（杨庆峰，2005），随着虚拟技术的发展，"随时在场"正在成为人们的日常生活状态，并影响着人们对于世界的感知。

媒介将"无形无象"之人融于技术的环境背景之中。沉浸（immersion）是指逼真的虚拟环境使得受众获得有如"身临其境"的真实体验。这可以追溯到李普曼于1922年在《公共舆论》中提出的"拟态环境"（pseudo-environment）的概念，以及随后藤竹晓提出的"拟态环境的环境化"。新技术手段构建出的虚拟环境，可以模仿人的听觉、视觉、触觉等感知功能，使人可以亲身体验在这种虚拟环境中沉浸并与之相互作用。蒙福德（2000）的观点代表了很多媒介效果研究者的看法，认为"媒介融入了日常生活的经纬和体验，发挥着一种温和的效力"。

因此，本文着重探讨的问题是，当受众感知技术所带来的"在场"状态时，会呈现怎样的认知图景。"人们对于事物或者观点的感受，有很多来自于他们内心深层，这项想法无法直接由文字的表达来获得，因此很多研究者从这样那样的角度发展出不同的研究方法来探析潜意识，以及揭露受访者内心的真实想法，这样的方法即包含隐喻抽取法。"

（刘明德等，2007）本研究即选取运用半结构化访谈与隐喻抽取技术的方法，试图经过抽丝剥茧，为描述和探讨人们认知沉浸式交往的"在场"提供一种较为清晰的解释图景；并通过同义复现的"隐喻"关键词抽取，构建受众对于媒介技术所带来的"在场"效应的感知地图。

二、文献回顾：隐喻抽取法（ZMET）

ZMET（Zaltman Metaphor Elicitation Technique，隐喻抽取法）由哈佛商学院的Zaltman教授于20世纪90年代发明，是一种结合非文字语言（图片）与文字语言（半结构性访谈）的受众研究技术。该研究方法认为，受众内心真正的想法常常隐藏在文字背后，甚至有时连他们自己也无法总结出这些潜意识（Zaltman & Coulter, 1995）。那么，将受众的外在行为与其内在心智的不同面向上的研究结合起来，才能分析出受众行为背后的真正想法（Blackmore, 2003）。ZMET在很多研究文章中被用以抽取受访者潜藏于内心的构念（construct），进而描绘出受众对特定主题的心智地图（mind mapping）。

（一）ZMET：一种分析半结构化访谈的方法

国外有很多学者曾运用ZMET进行研究。就国内来说，以台湾学者的研究较多（如钟季桦，2004；刘明德等，2007），且主要集中在"行销"领域，结合心理学等领域的理论，揭开消费者的内心想法；在新闻传播学领域，这种方法被运用于研究数字技术对于新闻从业者工作行为的影响（蒯光武，罗绮文，2013），以及大学生的传播伦理与素养（李建坤，张瑞观，2007）；在大陆也有少量的研究，如描摹消费者的心智模型（罗文军，2011）、形象传播研究（张媛，2014；黄琴，2015）、用户潜在期望值研究（谢彦君等，2009）等。

Sander（2001）认为，大部分人习惯经由视觉印象表达，比用文字来表达更自在，而且大脑接收到的刺激有六成是通过视觉神经系统传达的。如Knapp（1980）所说，人们对于非语言线索的接受程度要高过语言，并将其与语言结合起来探求更深层的感受。因此，ZMET认为文字及语言的沟通不足以代表受众真正的想法,而需要依赖视觉影像的传递。这种方法通过受众讲述故事以及回答问题来联结他们所提供的图片,并试图找出心智地图与所提供图片之间的关联性,进而更深入地去洞察受众的深度想法、态度和感觉。ZMET的基本假设是,隐喻是思考的基本单位,感官影像是隐喻的表现,心智模型如同故事的表现,兼顾感性与理性的思考(Zaltman & Coulter, 1995)。这也是第一项在美国取得行销专利的技术(刘明德等,2007)。

李明镜(2013)运用ZMET隐喻抽取技术探讨移动互联网对受众的影响,最终提取出六个主要构念,分别是"方便日常生活""改变交往方式""改变媒介使用习惯""提高受众主体认知行为""碎片化"与"真实生活虚拟化"。他认为,当用户习惯了移动互联网的使用模式之后,其行为模式和思维模式也会产生相应的变化,进而易形成媒介对人的绑架、信息爆炸时代里符号失去质量、思维浅薄与思维碎片化,以及真实环境虚拟化造成的人与社会关系的疏离等。

(二)ZMET与扎根理论的关系

扎根理论是指"研究者在研究开始之前一般没有理论假设,直接从实际观察入手,从原始资料中归纳出经验概括,然后从下往上,上升到理论模型构建的一种研究方法。主要目的是寻找核心概念,然后构造这些概念之间的相互关系"(陈向明,1999)。

扎根理论是质化研究中非常重要的一种研究方法,在复杂的研究现象内进行资料收集、分析、整理,寻找现象中的意涵,进而构建理论(Glaser & Strauss, 1968),这种研究方式与ZMET将图像分解为隐喻、构念抽取、共识地图这三步骤的操作,有异曲同工之处。不过,扎根理论与ZMET的方法也有所差别。其中最主要的是,扎根理论以语言分析为主;而ZMET则是以运用图片讲故事,语言分析与图像分析兼有(刘明德等,2007)。

总之,ZMET方法与扎根理论在研究原理、步骤等方面具有兼容性(如表1所示)。在本研究中,可以将二者结合起来,同样采取开放式编码、关联式编码、核心式编码这三次编码的方式，抽取共同构念，找寻构念之间的联系，最终建立受访者的构念图示。

表1 ZMET隐喻抽取法与扎根理论的关系

"扎根理论"		"ZMET"
名称	操作（陈向明，1999）	关联
一级编码（开放式编码）	编码主要要求研究者要求以一种开放的心态，尽量"悬置"个人的"偏见"和研究界的"定见"，将所有的资料按其本身所呈现的状态进行编码，赋予概念，然后再以新的方式重新组合起来。编码的目的是从资料中发现概念类属，对类属加以命名，确定类属的属性和维度，然后对研究的现象加以命名及类属化。	"构念项目抽由"
二级编码（关联式编码）	编码的主要任务是发现和建立概念类属之间的各种联系，以表现资料中各个部分之间的有机关联。研究者每次只对一个类属进行深度分析，围绕着这一个类属寻找相关关系，因此称之为"轴心"，有关各个类属之间的各种联系应该变得越来越具体。	"共同构念抽取"
三级编码（核心式编码）	编码主要任务是在所有已发现的概念类属中经过系统的分析以后选择一个"核心类属"，分析不断地集中到那些与核心类属有关的码号上面。核心类属必须在与其他类属的比较中一再被证明具有统领性，能够将最大多数的研究结果囊括在一个比较宽泛的理论范围之内。	"建立共识地图"

三、研究方法与设计

（一）半结构化访谈

首先，研究运用滚雪球的方法确定被采访者。在开始正式访谈之前至少一周，研究者与被访对象说明研究主题，邀请其参与访谈；同时需要被采访者就此次访谈主题即媒介技术带来的"在场"效应进行思考，并准备5至10张能够表达自身看法的图片发给研究者。

其次，通过基于图片的半结构化访谈，完成初步资料获取。每位受访者的访谈时间为40分钟至1小时。访谈的进行可分为九个步骤

（Coulter & Zaltman, 1994; Zaltman, 1997; Gwendolyn, 2000; Zaltman, 2003; 刘明德等, 2007; 黄琴, 2015），具体如下：

1）说故事，人类的记忆和沟通都是以故事为基础的，"人们讲述发生了什么，以及他们记住了什么，讲故事和听故事形塑着我们的共同记忆"（Schank, 1990），在这一步中，受访者以讲故事的方式讲述准备图片期间的思考和联想；2）讲述遗失的影像，受访者讲述是否在准备过程中想到有其他有关"在场"的观点或场景，但尚无法找到相对应的图片；3）分类整理，在选出的图片中，按照受访者的想法对于图片进行排序和分类；4）个人构念（construct）抽取，即提炼出各类别的关键词；5）选择其中最有代表性的图片；6）受访者讲述与图片中反映出的故事相反的构念；7）运用其他感官影像，受访者在讲述过程中，充分运用感官与情绪，来表达该图片中蕴含的构念和场景；8）绘制个人心智地图（mental map），描绘各重要构念之间的关系；9）总结，访谈最后由受访者以总结来表达主题。

在这一阶段，受访者以讲故事的方式，描述其所提供图片中的隐喻。在描述的过程中，会有一些叙述的画面在其所提供的图片之外，研究者对于这些部分也予以记录；受访者在解说故事的同时会提到一些关键性的语汇，在整理基础材料时将这些关键词提取出来成为基础"构念"；此外，通过受访者对最有代表性的图片、相反构念的图片以及其他感官情绪的叙述表达，掌握这些构念的代表性与适合性，并初步思考构念间所存在的因果关系。

（二）运用隐喻抽取法编码

接下来即是ZMET主要的三次编码步骤，具体如下：

一级编码，"构念项目抽取"，类似扎根理论中的开放式编码抽取录音记录中的关键词汇。在既有的研究中大多采取人工编码的方式进行文本关键词提取、分类，并计算效度，汇总所抽取的共同构念（刘明德等，2007）。但这种方法耗时费力，而且需要大量的人工。因此，研究尝试借用社会网络分析中的关键词提取方法，即使用软件ROST来提取初步关键词，再人工进行关键词筛选。

二级编码，"共同构念编码"，类似扎根理论中的关联式编码。研究将初步抽取的"构念项目"返回到个人文本中，如果该构念被受访者中的至少1/3人数所谈及，则将其视为共同构念（Zaltman & Coulter, 1995; Christensen & Olson, 2002）。同时抽取"相关构念"，即在受访者的叙述中具有因果关系的构念。

三级编码，"建立共识地图"，类似扎根理论中的核心式编码。研究将所有"共同构念"放入共识地图，同时勾连相关概念之间的关系。在这一步中也可以运用凯利方格技术抽取隐藏在思维和行为背后的链接（means-end chain）以及构念的因果关系（Kelly, 1963）。除去人工编码之外，笔者也尝试运用软件SPSS中的分层聚类工具，初步完成构念勾连，作为互相印证的结果支撑。随后，将共识地图中孤立的构念去除，按照"起始构念-连接构念-终结构念"（originator-connector-destination）的结构对其进行分类与连接，完成共识地图的最终建立。

最后，对于"共识地图"进行解读。这些解读的描述被应用于本研究的主题。在这一步骤需要说明的是，所有ZEMT构念都是具有双重意义的，例如"意义"（名词），既包含"有意义"（形容词），也包含"无意义"（形容词）的概念（林生栋，王枢亚，2005）。

总之，运用ZMET能够收集受众对于媒介技术带来的"在场"效应的真实感受，通过同义复现的"隐喻"的关键词的抽取组成"构念"。通过"构念"之间关系的梳理，描摹出受众对于"在场"感知的心智地图。

（三）信度与效度讨论

一般来说，隐喻抽取法的研究者会采取两种方法来保证半结构性访谈的内在信度，即研究资料与研究者本意的一致性：其一是尽量确保将研究对象的原始陈述完全保留；其二是尽量选取与研究主题具有高卷入度研究对象以确保代表性（刘明德，2007）。这样也可以保证研究的外在信度，即不同研究者在不同时间和相似情况中得出一致结论的可能性。

研究的效度"可以从资料来源的多元验证、研究情境控制、受访者代表性控制等几个方面来把握"(胡幼慧, 1996)。隐喻抽取法本身在深访的步骤中也蕴含了效度的合理性,这被前人的很多研究所证明。在访谈资料的三次编码中使用的凯利方格与攀梯法提取构念与共识地图等,也被验证可以建立良好的效度(Reynolds & Gutman, 1988; Valette-Florence & Rapachi, 1991; 刘明德, 2007)。至于样本数量,徐宗国(1996)认为,扎根理论的样本数多少可以依研究者的判断来定。由于扎根理论是"根据研究者个人的理论训练、实际经验背景,以理论敏感度去注意和了解社会现象"(Glass & Strauss, 1968),研究者只是从事归纳而并非检验某种理论,"题目来源于日常生活中的经验与问题,研究结果也是回归日常生活,而不是理论引导下的假设验证,具有实用主义研究范式的特点"(Hammersley, 1989)。很多学者也认为,ZMET与扎根理论类似,不必为进行统计在样本量上达到一定的标准,而是注重每个案例对于理论构建的作用,这样也保证了研究上的弹性。

不过,ZMET也存在着一定的缺陷。这既包括研究者在访谈前的准备、对研究技术的熟悉,以及研究者的主观性;也包括受访者对于研究主题的理解程度、所提供材料的有效程度等。另外"所得结果无法量化是一般质性研究的固有特质,由于样本数量较少,因此研究不具备有效的外部效度"(林生栋,王枢亚, 2005)。

此外,有些隐喻抽取法的研究需要在收集访谈资料之前,用卷入度量表(personal involvement inventory, PII)进行初步筛选,以确定与研究主题高卷入度的受众群体(Zaichkowsky, 1985)。在本研究中,由于研究主题"在场"与受众的使用感受密切相关,所面对的访谈群体又集中于高学历(研究生及以上)群体,采访沟通顺畅,因此未进行PII量表的筛选;但是这样也体现了样本结构上的局限,即偏重于高学历学生群体。

四、研究操作过程

（一）受访者描述

研究运用方便抽样，找到对"在场感"涉入程度高的受访者；通过与受访者的初步沟通，了解其接受采访的意愿和陈述能力。从前人的研究来看，隐喻抽取法的样本一般需五人左右，就可以涵盖大样本受访者90%左右的想法（Coulter, Zaltman, & Coulter, 2001）。

表2 隐喻抽取法的受访者描述

编号	性别	年龄	职业	教育程度
A	女	25	学生	博士生
B	女	26	学生	博士生
C	女	29	学生	博士生
D	女	32	教师	博士
E	男	27	媒体从业者	硕士
F	男	30+	媒体从业者	硕士
G	男	30+	媒体从业者	博士

表2描述了受访者的基本情况。本研究选取7位受访者，分别是三男四女，其中四位为传播学相关学生，三位为媒体业界工作者，学历都在研究生以上；其中五位为实际采访，两位通过相关演讲稿进行文本分析。总体来说，此类受访群体既对于媒介接触有亲身实践的行为和感知，又对于"在场"这个较为专业的研究主题可以较为准确地把握。

（二）研究过程

1. 受访者叙述

研究首先邀请每位受访者在访谈之前自主选择5-10张与访谈主题有关的图片，预先提交给研究者。访谈过程中，讲述者以讲故事的方式叙述准备图片期间所想到的故事；思考是否在准备过程中想到有其他有关"在场"的观点或场景，充分调动其感官与情感；最后将图片进行排序与筛选,并总结主题(注:访谈者提供的代表性图片如文后附录所示)。在访谈之后,由于考虑到受访者人口统计学特征较为同质,另加入两位受访者,将其与研究主题相关的演讲内容作为对照文本加入样本中,在研究中作为次要样本权重抽取构念。

2. 构念项目抽取

访谈后,经过访谈录音的文字整理,得到几位受访者的叙述文本。运用ROST软件进行高频词抽取、排序、筛选,再返回到每位受访者的文本中进行匹配。抽取构念如表3所示。

表3 受访者叙述中的构念抽取

受访者	构念抽取	数量
A	在场、场景/情境、视角/角度、唤起/想起/回想、地方、时间、现场/现场感、身临其境、感受、沟通、社会关系、媒体、交流、娱乐、关联、互动、美好、有意思、及时、深刻	26
B	在场、视角/角度、时间、现场/现场感、存在、话题、感受、联系、媒体、交流、聊天、面对面、功能、好玩、社交、真实、使用、关联、习惯、无聊、心理、红包、传播/传达、理解、认同、有意思	26
C	在场、视角/角度、时间、现场/现场感、存在、身临其境、感受、联系、状态、媒体、聊天、功能、社交、展示、娱乐、使用、工具、方便、印象、意义、无意义、理解、有意思	22
D	在场、场景/情境、唤起/想起/回想、地方、时间、话题、联系、沟通、社会关系、状态、技术、媒体、交流、聊天、功能、好玩、社会、展示、娱乐、方便、距离、需求、意义/无意义、感情/情感、红包、亲密、互动、有意思、及时、深刻	30
E	在场、视角/角度、时间、感受、联系、社会关系、状态、表达、交流、聊天、面对面、真实、娱乐、工具、无聊、需求、意义/无意义、感情/情感、传播/传达、理解、认同、亲密	
F	技术、可视、媒体、表达、真实、使用、方便、需求、传播/传达	9
G	时间、感受、社会关系、技术、可视、表达、交流、展示、使用、关联、习惯、意义/无意义、屏幕、美好	14

3. 共同构念编码

抽取"共同构念"的时候,根据ZMET的研究原则,被采访者中若有1/3的人提到某个构念,则该构念才可能被纳入到最终关系分析的范畴;若某一构念在关系图谱中需要被作为"关系构念"(即联结两个共同构念之间的构念)出现,则需要该构念的提及者至少占到被受访者中的1/4(Zaltman & Coulter, 1995)。对于本研究来说,受访者共七人,按照1/3和1/4的原则,所应抽取的"共同构念"需要被受访者中的至少两人提及,"关系构念"则需要被样本中的至少三人提及。

因此,研究在具体操作中以这个比例为基本标准,选取"共同构念"(共同提及人≥2)与"关系构念"(共同提及人＞2)。最终,研究共抽取出由两位及以上的受访者共同提及的51个共识构念。每个构念在受访者中提及的情况以及提及人数,如表4所示。

表4 受访者共同构念编码

编码	名称	受访编号							提及人数
		A	B	C	D	E	F	G	
1	在场*	⊙	⊙	⊙	⊙	⊙			5
2	场景/情境	⊙			⊙				2
3	视角/角度*	⊙	⊙		⊙	⊙			4
4	唤起/想起/回想	⊙			⊙				2
5	地方	⊙			⊙				2
6	时间*	⊙	⊙	⊙	⊙	⊙		⊙	6
7	现场/职场感*	⊙	⊙	⊙					3
8	存在		⊙		⊙				2
9	话题		⊙		⊙				2
10	身临其境	⊙		⊙					2
11	感受*	⊙	⊙			⊙		⊙	5
12	联系*		⊙		⊙	⊙		⊙	4
13	沟通	⊙			⊙				2
14	社会关系*	⊙		⊙	⊙			⊙	4

续表

编码	名称	\multicolumn{7}{c}{受访编号}	提及人数
		A	B	C	D	E	F	G	
15	状态*			◉	◉	◉			3
16	技术*			◉			◉	◉	3
17	可视						◉	◉	2
18	媒体*	◉	◉	◉	◉		◉		5
19	表达*					◉	◉	◉	3
20	交流*	◉	◉		◉	◉		◉	5
21	聊天*		◉	◉	◉				4
22	面对面		◉			◉			2
23	功能*			◉	◉	◉			3
24	好玩		◉		◉				3
25	社交*		◉	◉	◉				3
26	真实*		◉			◉	◉		3
27	展示*			◉	◉			◉	3
28	娱乐*	◉		◉		◉	◉		4
29	使用*		◉	◉			◉	◉	4
30	关联*	◉	◉					◉	3
31	工具			◉		◉			2
32	习惯		◉					◉	2
33	方便*			◉	◉		◉		3
34	无聊		◉			◉			2
35	距离	◉			◉				2
36	印象	◉		◉					2
37	需求*				◉	◉	◉		3
38	意义/无意义*			◉	◉		◉		4
39	心理	◉	◉						2
40	感情/情感*	◉			◉	◉			3
41	红包		◉		◉				2

续表

编码	名称	受访编号							提及人数
		A	B	C	D	E	F	G	
42	传播/传达*		⊙			⊙	⊙		3
43	理解*		⊙	⊙	⊙				3
44	认同		⊙		⊙				2
45	亲密*	⊙			⊙	⊙			3
46	屏幕	⊙						⊙	2
47	互动	⊙			⊙				2
48	美好	⊙						⊙	2
49	有意思*	⊙	⊙	⊙	⊙				4
50	及时	⊙			⊙				2
51	深刻	⊙			⊙				2

注：⊙表示构念由该受访者所提及；*表示构念同时由两个以上的受访者所提及

4. 构念涵盖率分析

在构建关系之前，研究还需检验七位受访者共识提及的一致性，也就是"构念涵盖率"，即检验共同构念数占受访者个人构念数的比例（刘明德等，2007）。根据ZMET的研究，若是个人构念中，共同构念数占个人构念数的50%以上，则抽取的共同构念能够基本符合一致性的要求；若是共识构念占比80%以上，则为理想涵盖率（Christensen & Olson, 2002; Zaltman & Coulter, 1995）。

研究对几位受访者的构念数以及涵盖率进行计算之后发现，七位受访者的构念涵盖率在60%左右，平均涵盖率64.9%，基本符合构念涵盖率的要求，未达到理想涵盖率；其中F、G两位受访者的涵盖率较低。如表5所示。

表5 受访者构念涵盖率分析

编号	个人构念数	共同构念数	构念涵盖率（%）
A	40	27	67.5
B	33	27	81.8

续表

编号	个人构念数	共同构念数	构念涵盖率（%）
C	32	22	68.8
D	42	31	73.8
E	36	24	66.7
F	22	10	45.6
G	30	15	20

此外，为了检验各共识构念之间是否存在完全的关联关系，研究尝试运用社会网络分析的方法，建立各构念间的关联网络。如图1所示，运用软件Ucinet 6进行可视化呈现，结果发现所有共同构念都能够包含在关系网络之中，即，各共同构念存在完全的关联关系。同时，图1还显示了各构念的中心化程度，发现处于构念网络较为中心的是"在场""亲密""社会关系""现场感""交流""媒体""有意思"等。在此基础上，研究可以最终基于这些共同构念，建立成具有解释意义的共识地图。

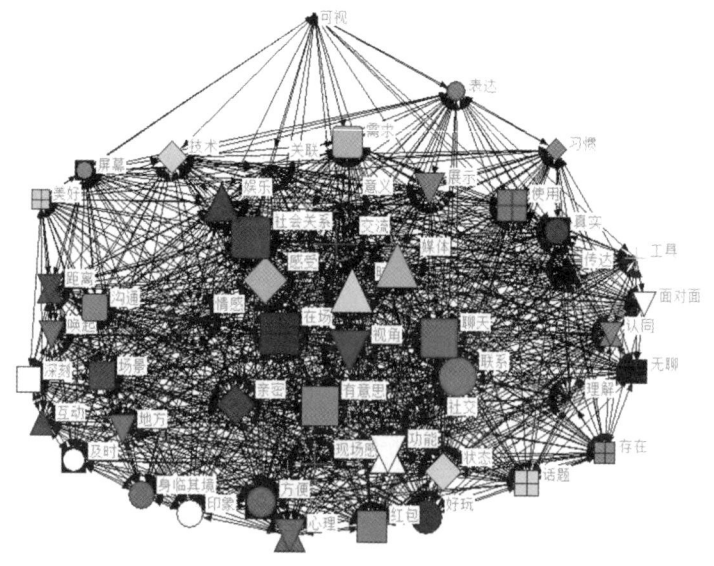

图1 受访者构念的可视化呈现

(三) 研究结果：共识地图建立

在ZMET的既有研究中，一般都使用人工分析的方式将构念进行集聚与组合，从而建立共识地图。本研究在这一步骤首先尝试运用分析软件对于这些构念进行聚类分析，期望能够提高研究的可信度；如若可行性不足，也可考虑与人工分析的结果进行相互印证。

因此，研究首先使用SPSS软件对于内容分析得出的共同构念词进行分层聚类分析，运用Ward' method方法将词频转化为Z分数后，生成聚类谱系的树状图。不过，软件的聚类分析基本上是依托各构念之间联系的紧密程度来进行分类重组的，然而在隐喻抽取法中，真正需要探究的还是各共同构念之间的推导关系。所以，研究最终还是回到人工分类的方法，构建受访者构念的构念聚类，得到起始构念15个，关系构念21个，终至构念15个。如表6所示。

表6 受访者共同构念聚类

起始构念		关系构念	终至构念	
主要起始构念（8）	次要起始构念（7）	21	名词（5）	形容词（10）
场景、地方、时间、存在、话题、感受、情感、状态	唤起、沟通、可视、距离、红包、传播、认同	视角/角度、联系、关联、社会关系、表达、技术、交流、社交、使用、心理、需求、印象、理解、屏幕、媒体、互动、聊天、功能、工具、习惯、展示	现场/现场感、在场、亲密、身临其境、面对面	深刻、及时、意义/无意义、无聊、好玩、真实、美好、有意思、方便、娱乐

注：表中数量为构念个数

表6中的"次要起始构念"是无法构成"起始构念"，而且共识率也没有达到"两位以上的受访人提及"，因此也无法构成关系构念的部分。在接下来的构念聚类命名中，为了研究方便，我们将这一栏中的构

念去掉，并将这些聚合之后的共同构念进一步抽象概括。如表7所示。

表7 受访者共同构念的抽象概括

构念类型		抽象聚合（数量）
起始构念（19）		a.场景（4）：场景/情境（2），地方（2）； b.时间（6）：时间（6）； c.存在状态（5）：存在（2），状态（3）； d.话题（2）：话题（2）； e.感受（8）：感受（5），感情/情感（3）
关系构念（65）		a.社会交往（28）：交流（5），联系（4），互动（2），关联（3），社会关系（4），表达（3），聊天（4），社交（3）； b.媒介技术（18）：媒体（5），技术（3），屏幕（2），使用（3），功能（3），工具（2）； c.心理需求（19）：心理（2），需求（3），印象（2），视角/角度（4），习惯（2），理解（3），展示（3）
终至构念（38）	在场（10）	a.身临其境（5）：现场/现场感（3），身临其境（2）； b.距离拉近（5）：面对面（2），亲密（3）
	形容词（28）	a.便利（7）：方便（3），及时（2），美好（2）； b.意义（6）：意义/无意义（4），深刻（2）； c.真实（3）：真实（3）； d.趣味（12）：无聊（2），好玩（2），娱乐（4），有意思（4）

注：表中数量为构念在访谈中提及的次数

在此基础上，得出最终的研究结构，即构建最终的受访者共识地图。如图2所示，第一，"在场"的起始构念包括"场景、时间、状态、话题、感受"，这是受访者最初感性的描述性构念；第二，关系构念包括"媒介技术、心理需求、社会交往"，这是抽象而得的最具因果解释力的关系构念；第三，终至构念包括"在场，身临其境、距离拉近、便利、意义、真实、趣味"，这是受访者理性思考的总结性构念。在共识地图中共有提及构念122次，占总构念提及总数（148次）的82.4%，由隐喻抽取、构念分类聚合、建立关系等步骤逐渐梳理而成，直观反映了受访者在提到"在场"时的想法核心以及其内心推导过程。

下文根据终至构念作为研究框架中的考察因素，返回到访谈文本中进行详细分析，尝试对于受访者的原意进行概括与阐释。

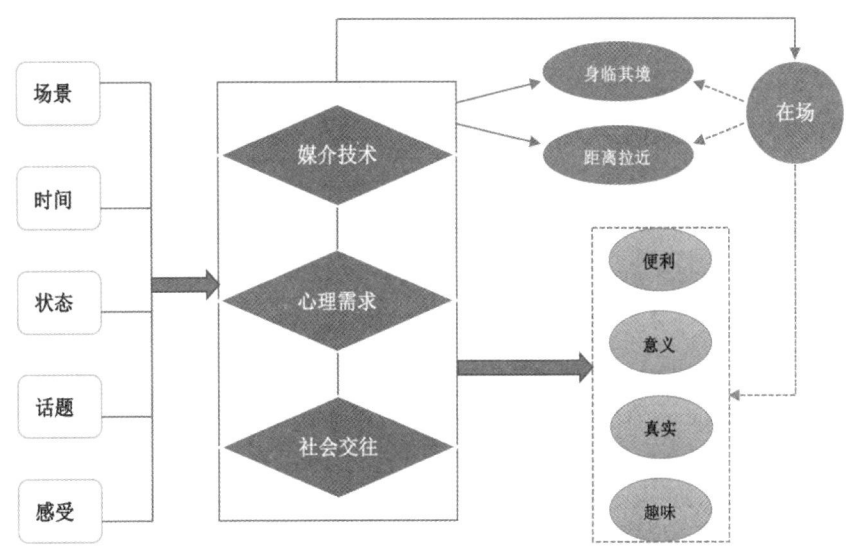

图2　受访者构念的共识地图

注：图中自左向右：方形为"起始构念"，菱形为"关系构念"，椭圆形为"终至构念"

五、结论："在场交往"的四个终至构念

（一）虚拟在场与交往的便利

有学者发现，智能媒体设备能够为人们轻易地塑造一个聊天的环境，在这种媒介化的"在场"中，聊天内容不再是重点，而是通过每次的沟通让双方处于一种"连接"之中，更深刻地卷入彼此的生活（黄思齐，2011）。Facebook、微信等社交软件，变成开启人际关系的第一步，动态、留言、点赞、邀请、红包，都成为维系人际关系的一种方式（张纯富，2010）。有受访者谈到社交媒体的连接功能：

通过看（朋友圈里的）这些内容，我知道我的朋友最近在忙什么，

有的人会发那些他看过的书，有人发自己做过的美食。你能够看他在想什么，是不是个热爱生活的人。当然也能够学习，比方有人推荐的书我很感兴趣，去找来读了，也是挺有帮助的。（受访者D，女，32岁，教师）

在这种沉浸的交往环境中，技术造就了新的社会规则与社交礼仪。比如"互扫微信"类似于新的互换名片礼仪，指纹扫描、人脸识别代替了传统的上班"打卡"。在受访者中，也有人谈及了类似的情景。

（这两张图）都是一群人在用手机互留联系方式，第一张是商务人士，第二张是朋友之间。不管处于社会的哪个阶层，或者是哪种社会关系之中，大家的交往现在都有智能电子设备的介入了。用微信互留联系方式的做法普遍了起来，我感觉这拉近人之间的距离，这方面比名片强太多了。加了微信之后就能看到这个人日常状态，想跟他联系的话，打开手机就能找到，不用再翻名片之类的。（受访者D，女，32岁，教师）

远程会议也是媒介技术促成的便利之一。波斯特就曾写道"在此情景中，数字化书写取代的不是印刷，而是面对面的会议和口头交流。这种赛博空间中的社群关系有许多新特点，人们收获的不仅仅是效率，而且由于没有了面对面的语言情境中鲜明的体态语言、人格力量等暗示，交谈发生了性质上的变化，呈现更具活力和生气的形式。"（Hiltz & Turoff, 1978）也有受访者提及，远程会议虽然带来了工作上的便捷，而且在场感很强，但也具有因缺乏社交线索而带来的沟通问题：

像我们公司在北京有一套系统（八爪鱼），在上海有一套系统。两套系统中间有一个服务器。虽然这种方式有利于工作，但是它更多是用在处理紧急事务的时候。如果开一个长会，用这种方式的话，注意力会

很容易分散，因为你感受不到对方的气场。（受访者E，男，27岁，媒体工作者）

还有受访者提到了"虚拟红包"带来的便利，可以将我们日常生活中的传统仪式延伸到虚拟空间中来。时空的距离不再是行动参与的条件与限制。此外"虚拟红包"本身也体现了媒介仪式的游戏化特征，为人们虚拟交往增加了趣味性。

比如一对新婚夫妇跟他的朋友收红包。因为现在大家距离都很远，在不同的地方工作、学习和生活，这样的话我们用手机发个红包，直接把钱转过去就可以了。在群里还可以互相抢红包。（受访者D，女，32岁，教师）

（二）社会资本与在场交往的意义

有很多研究认为虚拟在场行为会增加人们的社会资本，而这些社会资本，如人际信任、社会支持、社会参与等，能够进而平移至线下空间之中。有些受访者也提到个人兴趣、生活中的圈子随着线上虚拟交往的扩展而增强；有些受访者提到在虚拟空间寻找到趣缘圈子的意义：

即使自己的兴趣特别小众，在虚拟空间中也可以找到恰好符合自己兴趣的群体，以及跟自己有同样兴趣的人。而这些人在线下的日常生活中，不太可能被特别容易地遇到。（某社交软件）也是如此，表面看起来光怪陆离，一群年轻人做一些很自我的事情。其实它就是给小众群体一个聚在一起的空间，而且更细化，平台服务性更好。（受访者E，男，27岁，媒体工作者）

还有受访者谈到在聊天群中的对话，看起来拉近了不同社会职业与圈子中人的距离：

普通粉丝可能不太有机会跟明星接触,除了在演唱会,但那也是有现实距离的。在这样的一个聊天窗口下,就很有那种共同在场交流的感觉,好像(歌手)在现实中就是她的朋友一样,互道节日快乐,发这样很近距离的照片,有那种拉近的感觉。(受访者A,女,25岁,学生)

(三)心理距离:"去远"还是更远

媒介将融于技术环境背景之中的"无形无象"之人,置于现代性的地点与超现代的"无地点"的交叉之处(Mattelart, 2000)。信息社会的一个重要特点就是无地点的多义性,"个体因其在信息流的环路中的位置而被构建"(波斯特,2000)。有受访者认为媒介拉近了彼此之间的距离,并将这种心理距离的拉近做了一种乌托邦式的描述:

很多(朋友圈)的内容是字斟句酌的,要为大家传递我在做什么、我的心情是什么,它和写信的意思是一样的。每一张(朋友圈的)图片,都是一张寄给所有朋友的明信片;每一段(朋友圈的)留言,都是写给每一位朋友关于我的现状的一封信。(受访者E,男,27岁,媒体工作者)

然而莱文森曾形容说,沉浸式的交往"缺乏透视的观点,缺乏与主体的距离"。空间限制的接触,以及人的无限解放,把人限制在界面之前,固定在一个虚拟空间的"容器"之中,降低了人们出行以及交流的意愿。扎克伯格曾说,每当有一种新技术面世的时候,人们都很容易担心我们会把时间花在关注新媒体或新技术的层面,而忽视了人际间的交流,从而导致人与人彼此孤立。但是人在根本上是具有社交性的,因此如果一种技术不能帮助人们更好地了解彼此,它就不会受到重视并取得成功。但是尽管如此,人们依旧会还有心理距离随之变远的担忧。受访者中也有人提到对于这种单一的交往方式的担忧:

第四部分
VR：具有巨大发展价值空间的未来媒体

我个人还是认为交流的方式其实不能被技术给垄断了，应该是多样化的。我们一起去打球、钓鱼、游泳，这也是在沟通。我们在一起聊天，不用手机，也是一种交流的方式，而且这种面对面的交流可能比用手机交流得更加深刻，更加能够促进感情。（受访者D，女，32岁，教师）

现代社会中，人们普遍的心理是"个人不愿意与他人靠得太近，这意味着太多社群的承诺；但也不想走得太远，这会使人感到孤单，失去支撑"（Turkle，2011）。这种矛盾的样态也类似于鲍曼对于"遁词社会"的说法，人们就像被表演所吸引到舞台中央，短暂地相聚在一起；一旦表演结束，人们马上回到各自的生活之中。人们在"共在的安全"与"离去的自由"之间飘忽不定，流动地生活着（Bauman，2000）。这种社会流动性、前台与后台的模糊感，一定程度上抵消了技术带来的去远。有受访者提到：

当我爸妈随时都能通过手机社交软件找到我的时候，似乎我们之间的联系反而没有这么近了。缺少了过去隔一段时间才能通信、只能打固话时候的那种思念感或者说牵绊感。（受访者B，女，26岁，学生）

（四）沉浸易沉溺：那喀索斯昏迷

人们醉心于技术的发展，过分依赖媒介这一外在的人造物，也是一种逃避孤独、逃避自由的主体性消极让渡。媒介的延伸所带来的"在场"，弥补了快速发展的状态下身体与精神上的孤独，给予我们一种"共有（communion）和归属（belonging）的感觉"，带来一种"连接"的意义赋予。"我"通过延伸自己，使工具成为自己的一部分而扩充了自己，从而获得了"当我作为一个独立的我时，所不可能有的力量"（弗洛姆，1987）。如此一来，人与媒介在"在场"的语境里形成了一种共生的关系。

人对于媒介的依赖大致分为两种，一种是对于传统的主流媒体，由于其"匿名的权威性"而产生的依赖；另一种是对于互联网等新媒体，由于人的感官的延伸而造成的依赖。

因为科技发达了，通信工具压缩了自己的时间。手机除了提供信息之外，在空闲和无聊的时间就可以不停地刷。比如早上肯定要把起床之前的朋友圈全刷一遍，不能忍受自己漏过一条信息。（受访者E，男，27岁，媒体工作者）

麦克卢汉提出了"那喀索斯昏迷"（narcissus trance）的表现，即不能辨认作为人的延伸的新技术，不能觉察新技术所造就的讯息或者新环境。沉浸很大程度上表征一种"我向幻觉"（段伟文，2002）。媒介以其拟仿的力量，往往会改变原始与指称性之间的同一性，"我"在虚拟实在中感受"他者"，寻求新的经历和体验。一方面，个体可以"超越"现实社会的许多限制，将自己置于他处甚至扮成他人，获得很多在现实空间中难以获得的体验；另一方面，这种融合了感觉、知觉、幻觉的"沉浸"感容易滑向"沉溺"，产生逃避现实的行为。以游戏为例，由于其具有很强的视觉性，游戏的用户根据众包上传的数据库，创造了他们自己的准虚拟现实。

网游最让人着迷的地方，不在于单纯地感受游戏程序设定好的情节，最关键的地方是其他玩家带给你的乐趣。虽然这个情绪是由虚拟任务引发出来的，但是在完成任务的过程中，人跟人之间的情绪是真实的。这可能也是为什么很多人痴迷网络游戏的原因。他会在游戏里得到现实中他可能得不到的虚荣跟满足感，或者被尊敬的感觉。（受访者E，男，27岁，媒体工作者）

也可以说，人们在躯体缺席时经常会不自觉地伪装自己，在虚拟空间中"显示自己的理想中的另外一面"（胡泳，1999）。新媒体技术让人们在社会中遇到的"现实"的品类增多了。现实空间与虚拟现实空间构成了"堆叠环境"（stacking environments），人们从中实现了从日常自我到虚拟自我的过渡，并由此不断重复地将自我搁置于一个更为深层的环境之中（Slater et al, 1994）。因此有游戏用户说，持续沉浸在虚拟游戏的世界中，会产生"置身于某处，徘徊在虚拟和现实中间地带"的错觉。在这种情况下，沉浸与沉溺的界限就很难把握。

六、讨论

本文通过隐喻抽取法获得受访者关于"在场"构念的共识地图。这一方面有助于我们更加清晰地梳理"在场"效应的框架，另一方面直观地展示了受访者内心想法的脉络。"便利与否""意义/无意义""真实/虚拟""有趣与否"是终至构念的四个关键词，其关联构念包括"媒介技术""心理需求"和"社会交往"。其中，两者是较为正向的因素，包括"便利"和"有趣"，另两者是含义复杂的因素，包括"意义"和"真实"。

在此基础上，研究从两个方面框定了"在场"效应的含义：一方面，从技术视角出发，将"在场"定义为由传播技术所促发的，在传播交往过程中能够意识到与他者共在的一种沉浸效果；另一方面，从受众视角出发，将"在场"定义为受众通过传播媒介技术对于他者的感知。其中，受众视角感知中的"他者"又可分为两类，一类是指对于他人的感知，即终至构念中的"距离拉近"，感觉和他人在同一个场域中共在（sense of being with another）；另一类是指情境，即终至构念中的"身临其境"，纵使身处不同空间但仍然感觉身临其境（sense of the place）。

需要说明的是，本研究尝试性地运用了隐喻抽取技术的方法，意图提升原有单一质性研究处理访谈材料的效度，并在实际操作中获得了较好的研究结论。其中局限与不足的地方在于受访者的平均学历偏高、教育背景单一。不过，隐喻抽取法原本设定的受访者资格即是需要对于研究主题有着深入了解并能够叙述自身想法的人，在前人的研究中，也出现受访者人口统计学结构单调的情况。同时，由于"受众的想法与行为实在太过复杂，单一的研究方法要抓住每一面向的正确性也有实际上的困难。当不同研究方法获得相同或者近似的结果，可以使研究者更有信心。而且所有质化量化的方法，本质上都可能产生对事实原貌的偏离，因此研究者最好采取不只一种方法"（刘明德等，2007）。因此，在今后的继续研究中，可以考虑结合其他类型的研究结论相互印证，进而有效地对于人们的"在场"认知进行阐释。

最后，本文还期待讨论的是，媒介技术带来的"在场"，究竟是一种解蔽还是遮蔽？在新媒体时代，我们到底会面临主体性的黄昏还是主体的再度觉醒？马尔库塞（1998）认为，"技术作为工具既可以增强人的力量，也可以加剧人的软弱性"。现代人在凭借新技术获得发展、享乐、自由的同时，也不免被技术所束缚、所奴役，不得不忍受由于网络沉浸和对于设备过分依赖所造成的主体性的部分消耗。"意义"和"真实"这两个因素也都在一定程度上面临着消解。但从另一个角度来说，人又获得了新的解放。媒介技术已经深刻改变了我们界定自我、发掘自身可能性的方式，而这种方式在传统时代是无法想象的。特别是对于互联网原住民一代，他们有时甚至不需要处理明确的信息，只是暴露在网络平台上"永恒在线"而已。总之，我们需要有选择媒介技术的权力，更需要有摆脱媒介技术依赖的能力，就如曾格提塔所说的具备"自由向前的主体自觉"。

引用文献

[1] 比尔·盖茨(1998).《未来之路》(辜正坤译).北京:北京大学出版社.

[2] Gates, B. (1998). The Road Ahead. Beijing: Peking University Press.

[3] 波斯特(2000).《信息方式：后结构主义与社会语境》(范静晔译).北京:商业印书馆.

[4] Poster, M. (2000). The Mode of Information. Beijing: The Commercial Press.

[5] 陈向明(1999).扎根理论的思路和方法.《教育研究与实验》,(4),58-63.

[6] Chen, Xiangming(1999). The train of thought and methods of grounded theory. *Education Research and Experiment*, (4),58-63.

[7] 段伟文(2002).《网络空间的伦理反思》.江苏:江苏人民出版社.

[8] Duan, Weiwen. (2002). Ethical Reflection on Cyberspace. Jiangsu: Jiangsu People's Press.

[9] 胡幼慧，姚美华（1996）.一些质性方法上的思考：信度与效度，如何抽样，如何收集资料，登录与分析.载胡幼慧《质性研究：理论，方法及本土女性研究实例》.台北：巨流图书有限公司.

[10] Hu, Youhui & Yao, Meihua(1996). Some thinking of qualitative methods: reliability and validity, how to sample, how to collect data, login and analysis. In Hu, *Qualitative Research: Theory, Methods and Examples of Women Studies*. Taipei: Juliu Books Ltd.

[11] 胡泳(1999).《另类空间》.北京：海洋出版社.

[12] Hu, Yong. (1999). The Alternative Space. Beijing: Maritime Press.

[13] 黄琴(2015). 应用隐喻抽取技术(ZMET)分析乔布斯形象.《东南传播》, (7), 51-55.

[14] Huang, Qin (2015). Applying ZMET to analysis the image of Steve Jobs. Southeast Communication, (7),51-55.

[15] 黄思齐(2011).《永恒联系, 轻联结, 强控制: 手机爱情故事》.台北: 台湾大学社会学研究所硕士论文.

[16] Huang, Siqi (2011). Permanent Connection, Light Connection, Strong Control: Mobile Love Story. Taipei: Master thesis, Institute of sociology, National Taiwan University.

[17] 蒯光武, 罗绮文(2013).难以言喻的工作写照: 以隐喻抽取技术探索报社摄影记者的心理范式与价值共识.《新闻学研究》。台北: 台湾政治大学, 115(4),187-236.

[18] Kuai, Guangwu & Luo, Qiwen (2013). An indescribable portrayal of work: exploring the psychological paradigm and value consensus of newspaper photographers by means of metaphor extraction. Journalism Studies (Taipei), 115(4),187-236.

[19] 劳拉·斯·蒙福德(2000).《午后的爱情与意识形态》（林鹤译）.北京: 中央编译出版社.

[20] Mumford, S. L. (2000). *Love and Ideology in the Afternoon*. Beijing: Central Compilation & Translation Press.

[21] 李建坤, 张瑞观(2007).应用隐喻诱引技术(ZMET)探讨大学生的资讯伦理素养之研究.2007南台湾资讯科技与应用研讨会论文.

[22] Li, Jiankun & Zhang, Ruiguan (2007). Applying ZEMT to discuss the network ethics accomplishment of college students. *Southern Taiwan Conference on Information Technology and Applications*.

[23] 李明镜(2013).《以ZMET隐喻抽取技术探讨移动互联网对受众的影响》.厦门: 厦门大学传播学硕士学位论文.

[24] Li, Mingjing (2013). Applying ZMET to discuss the effect of the Internet on the audience. Xiamen: Master thesis, Department of communication,

Xiamen University.

[25] 林升栋，王枢亚（2005）.扎尔特曼隐喻抽取技术（ZMET）的实际操作及其应用.《市场研究》, (2), 33-37.

[26] Lin, Shengdong & Wang, Yashu (2005). The operation and application of ZMET. Market Research, (2), 33-37.

[27] 刘明德，方之光，张裕幸，谢佩如（2007）.运用隐喻抽取概念技术（ZMET）来建立在线角色扮演游戏玩家的共识地图.《中山管理评论》(高雄：台湾中山大学)，15(3)，667-695.

[28] Liu, Mingde, Fang, Zhiguang, Zhang, Xingyu & Xie, Peiru (2007). Using ZMET to build consensus mind map for online role-playing game players. *Sun Yat-Sen Management Review* (*Gaoxiong*), 15(3), 667-695.

[29] 罗文军（2011）.《ZMET技术及其在智能手机消费者心智模式中的应用》.成都：西南交通大学管理科学与工程专业硕士论文.

[30] Luo, Wenjun (2011). ZMET and the Application of Smart Phone Consumers' Mental Model. Chengdu: Master thesis, Department of science in management and engineering, Southwest Jiao Tong University.

[31] 谢彦君，陈焕炯，潘莉，常红旭（2009）.东北地区乡村旅游中典型元素的识别与分析——基于ZMET（隐喻抽取技术）进行的质性研究.《北京第二外国语学院学报》，31(1), 41-45.

[32] Xie, Yanjun, Chen, Huanjiong, Pan Li & Chang Hongxu (2009). Identification and analysis of typical elements of rural tourism in Northeast China: based on ZMET. *Journal of Beijing International Studies University,* 31(1), 41-45.

[33] 杨庆峰（2005）.《技术现象学初探》.上海：三联书店.

[34] Yang, Qingfeng (2005). *A Preliminary Study on the Phenomenology of Technology*. Shanghai: Joint Publishing.

[35] 张纯富（2010）.《社交网站人际关系维系之研究：以Facebook为例》.台北：世新大学资讯传播研究所硕士论文.

[36] Zhang, Chunfu (2010). The analysis on maintaining personal relationships

[37] 张媛(2014).政府新闻发言人的形象呈现与公众认知——基于隐喻抽取技术（ZMET）的实证研究.《宁波广播电视大学学报》,(4),62-66.

[38] Zhang, Yuan (2014). The presentation of government news spokesperson and public cognition: based on the qualitative research of ZMET. *Journal of Ningbo Radio & TV University*, (4),62-66.

[39] 钟季桦(2004).《以隐喻抽取技术探讨歌迷心智模式之研究》.台北:世新大学传播管理学研究所硕士论文.

[40] Zhong, Jihua (2004). Using ZMET to study Fan's Mental Model. Taipei: Master thesis, Institute of Communication and Management, Shih Hsin University.

[41] Bauman, Z. (2000). *Liquid Modernity*. Cambridge, UK: Polity Press.

[42] Blackmore, S. (2003). *Consciousness*: *An Introduction*. NY: Oxford University Press.

[43] Coulter, R. & Zaltman, G. (1994). Using the Zaltman metaphor elicitation technique to understand brand images. *Advances Consumer Research*, (21), 501- 507.

[44] Coulter, R. & Zaltman, G. & Coulter, K. (2001). Interpreting consumer perceptions of advertising: an application of the Zaltman metaphor elicitation technique. *Journal of Advertising Research*, 30, 1-21.

[45] Christensen, G. & Olson, J. C. (2002). Mapping consumers' mental models with ZMET. *Psychology and Marketing*, 19(6), 477-502.

[46] Hammersley, M. (1989). *The Dilemma of Qualitative Method: Herbert Blumer and the Chicago Tradition*. London & NY: Routledge.

[47] Glaser, B.G. & Strauss, A.L. (1968). *The Discovery of Grounded Theory: Strategies for Qualitative Research*. London: Weidenfeld and Nicolson.

[48] Gwendolyn, C. (2000). The ZMET alternative. Marketing Research, 12(2), 6-12.

[49] Hiltz, R. S. & Turoff, M. (1978). *The Network Nation: Human Communication via Computer.* London: Addison Wesley.

[50] Kelly, G. A. (1963). *A Theory of Personality: The Psychology of Personal Constructs.* NY: Norton.

[51] Knapp, M. (1980). *Essentials of Nonverbal Communication.* NY: Holt, Rinehart and Winston.

[52] Mattelart, A. (2000). *Networking the World 1794-2000.* Minnesota: University of Minnesota Press.

[53] Reynolds, T. & Gutman, J. (1988). Laddering theory method, analysis and interpretation. *Journal of Advertising Research*, 28(1), 11-31.

[54] Sander, Y. (2001). The power of image: pictures selected by tongue-tied shoppers can help companies learn what consumers really want. *American Demographics*, (11), 32-33.

[55] Schank, R.C. (1996). Tell me a story: a new look at real and artificial memory. *American Psychological Association.* Retrieved on the website from http://psycnet.apa.org/psycinfo/1991-97083-000.

[56] Slater, M., Usoh, M. & Steed, A. (1994). Depth of presence in virtual environments. *Presence Teleoperators & Virtual Environments*, 3(2), 130-144.

[57] Turkle, S. (2011). *Alone Together: Why We Expect More from Technology and Less from Each Other.* NY: Basic Books.

[58] Valette-Florence, P. & Rapacchi, B. (1991). Improvements in means-end chain analysis using graph theory and correspondence analysis. *Journal of Advertising Research,* 31(1), 30-45.

[59] Zaichkowsky, J.L. (1985). Measuring the involvement construct. Journal of Consumer Research, 12(3), 341-352.Vorderer, P. & Kohring, M. (2013). Permanently online: a challenge for media and communication research. *International Journal of Communication,* (7), 1-20.

[60] Zaltman, G. & Coulter, R. H. (1995). Seeing the voice of consumer: metaphor-based advertising research. *Journal of Advertising Research,*

(35), 35-51.

[61] Zaltman, G. (1997). Rethinking market research: putting people back in. *Journal of Marketing Research*, 26(4), 423-428.

[62] Zaltman, G. (2003). *How Customers Think*. Boston, M.A.: Harvard Business School Press.